_____ 님의 소중한 미래를 위해
이 책을 드립니다.

60 일 만에
마스터하는
중학 필수
영단어
1200

60 일 만에 마스터하는

중학 필수 영단어 1200

정승익 지음

원앤원에듀

원앤원에듀 우리는 책이 독자를 위한 것임을 잊지 않는다.
우리는 독자의 꿈을 사랑하고,
그 꿈이 실현될 수 있는 도구를 세상에 내놓는다.

60일 만에 마스터하는 중학 필수 영단어 1200

초판 1쇄 발행 2016년 8월 24일 | 초판 19쇄 발행 2025년 2월 1일 | 지은이 정승익
펴낸곳 (주)원앤원콘텐츠그룹 | 펴낸이 강현규·정영훈
등록번호 제301-2006-001호 | 등록일자 2013년 5월 24일
주소 04607 서울시 중구 다산로 139 랜더스빌딩 5층 | 전화 (02)2234-7117
팩스 (02)2234-1086 | 홈페이지 www.matebooks.co.kr | 이메일 khg0109@hanmail.net
값 15,000원 | ISBN 979-11-6002-025-0 43740

이 도서의 국립중앙도서관 출판시도서목록(CIP)은 e-CIP홈페이지(http://www.nl.go.kr/ecip)에서
이용하실 수 있습니다.(CIP제어번호: CIP2016018908)

배움은 우연히 얻어지는 것이 아니라
열성을 다해 갈구하고 부지런히 집중해야
얻을 수 있는 것이다.

• 애비게일 애덤스(여성 운동가) •

영어 단어 암기에 실패했던
학생들을 위한 책

영어 교사가 되어서 학생들을 학교에서 가르친 지가 올해로 10년이 되었습니다. 영어 강사로서 EBSi, EBSe, EBS중학프리미엄, EBS TV중학, 강남구청인터넷수능방송 등에서 영어 강의를 한 지도 5년이 지났습니다. 학교에서는 좋은 선생님, 학교 밖에서는 영어를 잘 가르치는 강사여야 했기 때문에 24시간은 늘 부족했고 숨가쁜 스케줄들을 소화해야 하는 매일이 저에게는 도전이었습니다. 새벽에 잠들지 않고 일하기 위해서 밤새도록 일어서서 다음 날 일정을 준비했던 때도 있었습니다. 굳이 이렇게까지 바쁘게 살지 않아도 되는데 제 스스로 힘든 길을 택한 이유는 바로 제 강의를 듣는 학생들 때문이었습니다.

학교 밖에서 전국 단위로 영어 강의를 하면서 수만 명의 학생들을 만났습니다. 동네마다 학원도 많고, 인터넷 강의도 마음만 먹으면 들을 수 있기 때문에 저는 대부분의 학생들이 스스로 공부를 잘하고 있으리라고 생각했습니다. 하지만 현실은 달랐습니다. 어느 누구의 도움도 받지 못하고 혼자서 끙끙 앓고 있는 학생들이 너무나 많았습니다. 그런 학생들이 제 강의를 듣고 게시판에 "많은 도움을 받았습니다. 고맙습니다."라고 감동적인 수강 후기를 남겨주었습니다. 앞으로도 좋은 강의를 더 많이 만들어달라고 말하는 학생들과의 만남이 있었기에 힘든 것도 잊고 오늘까지 달려올 수 있었습니다.

지금도 바쁘게 지내고 있습니다. 많은 영어 강의를 만들고 있고, 학생들과 학부모님들의 영어 공부에 도움을 드리고자 온라인 카페와 블로그를 운영하고 있으며, 학습설명회와 같은 오프라인 모임도 개최하고 있습니다. 그런 와중에 『60일 만에 마스터하는 중학 필수 영단어 1200』을 저의 첫 책으로 출간하게 되었습니다. 부족한 잠을 더 줄여가며 이 책을 만든 이유는 단 하나입니다. 이 책이 학생들에게 꼭 필요한 책이라고 느꼈기 때문입니다.

영어를 잘하기 위해서는 다음과 같은 단계를 거쳐야 합니다. 먼저 기초 단어와 문법을 공부합니다. 그 다음에 문장 해석하는 방법을 공부합니다. 그리고 기초적인 독해를 연습합니다. 또한 심화된 단어와 문법을 공부합니다. 마지막으로 심화된 독해를 연습합니다.

이 중에서 '단어'를 제외한 문법, 구문(문장 해석), 독해는 인터넷 강의나 학원의 힘을 빌려서 해결할 수 있습니다. 특히 문법은 겉보기에는 어려워 보이지만, 수학 공식처럼 한 번 이해하면 오래도록 기억에 남기 때문에 잘 만들어진 문법 강의를 통해 혼자서 공부할 수 있습니다. 배운 문법을 이용해서 문제를 풀거나 독해를 할 때 짜릿함을 느낄 수 있기에 공부가 재미있게 느껴집니다. 그러나 단어는 그렇지 않습니다. 단어는 온전히 스스로 해결해야 하는 과제입니다. 아무리 좋은 단어책이 있어도, 아무리 훌륭한 인터넷 강의의 도움을 빌려도 결국 자신이 외워야 합니다. 절대로 남이 대신 외워줄 수 없는 것이 단어 암기입니다. 이런 이유로 학생들은 이런 질문을 가장 많이 합니다.

"영어 단어, 어떻게 하면 쉽게 외울 수 있나요?"

수많은 학생들이 영어 단어를 쉽고 빠르게 외울 수 있는 방법을 찾습니다. 서점에 가보면 수많은 단어책이 있고, 인터넷에는 셀 수 없는 인터넷 강의들이 있는데 학생들은 더 편한 길을 찾습니다. 그 이유는 단어 암기가 힘들다는 것을 너무나 잘 알고 있기 때문입니다. 혼자서 외우다가 실패한 경험이 한두 번씩은 꼭 있기 때문에 혼자서 공부할 자신이 없는 겁니다. 그래서 다른 길을 기웃거립니다. 하지만 안타깝게도 단어 암기에 편한 길은 없습니다. 편하고 쉬운 길이 있다면 영단어 암기로 고생하는 학생이 없을 겁니다. 하지만 다행인 것은 단어를 효과적으로 암기할 수 있는 몇 가지 검증된 방법들이 있습니다. 첫째, 반드시 반복해야 합니다. 둘째, 기억에 남도록 외워야 합니다. 셋째, 실제 쓰이는 맥락 속에서 외워야 합니다.

시중의 단어책들은 3가지 원리들을 하나 이상 활용했다고 생각하면 됩니다. 이 책에는 이 3가지 요소들을 모두 집어넣었습니다. 60일 동안의 단어 암기 여정을 마치면 자연스럽게 같은 단어를 반복해 외울 수 있도록 했고, 기억에 남도록 실제로 배운 단어를 활용할 수 있도록 구성했습니다.

단어책은 중학교 때 1권, 고등학교 때 1권만 제대로 외우면 됩니다. 욕심

부리지 말고 단 한 권의 단어책을 4~5번 반복해서 너덜너덜해질 때까지 외워야 합니다. 이 책은 중학생들이 외워야 할 단 한 권의 단어책입니다. 중학생에게 필요한 기초적인 수준의 단어들도 있고, 중학교 3학년, 고등학교 1학년을 대비하기 위한 수준 높은 단어들도 섞여 있습니다. 이 책에 있는 단어들만 제대로 외워도 고등학교 1학년 때까지 영어 공부를 해나가기에 부족함이 없도록 단어 하나하나를 직접 골랐습니다.

이 책은 여러분들을 위해서 만든 단어책입니다. 영단어 때문에 영어 공부가 어려웠던 여러분들에게 용기를 주기 위해서 만든 책입니다. 책의 곳곳에 다른 책에는 없는 여러분들을 생각하는 선생님의 흔적들이 묻어 있습니다. 제 음성 강의를 들으면서 공부하면 암기 효과는 2배가 될 겁니다. 하지만 명심하세요. 이 모든 것의 바탕에는 여러분들의 열정이 깔려 있어야 합니다. 영단어 암기 최고의 비결은 바로 여러분의 굳은 '의지'와 '노력'입니다.

남들보다 한 걸음 앞서가려면 남다른 노력을 해야 합니다. 그 노력이 쉽지는 않을 겁니다. 제가 여러분의 60일간의 여정을 함께 하겠습니다. 단어 공부를 하면서 제 응원이 필요하다면 표지에 적힌 주소들로 저에게 연락하세요. 여러분의 열정과 선생님의 노력이 합쳐지면 분명히 영단어를 정복할 수 있습니다. 함께 하면 어떤 목표도 달성할 수 있을 겁니다. 함께 해주세요. 여러분의 영어 공부의 처음과 끝을 선생님이 함께 하겠습니다.

정승익

이렇게 읽어주세요

❶ 각 장마다 시작하면서 명언으로 동기 부여를 해줍니다. 또한 명언과 함께 선생님의 응원 글을 통해 60일 동안 꾸준히 공부할 수 있는 의지를 다져줍니다.

❷ QR코드로 해당 단원 음성 강의를 제공합니다. 책으로만 공부하기 힘들 때, 더 상세한 설명을 원할 때면 언제든지 각 장마다 들어 있는 QR코드를 통해 선생님의 강의를 들을 수 있습니다.

❸ 발음 기호를 모르는 학생들을 위해서 한글 발음도 함께 제공합니다. 영어 단어는 어떻게 읽는지 모를 경우 외우는 것이 더욱 어렵습니다. 조금 더 수월하게 외울 수 있게 영어 발음 기호 옆에 한글 발음을 담았습니다.

❹ 1일부터 30일까지의 단어가 한 번 더 반복되어 자연스럽게 복습할 수 있습니다. 영어 단어를 확실하게 외우기 위해서는 반복이 필수입니다. 이 책은 1,200개의 단어가 2번 반복되도록 구성했기 때문에 자연스럽게 영어 단어를 반복해서 외우도록 합니다.

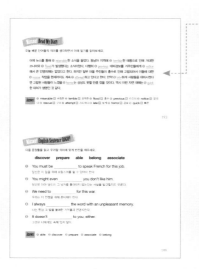

⑤ 각 장마다 30일까지는 일기장의 형식으로 재미있게 외운 단어들을 복습할 수 있습니다. 중간중간 배운 영어 단어가 들어가 있어 쉽게 복습할 수 있습니다. 31일부터는 영어 문장 속에서 수준 높게 복습합니다.

⑥ 매일 단어 학습이 끝난 후 중학생에게 꼭 필요한 영문법을 공부할 수 있습니다. 영어의 기초는 단어이지만 문법을 모른다면 독해하기가 어렵습니다. 따라서 가장 기본적인 문법과 중학교 영어 시험에 출제되는 문법 포인트들을 모았습니다.

차 례

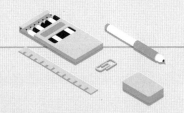

DAY 01

"It has been said that something as small as the flutter
of a butterfly's wing can ultimately cause
a typhoon halfway around the world."
- *Chaos Theory*

"나비의 날갯짓처럼 작은 무언가가
결국 지구의 반대편에서
태풍을 불러일으킨다고 한다."

나비의 날갯짓처럼 작은 무언가가 태풍 같이 큰 변화를 불러일으킬 수 있습니다. 지금 단어 암기를 시작하는 여러분들의 노력은 나비의 날갯짓처럼 눈에 보이지도 느껴지지도 않을 겁니다. 하지만 60일이 지났을 때는 분명히 태풍처럼 큰 변화를 가지고 올 겁니다. 60일 후의 변화를 기대하면서 힘내서 출발합시다!

>>> DAY 1 음성 강의

able [éɪbl, 에이블]
혱 ~할 수 있는

able to lift 20kg 20kg을 들 수 있는

wise [waɪz, 와이즈]
혱 지혜로운, 현명한

a wise old man 현명한 노인

disabled [dɪséɪbld, 디세이블드]
혱 장애를 가진

disabled people 장애를 가진 사람들

discover [dɪskʌ́və(r), 디스커버]
통 발견하다

discover new facts 새로운 사실을 발견하다

another [ənʌ́ðə(r), 어나더]
혱 또 하나의 대 또 다른 것, 사람

another computer 또 다른 컴퓨터
ask for another 또 다른 것을 요구하다

save [séɪv, 쎄이브]
통 구하다, 모으다, 절약하다

save his life 그의 생명을 구하다
save time 시간을 절약하다

true [truː, 트루-]
혱 사실의, 진짜의, 참인

true story 실화
true love 진실한 사랑

soul [soul, 쏘울]
명 영혼, 정신

heal the soul 영혼을 치유하다

height [haɪt, 하이트]
명 높이, 키

average height
평균 키

함께 외우기 length (길이),
width (폭, 너비), depth (깊이)

name [neɪm, 네임]
명 이름
통 이름을 지어주다

a user name
사용자 이름
name after my father
나의 아버지의 이름을 따서 이름을 짓다

고학년이 되면 name이라는 단어에 '동
사'의 의미가 있다는 것이 중요해집니다.

prepare [prɪpér, 프리페어]
통 준비하다

prepare for the exam 시험을 준비하다

attention [əténʃn, 어텐션]
명 집중, 관심

pay attention to ~에 집중하다

strong [strɔːŋ, 스트롱-]
형 튼튼한, 강한

strong wind 강한 바람

blind [blaɪnd, 블라인드]
형 눈이 먼, 맹인인

go blind 눈이 멀다

front [frʌnt, 프런트]
명 앞면 형 앞쪽의

in front of the classroom 교실의 앞쪽에

stair [ster, 스테얼]
명 계단

walk up the stairs 계단을 걸어 올라가다

cry [kraɪ, 크라이]
동 울다, 외치다

cry for help 도와달라고 외치다

believe [bɪliːv, 빌리-브]
동 믿다

believe in God 신의 존재를 믿다

grow [groʊ, 그로우]
동 자라다, 재배하다, ~하게 되다

grow rice 쌀을 재배하다
grow old 차차 나이가 들다

youth [juːθ, 유-쓰]
명 어린 시절, 젊음

youth culture 젊은이 문화

고등학교를 준비하는 학생이 꼭 알아야 할 영단어

associate
[əsóʊsɪeɪt, 어쏘씨에이트]
동 연관 짓다

associate the smell with my childhood
그 냄새를 어린 시절과 연관 짓다

숙어 associate A with B
(A를 B와 연관시키다)

democracy
[dɪmáːkrəsi, 디마-크러씨]
명 민주주의

fight for democracy
민주주의를 위해 싸우다

emergency
[ɪmɔ́ːrdʒənsi, 이멀-전씨]
명 비상(사태)

emergency room
응급실

17

belong [bilɔ́:ŋ, 빌렁-]
동 제자리에 있다, ~소유이다

belong **to me** 내 소유다

belong은 꼭 뒤에 to를 붙여서 [belong to]의 형태로 사용해야 합니다.

humble [hʌ́mbl, 험블]
형 겸손한, 미천한

Be humble 겸손해져라

hinder [híndə(r), 힌더]
동 방해하다

hinder **his success** 그의 성공을 방해하다

bold [bould, 볼드]
형 용감한, 대담한

bold **explorer** 용감한 탐험가

temporary
[témpəreri, 템퍼레리]
형 일시적인, 임시의

a temporary **solution** 일시적인 해결책

obey [əbéi, 오베이]
동 따르다, 순종하다

obey **the law** 법을 따르다

respect [rispékt, 리스펙트]
명 존경, 존중 동 존경하다

respect **for elders** 노인에 대한 존경

subtle [sʌ́tl, 써를]
형 미묘한, 감지하기 힘든

subtle **differences** 미묘한 차이들

발음 주의! subtle에서 [b]는 발음되지 않습니다.

immigrate
[ímigreit, 이미그레이트]
동 이주해(이민을) 오다

immigrate **to the U.S.** 미국으로 이민을 오다

cheer [tʃir, 치얼]
명 환호성 동 환호성을 지르다

cheers **of encouragement** 격려의 환호

poverty [pɑ́:vərti, 파-버티]
명 가난, 빈곤

live in poverty 가난한 생활을 하다

highly **successful**
대단히 성공적인

highly **educated**
고도로 교육된

highly는 '높게'라는 뜻이 아닙니다. high가 '높은, 높게'라는 형용사, 부사 의미를 모두 나타냅니다.

highly [háili, 하일리]
부 대단히, 고도로

essential [isénʃl, 이쎈셜]
형 필수적인, 본질적인

essential **services** 필수적인 서비스들

account [əkáunt, 어카운트]
명 계좌, 설명

a bank account 은행 계좌
a brief account 간략한 설명

conscious [káːnʃəs, 컨-셔스]
형 의식하는, 의식이 있는

a conscious **patient** 의식이 있는 환자

decrease [dɪkriːs, 디크리-쓰]
명 감소 동 줄다, 줄이다

decrease **speed** 속도를 줄이다

ruin [rúːin, 루-인]
동 망치다

ruin **her life** 그녀의 삶을 망치다

Misson! Read My Diary

오늘 배운 단어들의 의미를 생각하면서 아래 일기를 읽어보세요.

나는 평소에 선생님을 잘 ❶ obey하는 모범생 중의 모범생이다. 그런데 오늘 수업 시간에 나의 ❷ front 에 앉은 친구가 자꾸 장난을 치면서 나의 공부를 ❸ hinder해서 나는 잠시 ❹ attention하지 못했다. 하 필이면 그때 선생님께서 ❺ democracy에 대해서 아주 ❻ essential한 내용을 설명하고 계셨는데 나 는 그 내용을 듣지 못했다. 나는 원래 ❼ humble한 성격이지만 이번에는 ❽ bold하게 선생님이 계신 교 무실로 가기로 결심했다. 교무실로 가는 내내 혼날까봐 걱정했는데 선생님께서는 하나씩 차근차근 ❾ account를 해주셨다. 감동한 나는 진심으로 선생님을 ❿ respect하게 되었다. 선생님, 사랑해요!

Answer ❶ obey 동 따르다, 순종하다 ❷ front 명 앞면 형 앞쪽의 ❸ hinder 동 방해하다 ❹ attention 명 집중, 관심
❺ democracy 명 민주주의 ❻ essential 형 필수적인, 본질적인 ❼ humble 형 겸손한, 미천한 ❽ bold 형
용감한, 대담한 ❾ account 명 계좌, 설명 ❿ respect 명 존경, 존중 동 존경하다

영어 단어는 만들어지면서부터 8개의 성격을 가지게 됩니다. 이를 8품사라고 부릅니다. 품사는 단어의 타고난 성격입니다. 8품사를 제대로 공부해야 영어의 기초를 튼튼하게 할 수 있습니다.

1. 명사 사람, 사물, 동물, 추상적 개념의 이름을 나타내는 말

- 보통명사　같은 종류가 있는 사람이나 사물의 이름: book, boy, girl…
- 고유명사　인명, 지명, 특정 사물의 고유한 이름: Seoul, America, Tom…
- 물질명사　물질의 이름: milk, gold, salt, air…
- 추상명사　추상적인 개념의 이름: happiness, truth, love, hope…
- 집합명사　사람 또는 사물의 집합체 이름: people, class, audience…

2. 대명사 명사를 대신하는 말

- 문장에서 명사의 반복을 피하기 위해서 사용하는 말: **I, you, we, he, she, they, it, that**

3. 동사 사람 또는 사물의 움직임이나 상태를 나타내는 말

- be동사　be동사의 종류에는 'is, am, are'이 있습니다.

  ex) Jane **is** my friend. Jane은 나의 친구다.
- 일반동사　be동사와 달리 그 종류가 굉장히 많습니다.

  ex) I **play** basketball everyday. 나는 매일 농구를 한다.
- 조동사　동사에 의미를 더합니다.

  ex) I **can** make it. 나는 그것을 만들 수 있다.

4. 형용사 사람 또는 사물의 성질, 수량, 크기, 색 등을 나타내며 명사를 꾸며주는 말

ex) He is a **brave** boy. 그는 용감한 소년이다.

The book is **fun**. 그 책은 재미있다.

5. 부사 장소, 방법, 시간 등을 나타내며 형용사, 동사, 다른 부사 또는 문장 전체를 꾸며주는 말

ex) English is **very** easy. 영어는 매우 쉽다.

She plays the piano **well**. 그녀는 피아노를 잘 연주한다.

6. 전치사 명사, 대명사 앞에서 명사, 대명사와의 위치, 시간, 방향, 소유 관계를 나타내는 말

ex) The book **on** the table is mine. 테이블 위에 있는 책은 내 것이다.

7. 접속사 문장과 문장 또는 문장 가운데 2개의 성분들을 연결해주는 말

ex) coffee **and** donut 커피와 도넛

To plan **and** to do are different. 계획하는 것과 실천하는 것은 다르다.

8. 감탄사 슬픔, 기쁨, 분노 등 사람의 감정을 표현하는 말

ex) Oh, Ah, Alas(아아: 슬픔, 유감을 나타내는 옛말), Hurrah, Bravo, Cheers

DAY 02

"Believe you can and
you're halfway there."
- *Theodore Roosevelt*

"자신이 할 수 있다고 믿는다면
반은 온 것이다."

'내가 할 수 있을까?' 자신에 대한 의심을 하지 마세요. 걱정과 의심은 우리의 결심을
약하게 만듭니다. 세상 모두가 나의 능력을 믿지 않아도 나는 나 자신을 믿어야 합니
다. 스스로에 대한 믿음이 있다면 아무리 힘든 일도 해낼 수 있답니다. 할 수 있다고
다시 한 번 스스로에게 용기를 주세요.

>>> DAY 2 음성 강의

breast [brést, 브레스트]
명 가슴

breast milk 모유

floor [flɔ:(r), 플로-어]
명 바닥, 층

on the second floor
2층에

엘리베이터를 타면 1F, 2F라고 쓰여져 있죠?
이때 F가 floor의 첫 글자입니다.

forest [fɔ́:rɪst, 포-리스트]
명 숲, 삼림

a tropical forest 열대림

vegetable [védʒtəbl, 베지터블]
명 채소, 야채

root vegetables 뿌리채소

continue [kəntínjuː, 컨티뉴-]
동 계속되다, 계속하다

continue studying 공부를 계속하다

museum [mjuzíːəm, 뮤지-엄]
명 박물관, 미술관

the museum of modern art 현대 미술 박물관

write [raɪt, 라이트]
동 쓰다

write a letter 편지를 쓰다

understand
[ʌndərstǽnd, 언덜스탠드]
동 이해하다, 알아듣다

understand French 프랑스어를 이해하다

fight [faɪt, 파이트]
명 싸움 동 싸우다

the fight against crime 범죄와의 싸움

cell [sel, 쎌]
명 세포, 감방

cancer cells
암세포들

칸칸이 막힌 네모 공간을 cell이라고 부르는데,
감옥이 어떻게 생겼는지 생각해보면 알겠죠?

enough [ɪnʌ́f, 이너프]
형 충분한 부 충분히

enough room 충분한 공간
big enough 충분히 큰

aloud [əláud, 얼라우드]
부 (다른 사람들이 들을 수 있게) 소리
내어, 크게

read aloud 소리 내어 읽다

awful [ɔ́:fl, 어-플]
형 끔찍한, 지독한

awful experience 끔찍한 경험

lose [luːz, 루-즈]
동 잃어버리다, 잃다, 지다

lose face 체면을 잃다
lose everything in the flood 홍수로 모든 것을 잃다

게임에서 지면 'YOU LOST'라는 메시지를 볼 수 있어요. '당신이 졌다'는 뜻입니다. 이기는 건 WIN이죠!

amazing [əméɪzɪŋ, 어메이징]
형 (감탄스럽도록) 놀라운

amazing discovery 놀라운 발견

want [wɑːnt, 원-트]
동 원하다

want to sleep 자고 싶다

spend [spénd, 스펜드]
동 소비하다

spend too much time watching television 너무 많은 시간을 텔레비전을 보면서 보내다

숙어 spend + 돈/시간 + ~ing (시간이나 돈을 ~하는 데 쓰다)

silent [sáɪlənt, 싸일런트]
형 고요한, 조용한

silent night 고요한 밤

examination
[ɪgzæmɪnéɪʃn, 익재미네이션]
명 시험

take an examination 시험을 치다

examination을 줄여서 exam이라고 씁니다.

really [ríːəli, 리-얼리]
부 정말로

really fast 정말로 빠른

고등학교를 준비하는 학생이 꼭 알아야 할 영단어

repair [rɪpér, 리페어]
동 수리하다, 고치다

repair a car 차를 수리하다

lack [læk, 래크]
명 부족, 결핍 동 부족하다

a lack of money 돈의 부족

sight [sáɪt, 싸이트]
명 시력

have good sight 시력이 좋다

spoil [spɔ́ɪl, 스포일]
동 망치다, 버릇없게 키우다

spoil the broth 수프를 망치다
spoil the child 아이를 버릇없게 키우다

contradict
[kɑ:ntrədíkt, 칸-트러딕트]
동 부정하다, 모순되다

contradict **the plan** 그 계획을 부정하다

finance [fáinæns, 파이낸스]
명 재원, 재정, 자금

finance **for education** 교육을 위한 재원

current [kə́:rənt, 커-런트]
형 현재의 **명** 흐름, 해류, 기류

current **prices**
현재 물가

current **of times**
시대의 흐름

> current처럼 뜻이 굉장히 많은 단어를 '다의어'라고 부릅니다. 다의어는 다양한 뜻을 모두 기억해야 제대로 활용할 수 있습니다.

contrast
[kɑ́:ntræst, 칸-트래스트]
명 차이, 대조 **동** 대조하다

strong contrast 선명한 대조
contrast **youth and age** 젊음과 노년을 대조하다

theory [θíri, 띠어리]
명 이론

the theory **of relativity** 상대성 이론

incident [ínsidənt, 인시던트]
명 사건

shooting incident 총격 사건

impression
[impréʃn, 임프레션]
명 인상

good/bad impression
좋은/나쁜 인상

> 누군가에게서 받는 '첫인상'은 first impression!

instruct [instrʌ́kt, 인스트럭트]
동 지시하다, 알려주다

instruct **in English** 영어로 설명하다

bill [bil, 빌]
명 청구서, 계산서, 법안

the electricity bill 전기 요금 고지서
pass/reject the bill
법안을 통과시키다/부결시키다

> bill은 다의어로, 고급 독해에서는 '법안'으로 활용됩니다.

economy
[ikɑ́:nəmi, 이카-너미]
명 경기, 경제

the market economy
시장 경제

> **함께 외우기** economic (경제의), economics (경제학), economical (경제적인)

order [ɔ́:rdə(r), 올-덜]
명 순서, 질서, 명령, 주문
동 명령하다, 주문하다

alphabetical order 알파벳 순서
in order 질서 있게
order **them to fire** 그들에게 발포하라고 명령하다

recall [rɪkɔ́ːl, 리콜-]
명 회수 통 생각나게 하다, 회수하다

recall his name 그의 이름이 생각나다

export [ékspɔːrt, 엑스포-트]
[ıkspɔ́ːrt, 익스포-트]
명 수출 통 수출하다

export oil to the U.S.
미국에 기름을 수출하다

기억하세요! 같은 단어가 명사, 동사의 뜻을 동시에 가질 때 명사는 강세가 앞에 있고, 동사는 뒤에 있습니다.

extension [ıksténʃn, 익스텐션]
명 확대, 연장

visa extension
비자 연장

함께 외우기 extend (연장하다, 확장하다)

establish [ıstǽblıʃ, 이스태블리쉬]
통 설립하다, 확립하다

establish a goal 목표를 확립하다

exist [ıgzíst, 이그지스트]
통 존재하다

life exists 생명이 존재하다

Misson! Read My Diary

오늘 배운 단어들의 의미를 생각하면서 아래 일기를 읽어보세요.

오늘 사회 선생님께서 우리들이 수업 내용을 ❶ understand했는지 확인하기 위해서 깜짝 ❷ examination을 실시하셨다. 시험 문제는 한국과 일본의 ❸ economy를 ❹ contrast하는 것이었다. 평소에 열심히 공부했다고 생각했는데 막상 답을 ❺ write하려고 하니 아무것도 생각나지 않았다. 결과는 ❻ awful했다. 나는 완전히 시험을 ❼ spoil해버렸다. 시험을 100점 받아서 사회 선생님께 ❽ amazing한 ❾ impression을 드리고 싶었는데 내 자신에게 너무 실망했다. 하지만 오늘 ❿ incident를 계기로 앞으로 수업 시간에 더욱 집중하기로 다짐했다! 아자아자! 파이팅! I can do it!

Answer ❶ understand 통 이해하다, 알아듣다 ❷ examination 명 시험 ❸ economy 명 경기, 경제 ❹ contrast 명 차이, 대조 통 대조하다 ❺ write 통 쓰다 ❻ awful 형 끔찍한, 지독한 ❼ spoil 통 망치다 ❽ amazing 형 (감탄스럽도록) 놀라운 ❾ impression 명 인상 ❿ incident 명 사건

25

요리를 하려면 요리 재료가 필요하죠? 영어 문장을 만들기 위한 필수 재료는 주어(Subject), 동사(Verb), 목적어(Object), 보어(Complement)입니다. 영어의 문장을 구성하는 4가지 재료의 특징은 다음과 같습니다.

1. 주어(Subject)

- 문장의 주인이며, 우리말 '～은, ～는, ～이, ～가'를 붙여서 해석합니다. 주로 문장의 제일 앞에 있습니다.
  ex) I love you. 나는 너를 사랑한다.

2. 동사(Verb)

- 주어의 동작이나 상태를 나타냅니다. '～이다, ～하다'로 해석하고 주로 주어 뒤에 있습니다.
  ex) I **get** up. 나는 일어난다.
  I **eat** breakfast. 나는 아침을 먹는다.
  I **study** English. 나는 영어를 공부한다.

3. 목적어(Object)

- 동사의 대상을 의미합니다. 우리말 '～을, ～를'을 붙여 해석합니다. 주로 동사 뒤에 있습니다.
  ex) I eat **a piece of bread**. 나는 빵 한 조각을 먹는다.

4. 보어(Compliment)

- 주어 또는 목적어를 보충 설명합니다. 보어의 종류에는 **주어를 보충하는 주격보어**와 **목적어를 보충 설명하는 목적격보어**가 있습니다.
  ex) I am **smart**(=주격보어, 주어인 I를 보충 설명). 나는 똑똑하다.
  I call my cat **Kitty**(=목적격보어, 목적어인 my cat을 보충 설명).
  나는 나의 고양이를 Kitty라고 부른다.

Bonus 수식어구(Modifier)

- 주어, 동사, 목적어, 보어가 문장을 요리할 때 없어서는 안 될 **필수적인 재료**라면, 수식어구는 **문장의 맛을 더해주는 양념**이라고 할 수 있어요. 반드시 필요한 성분들은 아니지만 문장의 의미를 풍부하게 해주기 위해서 많이 활용됩니다.
  ex) at noon 낮에
  outside the window 창문 밖에

DAY 03

"A man's life is what his
thoughts make of it."
- *Marcus Aurelius*

"한 사람의 인생이란
그의 생각들이 만드는 것이다."

나의 인생은 나의 생각들이 모여서 만드는 겁니다. 의미 있는 생각을 하면 의미 있는 인생을 살게 되고, 쓸모없는 생각을 하면 가치 없는 인생을 살게 됩니다. 여러분은 지금 어떤 생각을 하고 있나요? 단어 외우기가 어렵다고 불평하고 있지는 않나요? 생각을 바꾸면 여러분의 미래가 바뀝니다.

>>> DAY 3 음성 강의

cost [kɔ́ːst, 코-스트]
명 값, 비용 동 (비용이) 들다

cost of housing 주거비

subject [sʌ́bdʒɪkt, 써브젝트]
명 주제, 과목 형 ~에 달려 있는
형 ~의 영향을 받기 쉬운

my favorite subject
내가 제일 좋아하는 과목

숙어 be subject to
(~에 영향을 받기 쉬운)

subject to flooding 홍수의 영향을 받기 쉬운

coast [kóust, 코스트]
명 해안

from coast to coast 대서양에서 태평양까지

bark [bɑːrk, 발-크]
동 (개가) 짖다

bark at us 우리를 보고 짖다

musician [mjuzíʃn, 뮤지션]
명 음악가

a blind musician 맹인 음악가

already [ɔːlrédi, 얼-레디]
부 이미, 벌써

already late 이미 늦었다

similar [símələ(r), 씨밀럴]
형 유사한, 비슷한

similar interest 유사한 관심사

public [pʌ́blɪk, 퍼블릭]
명 대중 형 대중의, 일반인의

a public education 공교육

career [kərír, 커리어]
명 직업, 경력

teaching career 교직 경력
a change of career 직업 변경

early [ə́ːrli, 얼-리]
형 이른, 빠른 부 일찍

early bird 일찍 일어나는 사람
get up early 일찍 일어나다

anger [ǽŋgə(r), 앵걸]
명 화, 분노

the growing anger
커져가는 분노

angry(화난)라는 단어와 관련이 있어요.

still [stil, 스틸]
형 고요한, 조용한 부 아직도

a still lake
고요한 호수
still hungry
여전히 배고프다

영화의 '스틸컷(still cut)'이라는 표현을 들어보셨나요? still에는 '정지한'이라는 뜻도 있어 스틸컷은 정지된 화면, 즉 사진을 뜻합니다.

piece [pi:s, 피-쓰]
명 한 부분, 조각

a piece of cake 케이크 한 조각

속담 That's a piece of cake.
(그건 식은 죽 먹기지.)

disaster [dɪzǽstə(r), 디재스털]
명 재난

natural disaster 자연 재해

anxious [ǽŋkʃəs, 앵셔쓰]
형 불안해하는, 갈망하는

anxious about the exam 시험에 대해 불안해하는
anxious to get a job 직업을 얻기를 열망하는

foreign [fɔ́:rən, 포-렌]
형 외국의

foreign language
외국어

foreign은 스펠링이 어려워서 중학교
서술형 문제에 자주 등장합니다.

noise [nɔ́ɪz, 노이즈]
명 소음

make a noise 소란을 피우다

award [əwɔ́:rd, 어월-드]
명 상 동 수여하다

win an award
상을 받다

'뮤직 어워드(music award)'라는 말은
우리에게 익숙하죠?

climb [kláɪm, 클라임]
동 오르다, 올라가다

climb a mountain 산을 오르다

wish [wíʃ, 위쉬]
명 소망, 바람 동 바라다, 희망하다

make a wish 소원 성취를 빌다
wish to speak to her 그녀와 말하기를 바라다

고등학교를 준비하는 학생이 꼭 알아야 할 영단어

command [kəmǽnd, 커맨드]
명 명령

give the command 명령을 내리다

raise [réɪz, 레이즈]
동 들어 올리다, 기르다

raise a hand 손을 들다
raise children 아이들을 키우다

sympathy [símpəθi, 심퍼띠]
명 동정, 연민

feel sympathy for somebody
누군가에게 연민을 느끼다

plain [pléɪn, 플레인]
형 분명한, 무늬가 없는, 꾸미지 않은

plain paper
무늬가 없는 종이

플레인 요거트를 생각해보세요!
꾸미지 않은 순수한 맛이었죠?

positive [pάːzətɪv, 파-지티브]
형 긍정적인

positive thoughts 긍정적인 생각

surround [səráʊnd, 써라운드]
동 둘러싸다, 포위하다

surround the house 집을 둘러싸다

depend [dɪpénd, 디펜드]
동 의지하다

depend on her
그녀에게 의지하다

[depend on]의 형태로 기억하세요.

access [ǽkses, 액서스]
명 접근, 접근권

increase public access 대중의 접근성을 높이다
have access to~ ~에 접근할 수 있다

appear [əpír, 어피얼]
동 나타나다

appear on the stage 무대에 나타나다

since [síns, 씬스]
전 ~부터 접 ~한 이후로, ~때문에

since 1983 1983년 이후로
since I have no money
나는 돈이 없기 때문에

since는 다의어입니다. 다양한
뜻을 함께 기억하세요.

outcome [áʊtkʌm, 아웃컴]
명 결과

outcome of the meeting 회의의 결과

liquid [líkwɪd, 리퀴드]
명 액체

from liquid to vapour 액체에서 기체로

opportunity
[ɑːpərtúːnəti, 어-퍼츄니티]
명 기회

miss an opportunity 기회를 놓치다

consist [kənsíst, 컨시스트]
동 이루어져 있다

consist of hydrogen and oxygen
수소와 산소로 이루어져 있다

숙어 consist of~
(~로 이루어져 있다)

commit [kəmít, 커미트]
동 저지르다, 헌신하다

commit a crime 범죄를 저지르다
commit oneself to working for the poor people
가난한 사람들을 위해 헌신하기로 하다

adapt [ədǽpt, 어댑트]
동 적응하다, 맞추다

adapt to change
변화에 적응하다

비슷하게 생긴 'adopt(입양하다)'
와 헷갈리지 마세요.

distance [dístəns, 디스턴스]
명 거리

a short/long distance 짧은/긴 거리

intelligence

[ɪntéləidʒəns, 인텔리전스]

명 지능

high/average/low intelligence
높은/평균의/낮은 지능

arrange [əréindʒ, 어레인지]

통 마련하다, 정리하다

arrange an appointment 약속을 잡다

confess [kənfés, 컨페스]

통 자백하다, 고백하다

confess his love for her
그녀에 대한 그의 사랑을 고백하다

Misson! Read My Diary

오늘 배운 단어들의 의미를 생각하면서 아래 일기를 읽어보세요.

나는 어렸을 때부터 강아지를 키우길 **①** wish했다. 하지만 옆집에 **②** noise에 민감한 **③** musician이 살고 있어서 그럴 수가 없었다. 그 이웃은 **④** public에게 꽤 유명한 노래들을 만든 유명인이었지만 너무 예민한 성격이라 내가 조금만 떠들어도 우리 집으로 찾아오곤 했다. 그러던 어느 날 나에게 강아지를 키울 수 있는 **⑤** opportunity가 찾아왔다. 옆집에 새로운 이웃이 이사온 것이다! 옆집에 새로 이사온 가족에게서 **⑥** positive한 기운이 느껴졌다. 게다가 옆집에서는 강아지가 **⑦** bark하는 소리도 들려왔다. 옆집 아주머니께 그동안 강아지를 키우고 싶어도 못 키웠던 사정을 말씀드렸더니 아주머니께서는 내게 **⑧** sympathy를 느끼셨는지 강아지의 새끼를 분양해주시겠다고 약속하셨다. 또한 강아지를 **⑨** raise하면서 어려운 점이 있으면 언제든지 자신에게 **⑩** depend하라고 말씀하셨다. 어서 빨리 강아지를 데려오고 싶다!

Answer **①** wish **통** 바라다 **명** 소망 **②** noise **명** 소음 **③** musician **명** 음악가 **④** public **명** 대중 **⑤** opportunity **명** 기회 **⑥** positive **형** 긍정적인 **⑦** bark **통** 짖다 **⑧** sympathy **명** 동정 **⑨** raise **통** 기르다 **⑩** depend **통** 의지하다

영어 문장에는 **5가지 형식**이 있습니다. 문장의 형식을 정확하게 알아야 문장을 제대로 해석하거나 쓸 수 있습니다. 어떤 종류의 문장이든 **주어와 동사**는 꼭 필요합니다. 하지만 **동사의 종류에 따라 꼭 필요한 문장성분이 달라집니다.** 지금부터 각 형식의 문장들이 어떤 재료들로 구성되어 있는지 집중해주세요. 우선 1형식부터 배워봅시다.

1. **형태** 주어(S) + 동사(V)

2. **해석** S가 V하다.

> ex) I get up. 나는 일어난다.
> Birds sing. 새들이 노래한다.
> The rain stopped. 비가 멈추었다.
> Time flies <u>like an arrow</u>. 시간이 화살처럼 지나간다.
> There is an apple <u>on the table</u>. 테이블 위에 한 개의 사과가 있다.
> There are two cats <u>under the table</u>. 테이블 아래에 두 마리의 고양이가 있다.

1형식 문장은 주어와 동사로만 이루어져 있지만, 위 문장의 밑줄 친 부분처럼 [전치사+명사]를 추가할 수도 있습니다. [전치사+명사]는 전치사구라고 불리는데, 문장의 주요 구성 성분이 아닌 양념 같은 존재이기 때문에 없어도 되고, 반대로 얼마든지 추가할 수도 있습니다.

3. **대표적인 1형식 동사** go, come, arrive, happen, rise, cry, smile, work 등
   - 1형식 문장은 주어와 동사만 있어도 완성되는 간단한 요리라고 생각하면 됩니다.

학교내신대비 연습문제

다음 문장들의 주어, 동사를 찾아 각각 동그라미하세요.

❶ Time flies like an arrow.

❷ He plays with his friends after school.

Answer ❶ Time, flies 시간은 화살처럼 날아간다.
❷ He, plays 그는 방과 후에 그의 친구들과 논다.

DAY 04

"He who laughs last,
laughs longest."

"마지막에 웃는 자가
최후의 승자다."

남들과 비교해서 지금의 내 위치나 실력이 초라해보일 때가 있습니다. 때로는 나보다
능력이 뛰어난 친구들의 무시를 받을 때도 있겠죠. 하지만 기억하세요. 마지막에 웃는
사람이 최후의 승자입니다. 끝날 때까지는 끝난 것이 아니니 최선을 다해주세요.

>>> DAY 4 음성 강의

cancel [kǽnsl, 캔슬]
동 취소하다

cancel the order 주문을 취소하다

average [ǽvəridʒ, 애버리지]
명 평균 형 평균의

the average cost 평균 비용

strange [stréindʒ, 스트레인지]
형 낯선, 이상한

sound strange 이상하게 들리다

minute [mínɪt, 미니트]
명 분, 잠깐

five minutes to seven 6시 55분
for a minute 잠시 동안

함께 외우기 hour (시간),
second (초)

near [nír, 니얼]
형 가까운, 비슷한 부 가까이

in the near future 가까운 미래에

climate [kláimət, 클라이밋]
명 기후, 분위기

a mild climate 온화한 기후

recycle [ri:sáikl, 리-싸이클]
동 재활용하다

recycle waste 쓰레기를 재활용하다

toward [tɔ́:rd, 터월-드]
전 ~을 향하여, ~쪽으로

toward the south 남쪽으로 향하여

tired [táiərd, 타이얼드]
형 피곤한, 싫증난

really tired 정말 피곤한
tired of my job
내 직업에 싫증이 난

tired는 '피곤한, 싫증난'이라는
2가지 의미를 모두 기억해야 합니다.

well [wél, 웰]
형 건강한 부 잘, 좋게

a well man 건강한 남자
dress well 옷을 잘 입다

hide [háid, 하이드]
동 감추다, 숨다

hide the letter 편지를 숨기다
hide under the bed 침대 밑에 숨다

spring [spríŋ, 스프링]
명 봄 동 튀어오르다

spring out of bed 침대에서 튀어 나오다

bring [bríŋ, 브링]
동 가져오다, 데려오다

bring my boyfriend to the party
내 남자친구를 파티에 데려오다
bring many changes 많은 변화를 가져오다

as [æz, 애즈]
전 ~처럼, ~같이, ~로서
접 ~하는 동안에, ~대로, ~때문에

as a friend 친구로서
as she grows older
그녀가 나이가 들어감에 따라

as의 다양한 의미를
꼭 같이 기억하세요.

grass [græs, 그래쓰]
명 풀, 잔디

mow grass 잔디를 깎다

guest [gést, 게스트]
명 손님

wedding guest 결혼식 하객

pale [péil, 페일]
형 창백한

look pale 창백해 보이다

sell [sél, 쎌]
동 팔다, 팔리다

sell my car to him 그에게 내 차를 팔다
sell well 잘 팔리다

giant [dʒáiənt, 자이언트]
명 거인 형 거대한

giant wrestler 거대한 레슬링 선수

cause [kɔ:z, 커-즈]
명 원인 동 ~을 야기하다

cause and effect 원인과 결과
cause the fire 화재를 야기하다

고등학교를 준비하는 학생이 꼭 알아야 할 영단어

devote [divóut, 디보트]
동 바치다, 쏟다

devote her life to helping the
poor 그녀의 인생을 가난한 사람들을
돕는 데 바치다

숙어 devote A to B
(A를 B에 바치다)

happen [hǽpən, 해쁜]
동 발생하다, 우연히 ~하다

happen all the time 항상 일어나다
happen to know 우연히 알게 되다

civilize [sívəlaiz, 씨빌라이즈]
동 개화하다

civilize people 사람들을 개화하다

accuse [əkjú:z, 어큐-즈]
동 고발하다, 비난하다

accuse somebody of theft
누군가를 절도 혐의로 기소하다

litter [lítə(r), 리털]
명 쓰레기 동 버리다

drop litter 쓰레기를 버리다

literature [lítrətʃə(r), 리터러쳐]
명 문학

great works of literature 위대한 문학 작품들

modest [má:dɪst, 마-디스트]
형 보통의, 겸손한

a modest little house 평범한 작은 주택
modest about his success 그의 성공에 대해 겸손하다

advocate [ǽdvəkeɪt, 애드버킷]
명 변호사 동 옹호하다

advocate peace 평화를 옹호하다

precise [prɪsáɪs, 프리싸이스]
형 정확한

precise instructions 정확한 지시

conservative
[kənsɜ́:rvətɪv, 컨썰-버티브]
형 보수적인

conservative parents
보수적인 부모님

'보수적'이라는 표현은 독해에서
정말 많이 활용됩니다!

eager [í:gə(r), 이-걸]
형 열렬한, 간절히 바라는

eager crowds 열렬한 군중들

숙어 be eager to
(~하고 싶어하다)

divide [dɪváɪd, 디바이드]
동 나뉘다, 나누다

divide the work 일을 나누다

embarrass
[ɪmbǽrəs, 임배러쓰]
동 당황스럽게 하다

embarrassing situation
당황스러운 상황

내가 당황했다면 "I'm embarrassed."
라고 표현합니다.

maintain [meɪntéɪn, 메인테인]
동 유지하다

maintain a balance 균형을 유지하다

imitate [ímɪteɪt, 이미테이트]
동 모방하다, 흉내내다

imitate his father 그의 아버지를 흉내내다

delay [dɪléɪ, 딜레이]
명 지연, 지체

delay the decision 결정을 미루다

contract [ká:ntrækt, 컨-트랙트]
[kəntrǽkt, 컨트랙트]
명 계약 동 계약하다, 줄어들다

sign the contract
계약에 서명하다
glass contracts
유리가 수축하다

contract가 고급 독해에서는
'줄어들다'로 쓰입니다.

adopt [ədáːpt, 어답―트]
동 채택하다, 입양하다

adopt a child 아이를 입양하다
adopt a new idea
새로운 생각을 채택하다

adopt는 정말 중요한 다의어입니다.

afford [əfɔ́ːrd, 어폴―드]
동 ~할 여유(형편)가 되다

can afford a new car 새 차를 살 여유가 되다
can't afford to go abroad 해외로 갈 형편이 안 되다

politics [páːlətɪks, 팔―러틱스]
명 정치

local politics 지역 정치

Misson! Read My Diary

오늘 배운 단어들의 의미를 생각하면서 아래 일기를 읽어보세요.

　어제는 아빠 회사에서 많은 ❶ guest들이 우리 집에 저녁 식사를 하러 오셨다. 손님들이 오시기 전에 청소하면서 이곳저곳에 떨어져 있던 잡동사니들을 안 보이도록 구석에 ❷ hide했다. 손님들이 워낙 많이 오셔서 우리는 음식을 여러 접시에 ❸ divide해서 테이블에 놓아드렸다. 손님들이 모두 가시고 나서 엄마는 너무 ❹ tired해보이셨다. 지친 엄마를 위해서 나는 오늘 하루를 엄마에게 ❺ devote하기로 마음먹었다. 나는 집 곳곳에 널부러진 ❻ litter를 모두 버렸다. 그리고 내 손으로 저녁을 준비했다. 서툰 요리 실력이었지만 엄마가 요리를 하시던 모습을 ❼ imitate하려고 나름 노력했다. 엄마는 요리를 하는 나의 ❽ strange한 모습에 처음에는 당황해하셨지만 이내 좋아하셨다. 그런데 나는 저녁 준비가 ❾ delay되어서 서두르다가 접시를 하나 깨버렸다. 내 얼굴은 당황해서 ❿ pale해졌다. 그때 엄마가 나를 꼭 껴안아 주셨다. 역시 우리 엄마! 사랑해요.

Answer ❶ guest 명 손님 ❷ hide 동 숨다 ❸ divide 동 나누다 ❹ tired 형 피곤한 ❺ devote 동 바치다 ❻ litter 명 쓰레기 동 버리다 ❼ imitate 동 모방하다, 흉내내다 ❽ strange 형 낯선 ❾ delay 동 지연되다 ❿ pale 형 창백한

문장의 1형식이 주어와 동사만 있어도 되는 간단한 요리라면, 문장의 2형식은 **주격보어라는 재료를 하나 더 넣은 업그레이드 요리**라고 생각하면 됩니다. 1형식보다 약간 더 복잡하겠죠?

1. 형태 주어(S) + 동사(V) + 주격보어(SC)

2. 해석 S가 SC이다/하다.

- 주격보어는 주어를 보충 설명해주는 말이라고 생각하면 됩니다. 명사와 형용사가 주격보어가 될 수 있습니다.
- 명사가 주격보어면, 주어와 주격보어가 같은 대상입니다.
- 형용사가 주격보어면, 주어의 상태나 성질을 주격보어가 보충 설명합니다.
  ex) **She** is **a middle school student**. 그녀는 중학생이다.
  She looks **happy**. 그녀는 행복하게 보인다.

3. 대표적인 2형식 동사

- be동사   am/are/is
  ex) I am a student. 나는 학생이다.

- 인식 동사   seem, appear, look…
  ex) He seems healthy. 그는 건강해 보인다.

- 감각동사   look, sound, smell, taste, feel…
  ex) It feels soft. 이것은 부드럽게 느껴진다.

- 변화 동사   turn, get, grow, go, run, fall, come…
  ex) She became a musician. 그녀는 음악가가 되었다.

- 상태 동사   stay, keep, lie, stand…
  ex) She remained calm. 그녀는 조용한 상태를 유지했다.
  The house stood empty. 집은 빈 상태로 있었다.

중학내신 기출 포인트 부사는 주격보어가 될 수 없다!

- 2형식 문장의 주격보어 자리에는 **명사와 형용사만** 올 수 있습니다.
  ex) That sounds great.   (O)
  That sounds greatly. (X)

- 위 문장을 해석하면 '그것은 좋게 들린다.'죠? '좋게'를 영어로 표현하면 'greatly'입니다. 그래서 보어 자리에 부사가 올 수 있다고 오해할 수 있습니다. 하지만 우리말 해석은 해석일 뿐! **부사는 절대로 주격 보어가 될 수 없답니다.**

DAY 05

"One man may hit the mark, another blunder,
but heed not these distinctions.
Only from the alliance of the one, working with
and through the other, are great things born."

"누군가는 성공하고 누군가는 실수할 수도 있다.
하지만 이런 차이에 너무 집착하지 마라.
타인과 함께, 타인을 통해서 협력할 때에야
비로소 위대한 것이 탄생한다."

꼭 경쟁을 통해서 누군가를 이기기 위해 공부를 하는 게 아니에요. 때로는 다른 친구들과 함께 하는 것이 큰 힘이 된답니다. 혼자서 단어 외우는 것이 너무 힘들다면 친구와 함께 외워보는 지혜를 발휘해보세요. 함께 협력할 때 위대한 것이 탄생한답니다.

>>> DAY 5 음성 강의

translate
[trǽnsleɪt, 트랜슬레이트]
툉 번역하다

translate the report into English
보고서를 영어로 번역하다

like [láɪk, 라이크]
툉 좋아하다 젠 ~처럼, ~같이

I like studying English.
나는 영어 공부하는 것을 좋아한다.
like his father 그의 아빠처럼

like의 전치사 의미를 꼭
기억하세요. 시험에 자주
등장합니다.

need [ni:d, 니-드]
명 욕구, 요구 툉 필요로 하다

financial needs 재정적 요구
need to eat 먹을 필요가 있다

plant [plǽnt, 플랜트]
명 식물, 공장 툉 심다

water plant 수생 식물
plant seeds 씨앗들을 심다

nervous [nɜ́:rvəs, 널-버쓰]
형 신경의, 불안해하는

nervous about the competition
대회에 대해서 불안해하다

blanket [blǽŋkɪt, 블랭킷]
명 담요

extra blanket 추가 담요

after [ǽftə(r), 애프터]
젠 뒤에, 후에 젭 ~한 뒤에

after school 방과 후
after she left 그녀가 떠난 후에

burn [bɜːrn, 번-]
툉 타오르다, 태우다

burn waste 쓰레기를 태우다

without [wɪðáʊt, 위다웃]
젠 ~없이, ~하지 않고

can't live without you 너 없이 살 수 없다

remember
[rɪmémbə(r), 리멤벌]
툉 기억하다, 명심하다

remember to write a letter
편지를 쓸 것을 기억하다
remember writing a letter
편지를 쓴 것을 기억하다

숙어 remember to 동사
[(미래)~할 것을 기억하다]
remember 동사 ing
[(과거)~했던 것을 기억하다]

let [lét, 렛]
툉 ~하게 하다, 허락하다

let him leave 그가 떠나는 것을 허락하다

regular [régjələ(r), 레귤러]
형 규칙적인, 주기적인

regular exercise 규칙적인 운동

boring [bɔ́:rɪŋ, 보-링]
형 재미없는, 지루한

boring book 지루한 책

wrong [rɔ:ŋ, 뤙-]
형 잘못된

wrong answer 오답

company [kʌ́mpəni, 컴퍼니]
명 회사, 함께 있음, 친구

the world's largest computer company
세계 최대의 컴퓨터 회사

before [bɪfɔ́:(r), 비포-얼]
전 ~전(앞)에 접 ~하기 전에

before noon 정오 전에
before you forget 네가 잊기 전에

too [tu:, 투-]
부 너무(~한), ~도(또한)

too much 너무 많이
I love you, too 나도 너를 사랑해

prefer [prɪfɜ́:(r), 프리펄-]
동 선호하다

prefer coffee to water 물보다 커피를 선호하다

hurt [hɜ:rt, 헐-트]
동 다치게(아프게) 하다, 아프다

my feet hurt 나의 발이 아프다

travel [trǽvl, 트래블]
명 여행 동 여행하다

travel around the world 전 세계를 여행하다

고등학교를 준비하는 학생이 꼭 알아야 할 영단어

willing [wílɪŋ, 윌링]
형 기꺼이 하는

willing to study
기꺼이 배우고 싶어하는

숙어 be willing to
(기꺼이 ~하는)

cheat [tʃi:t, 치-트]
명 속임수 동 속이다, 부정행위를 하다

cheat on a test 시험에서 부정행위를 하다

recover [rɪkʌ́və(r), 리커버]
동 회복하다

recover from the flu 감기에서 회복하다

urgent [ɜ́:rdʒənt, 얼-전트]
형 긴급한, 시급한

urgent attention 긴급한 관심

entire [ɪntáɪə(r), 인타이얼]
혱 전체의

entire **freedom** 완전한 자유

general [dʒénrəl, 제너럴]
혱 일반적인

general **idea** 일반적인 생각

female [fíːmeɪl, 피-메일]
명 여성 혱 여성인

female **teacher** 여자 교사

anniversary
[æ̀nɪvɜ́ːrsəri, 에니벌-서리]
혱 기념일

wedding anniversary 결혼기념일

shelter [ʃéltə(r), 셸터]
혱 피난처

shelter **for the homeless** 노숙자들을 위한 피난처

terrific [tərífɪk, 터리픽]
혱 아주 좋은, 멋진

at a terrific **speed** 엄청난 속도로

assume [əsúːm, 어쑴-]
통 추정하다, 가정하다

assume **the worst** 최악을 가정하다

moral [mɔ́ːrəl, 모-럴]
혱 도덕의 명 교훈

moral **lesson** 도덕적인 교훈

satisfy [sǽtɪsfaɪ, 새티스파이]
통 만족시키다

satisfy **his hunger**
그의 배고픔을 만족시키다

evidence [évɪdəns, 에비던스]
명 증거

critical evidence 결정적인 증거

edge [édʒ, 엣쥐]
명 가장자리

on the edge **of the cliff** 절벽의 가장자리에서

appropriate
[əpróʊpriət, 어프로프리어트]
혱 적절한

appropriate **solution** 적절한 해결방안

judge [dʒʌdʒ, 저지]
명 판사 동 판단하다

judge from what he said 그가 한 말로 판단하다

efficient [ɪfíʃnt, 이피션트]
형 효율적인

efficient use of time 효율적인 시간 사용

investigate
[invéstigeit, 인베스티게이트]
동 조사하다, 연구하다

investigate climate change's impact
기후 변화의 영향을 조사하다

reach [riːtʃ, 리-치]
동 ~에 도달하다

reach the border
국경에 도달하다

reach 다음에는 to를 사용하지 않고
바로 목적어를 사용합니다.
ex) reach to the border (x)

Misson! Read My Diary

오늘 배운 단어들의 의미를 생각하면서 아래 일기를 읽어보세요.

오늘은 엄마와 아빠의 결혼 ❶ anniversary였다. 부모님께 파티를 열어드리기 위해서 나는 군것질을 하지 않고 3개월 동안 돈을 모았다. ❷ boring한 파티가 되지 않기 위해 나는 철저히 부모님의 취향을 ❸ investigate하고 ❹ appropriate한 선물을 준비했다. 부모님께서 저녁 식사를 하고 천천히 집에 오신다고 ❺ assume하고 있었는데 생각보다 훨씬 일찍 집에 ❻ reach하신다는 부모님의 전화 연락을 받고 ❼ nervous했었다. 하지만 나는 시간을 ❽ efficient하게 사용해서 부모님이 오시기 전에 파티 준비를 끝냈고 파티는 ❾ terrific하게 끝났다. ❿ plants를 좋아하시는 부모님의 취향을 생각해 예쁜 화분을 선물해드렸는데 굉장히 마음에 들어하셨다. 오늘은 정말 뿌듯한 하루였다.

Answer ❶ anniversary 명 기념일 ❷ boring 형 지루한 ❸ investigate 동 조사하다, 연구하다 ❹ appropriate 형 적절한 ❺ assume 동 추정하다, 가정하다 ❻ reach 동 ~에 도달하다 ❼ nervous 형 신경의, 불안해하는 ❽ efficient 형 효율적인 ❾ terrific 형 아주 멋진, 좋은 ❿ plant 명 식물

43

문장의 3형식은 주어와 동사에 **목적어라는 재료를 더한 요리**입니다. 여기서 목적어란 **동작의 대상**을 가리키는 말입니다. 처음 형식을 배울 때는 2형식과 3형식 문장이 헷갈립니다. 하지만 조금만 집중해서 주격보어와 목적어의 차이를 익히고 나면 결코 헷갈리지 않는답니다.

1. **형태** 주어(S) + 동사(V) + 목적어(O)

2. **해석** S가 O를 V하다.

> ex) I bought a new car. 나는 새 차 한 대를 샀다.
> I have a question. 나는 질문이 하나 있다.
> She has a smart phone. 그녀는 스마트폰을 가지고 있다.

3. **대표적인 3형식 동사 make, want, love, watch, eat 등**

- 3형식 동사들은 그 수가 너무나도 많습니다. '~을, ~를'이라는 의미의 목적어와 잘 어울리는 동사가 바로 3형식 동사입니다.

중학내신 기출 포인트 2형식과 3형식 문장을 구별하기!

- 2형식 문장의 주격보어는 주어와 같거나 주어의 상태나 성질을 보충 설명해주는 말이고, 3형식 문장의 목적어는 **주어와 같지 않은 말**입니다.

ex) 2형식: She is my sister. (She = my sister)
3형식: She likes music. (She ≠ music)

처음에는 이렇게 구별할 수 있지만, 영어 실력이 향상되면 자연스럽게 동사만 보아도 2형식과 3형식을 구별할 수 있답니다. 걱정 말고 계속 열공하세요!

학교내신대비 연습문제

다음 괄호 안의 단어들을 바르게 배열해 문장을 완성하세요.

❶ (gave, some, me, money, she, to)

❷ (for, a flower, her, bought, I)

Answer   ❶ She gave some money to me. 그녀는 나에게 돈을 조금 주었다.
❷ I bought a flower for her. 나는 그녀를 위해서 꽃을 샀다.

DAY 06

"The incident happened because life
had something to tell me."

"삶이 나에게 할 말이 있었기 때문에
그 일이 일어났다."

항상 내가 바라는 일만 일어나지는 않죠. 하지만 모든 일들은 나에게 주는 의미가 있습니다. 고통스러운 일들조차 내가 더욱 강해질 기회를 제공합니다. 나에게 주어진 모든 일들은 어떤 의미가 있답니다. 지금 이 순간 힘들다면 오늘의 명언을 한 번 더 읽고 힘을 내기 바랍니다.

>>> DAY 6 음성 강의

audience [ɔ́ːdiəns, 어-디언스]
형 청중

an attentive audience 경청하는 청중

asleep [əslíːp, 어슬립-]
형 잠이 든, 자고 있는

fall asleep 잠들다

brave [breɪv, 브레이브]
형 용감한

a brave warrior 용감한 전사

useful [júːsfl, 유-스플]
형 유용한

useful tools 유용한 도구들

absent [ǽbsənt, 앱썬트]
형 결석한, 없는

absent from school
학교를 결석하다

함께 외우기 present (출석한)

appointment
[əpɔ́ɪntmənt, 어포인트먼트]
명 약속, 임명

make an appointment 약속을 하다

polite [pəláɪt, 펄라이트]
형 예의 바른, 공손한

polite to our guests 손님들에게 예의 바른

begin [bɪgín, 비긴]
통 시작하다

begin his career 그의 경력을 시작하다

harm [hɑːrm, 함-]
명 해, 피해 통 해치다

serious harm 심각한 손해
harm marine life 해양 생물을 해치다

learn [lɜːrn, 런-]
통 배우다

learn a musical instrument 악기를 배우다

work [wɜːrk, 월-크]
명 일, 직장, 직업
통 일하다, 효과가 있다

work and leisure 일과 여가
My plan worked
내 계획은 효과가 있었다

두통이 있을 때 두통약을 먹고
나았다면 "It worked."

assist [əsíst, 어시스트]
통 돕다

assist in moving the furniture 가구 옮기는 것을 돕다

pretty [príti, 프리티]
형 예쁜 부 꽤, 매우

pretty girl 예쁜 소녀
pretty interesting
매우 흥미로운

pretty의 부사 뜻을 꼭 기억하세요. pretty heavy는 '꽤 무거운'이라는 뜻입니다.

fast [fǽst, 패스트]
형 빠른 부 빠르게

run fast 빠르게 달리다

inside [ɪnsáɪd, 인싸이드]
전 ~의 안에 부 안에

inside the building 빌딩 내부

full [fʊl, 풀]
형 가득한

a full moon 보름달

숙어 be full of (~으로 가득한)

challenge [tʃǽləndʒ, 챌린지]
명 도전 동 도전하다

face a challenge 도전에 직면하다

beyond [bɪjάːnd, 비욘―드]
전 ~저편에, ~이상

beyond the rainbow 무지개 저편에

habit [hǽbɪt, 해빗]
명 습관

bad habit 나쁜 습관

grab [grǽb, 그랩]
동 붙잡다, 움켜잡다

grab the child's hand 아이의 손을 움켜잡다

고등학교를 준비하는 학생이 꼭 알아야 할 영단어

represent
[rèprɪzént, 리프리젠트]
동 대표하다

represent Korea at the Winter Olympics 동계 올림픽에서 한국을 대표하다

함께 외우기 representative (대표자)

admire [ədmáɪə(r), 어드마이얼]
동 존경하다, 칭찬하다

admire his passion 그의 열정을 존경하다

nearby [nɪrbaɪ, 니얼바이]
형 가까운

nearby convenience store 가까운 편의점

nearly [nírli, 니얼리]
부 거의

nearly impossible
거의 불가능한

nearly는 거리의 개념이 아닌 '정도'의 개념입니다.

ignore [ignɔ́ː(r), 이그노-얼]
통 무시하다

ignore the differences 차이를 무시하다

common [káːmən, 카-먼]
형 흔한, 공통의

common name 흔한 이름

monitor [máːnɪtə(r), 마-니털]
통 감시하다

monitor an examination 시험을 감독하다

relieve [rɪlíːv, 릴리-브]
통 없애주다, 완화하다

relieve stress 스트레스를 없애주다

lie [laɪ, 라이]
명 거짓말 통 거짓말하다

tell a lie 거짓말을 하다

explore [ɪksplɔ́ː(r), 익스플로-얼]
통 탐험하다

explore the Antarctic Continent
남극 대륙을 탐험하다

resist [rɪzíst, 리지스트]
통 저항하다

resist change 변화에 저항하다

principle [prínsəpl, 프린서플]
명 원칙, 원리

essential principle 필수적인 원리

owe [óʊ, 오우]
통 빚지고 있다, 신세를 지고 있다

owe you 3,000 dollars
3천 달러를 너에게 빚지다

숙어 owe A to B (A를 B에게 빚지다)

mood [muːd, 무-드]
명 기분

in a good mood 기분이 좋은

aggressive
[əgrésɪv, 어그레씨브]
형 공격적인

aggressive dog 공격적인 개

instrument
[ínstrəmənt, 인스트러먼트]
명 기구, 악기

play an instrument 악기를 연주하다

length [léŋθ, 랭쓰]
명 길이

average length of life
평균 수명

length는 long에서 파생된 단어입니다.

defend [dɪfénd, 디펜드]
동 방어하다

defend the borders 국경을 수비하다

yet [jét, 예트]
부 아직 접 그렇지만

didn't receive a letter from him yet
아직 그에게서 편지를 받지 않았다

a strange yet true story
이상하지만 실화인 이야기

competition
[kɑ:mpətíʃn, 컴-퍼티션]
명 경쟁, 대회

join the competition 대회에 참가하다

Misson! Read My Diary

오늘 배운 단어들의 의미를 생각하면서 아래 일기를 읽어보세요.

나의 가장 친한 친구는 재식이다. 나는 소심한 성격인데 재식이는 매우 ❶ brave하다. 그래서 재식이의 인생은 항상 ❷ challenge로 ❸ full하다. 재식이는 ❹ competition을 좋아한다. 가끔은 의욕이 지나쳐서 친구들에게 ❺ aggressive한 경향이 있지만, 어른들에게는 항상 ❻ polite하다. 내 친구 재식이의 가장 큰 장점은 바로 절대 ❼ lie하지 않고 ❽ appointment는 꼭 지킨다는 것이다. 내가 어떻게 그럴 수 있냐고 물었는데 재식이는 어렸을 때부터 만들어진 자신의 ❾ habit이라고 말했다. 나는 정말 그런 재식이를 ❿ admire한다. 재식아, 우리 우정 영원하자!

Answer ❶ brave 형 용감한 ❷ challenge 명 도전 ❸ full 형 가득한 ❹ competition 명 경쟁 ❺ aggressive 형 공격적인 ❻ polite 형 공손한, 예의바른 ❼ lie 동 거짓말하다 ❽ appointment 명 약속 ❾ habit 명 습관 ❿ admire 동 존경하다

문장의 4형식은 목적어가 2개 들어 있는 독특한 요리입니다. 2개의 목적어 중 '누구에게'라고 해석되는 목적어는 **간접목적어**, '무엇을'이라고 해석되는 목적어는 **직접목적어**라고 합니다. 이번에는 **문장의 4형식에 주로 쓰이는 동사**들의 특징에 주목하세요!

1. 형태 주어(S) + 동사(V) + 간접목적어(I.O.) + 직접목적어(D.O.)

2. 해석 S가 I.O.에게 D.O.를 V하다.

> ex) He gave the girl a doll. 그가 소녀에게 인형을 주었다.
> My mom made me a cookie. 엄마가 나에게 쿠키를 만들어주었다.

- 4형식 동사를 수여동사라고 부릅니다. '수여'는 **무엇을 준다는 의미**입니다. 준다는 것은 누구에게 무엇을 주는지에 대한 정보가 추가로 있어야 합니다. 그래서 4형식 수여동사 다음에는 간접목적어와 직접목적어가 필요합니다.

3. 대표적인 4형식 동사 다음의 동사들은 모두 '~주다'로 해석됩니다.

- **give, send, show, bring, teach, buy, make, cook, find**…
  (주다, 보내주다, 보여주다, 가져다주다, 가르쳐주다, 사주다, 만들어주다, 요리해주다, 찾아주다…)

중학내신 기출 포인트

- 4형식 문장에는 간접목적어와 직접목적어, 즉 명사 2개가 연속으로 나오기 때문에 처음에는 낯설게 느껴질 수 있습니다. 하지만 문법적 오류는 절대 아닙니다.

- 간접목적어가 직접목적어보다 **앞에 위치**합니다. 순서에 주의하세요.

학교내신대비 연습문제

우리말 해석에 맞게 빈칸을 채워 4형식 문장을 완성하세요.

❶ I gave _____ a _____. 나는 그녀에게 선물을 주었다.

❷ Mom made _____ a _____.
엄마는 나의 여동생에게 쿠키를 만들어주셨다.

Answer　❶ her / present
　　　　　❷ my younger sister / cookie

DAY 07

"This is where it all begins,
everything starts here, today."
-『원데이』에서

"모든 것은 바로 여기에서, 오늘 시작된다."

"초심을 잃지 말자."라고들 말하죠. 시작할 때의 마음이 가장 당차고 자신에 차 있는 마음이기 때문에 그 마음을 잃지 말라고 하는 것 같네요. 오늘 단어 외우기가 힘들다면 오늘을 새로운 시작이라고 생각해보는 건 어때요? 항상 처음처럼 새로운 마음으로 하루하루를 지내다 보면, 나도 모르는 사이에 눈부신 결과에 한 걸음 한 걸음 다가가지 않을까요?

>> DAY 7 음성 강의

if [if, 이프]
접 (만약) ~면

if I were rich 만약 내가 부자라면

patient [péiʃnt, 페이션트]
명 환자 형 참을성 있는

cancer patients 암 환자
be patient and wait
인내심을 가지고 기다리다

patient의 다양한 의미를 함께 외우세요.

create [kriéit, 크리에이트]
동 창조하다

create new dishes 새로운 요리를 창조하다

ask [æsk, 애스크]
동 묻다, 부탁하다

ask for help 도움을 요청하다

address [ǽdres, 애드레쓰]
명 주소 동 연설하다

name and address 이름과 주소
address a meeting 회의에서 연설하다

elderly [éldərli, 엘덜리]
형 연세가 드신

an elderly couple 노부부

add [ǽd, 애드]
동 더하다

add flour 밀가루를 첨가하다

make [méik, 메이크]
동 만들다, (~이 어떻게 되도록) 만들다

make a cake 케이크를 만들다
make my mom happy
엄마를 행복하게 만들다

make는 문법적으로 중요한 '사역동사'입니다.

answer [ǽnsə(r), 앤썰]
동 답하다

answer the question 질문에 답하다

ashamed [əʃéimd, 어셰임드]
형 부끄러운

ashamed of myself 내 스스로를 부끄러워하는

feed [fiːd, 피-드]
동 밥을 먹이다, 먹이를 주다

feed the cat 고양이에게 먹이를 주다

astronaut
[ǽstrənɔːt, 애스트러너-트]
명 우주비행사

retired astronaut 은퇴한 우주비행사

poor [pɔːr, 포—얼]
형 가난한, 실력 없는

poor **country** 가난한 국가

often [ɔ́ːfn, 어—픈]
부 자주, 흔히

often **go to the movies** 영화관을 자주 가다

famous [féɪməs, 페이머쓰]
형 유명한

famous **singer** 유명한 가수

fact [fǽkt, 팩트]
명 사실

interesting fact 흥미로운 사실

forecast [fɔ́ːrkæst, 포—얼케스트]
명 예측, 예보 동 예측하다

weather forecast 일기예보

month [mʌ́nθ, 먼쓰]
명 월, 달

next month 다음 달

huge [hjuːdʒ, 휴—지]
형 거대한

huge **success** 대성공

bridge [bridʒ, 브리지]
명 다리 동 다리를 놓다

London Bridge 런던 다리
bridge **the gap** 차이를 메우다

bridge는 '다리를 놓다'는 의미의 동사로도 활용됩니다.

고등학교를 준비하는 학생이 꼭 알아야 할 영단어

deal [diːl, 딜—]
동 다루다, 처리하다

deal **with a problem**
문제를 처리하다

숙어 deal with (~을 처리하다)

attract [ətrǽkt, 어트랙트]
동 마음을 끌다

attract **admirers** 팬들을 매혹하다

cease [siːs, 씨—스]
동 중단되다, 그치다

cease **fire** 사격을 멈추다

cease의 발음에 주의하세요.

nuclear [núːkliə(r), 누—클리얼]
형 원자력의

nuclear **bomb** 원자력 폭탄

improve [ɪmprúːv, 임프루-브]
동 개선되다, 나아지다, 향상시키다

improve my English
나의 영어 실력을 향상시키다

region [ríːdʒən, 리-전]
명 지역

desert region 사막 지역

legal [líːgl, 리-글]
형 법률과 관련된, 합법적인

legal advice 법률적 조언

stare [stér, 스테어]
명 빤히 쳐다보기, 응시 동 응시하다

give her a blank stare
그녀를 멍하게 쳐다보다

own [óun, 오운]
형 자신의 동 소유하다

my own idea 나 자신의 생각
own a car 자동차를 소유하다

incredible
[ɪnkrédəbl, 인크레더블]
형 굉장한

incredible story 굉장한 이야기

effect [ɪfékt, 이펙트]
명 영향, 결과, 효과

effects of global warming 지구 온난화의 영향

prevent [prɪvént, 프리벤트]
동 막다, 예방하다

prevent viruses 바이러스를 예방하다

deny [dɪnái, 디나이]
동 부인하다, 부정하다

deny the fact 그 사실을 부정하다

cruel [krúːəl, 크루-얼]
형 잔인한

cruel twist of fate 잔인한 운명의 장난

harvest [háːrvɪst, 하-비스트]
명 수확(기), 수확물 동 추수하다

harvest time 추수기

capital [kǽpɪtl, 캐피털]
명 수도, 자본금, 자산, 대문자

capital letters 대문자

capital은 대표적인 다의어입니다.

persuade [pərswéɪd, 펄쉐이드]
동 설득하다

persuade her to come back
그녀가 돌아오도록 설득하다

숙어 persuade A to B
(A가 B하도록 설득하다)

alike [əláik, 얼라이크]
형 (아주) 비슷한 부 (아주) 비슷하게

do not look alike 닮지 않다

ripe [ráip, 라입]
형 익은

nearly ripe 거의 익은

material [mətíriəl, 머티리얼]
명 자료, 재료

teaching material 교육 자료

Misson! Read My Diary

오늘 배운 단어들의 의미를 생각하면서 아래 일기를 읽어보세요.

나의 꿈은 세계적으로 ❶ famous한 ❷ astronaut가 되는 것이다. 밤하늘을 ❸ stare하고 있으면 ❹ huge 한 별들이 나를 ❺ attract하는 것만 같다. 나는 매일 TV를 보고 ❻ forecast를 확인한다. 날씨가 좋은 날이면 집 근처의 ❼ bridge에 가서 별을 보는 것이 나의 취미다. 아직 ❽ improve해야 할 것이 많은 초보 관측자지만, 언젠가는 꼭 나만의 별을 찾고 싶다. 그리고 먼 훗날 그 별을 찾아가는 멋진 우주비행사가 되고 싶다. ❾ If 내가 발견한 별에 도착한다면, 그것은 정말 ❿ incredible한 일일 것이다!

Answer ❶ famous 형 유명한 ❷ astronaut 명 우주비행사 ❸ stare 동 응시하다 ❹ huge 형 거대한 ❺ attract 동 마음을 끌다 ❻ forecast 명 일기예보 ❼ bridge 명 다리 ❽ improve 동 개선되다, 나아지다 ❾ if 접 (만약) ~면 ❿ incredible 형 굉장한

문장의 마지막 형식인 5형식에는 목적어와 목적격보어라는 재료가 추가됩니다. **목적격보어**는 '목적격'이라는 말이 붙은 것을 보면 알 수 있듯이 **목적어를 보충 설명해주는 말**입니다. 목적격보어는 주어가 아닌 **목적어와 단짝**이라는 사실을 기억하세요.

1. 형태 주어(S) + 동사(V) + 목적어(O) + 목적격보어(O.C.)

2. 해석 S가 O를 O.C.라고 V하다. / S가 O를 O.C.하게 V하다. / S가 O가 O.C.하는 것을 V하다.

> ex) She made me angry. 그녀가 나를 화나게 만들었다.

3. 목적격보어가 명사나 형용사인 경우

- 목적격보어가 목적어와 같거나, 목적어의 상태나 성질을 보충 설명해줍니다.
> ex) The drama made him **a world star**. 그 드라마가 그를 월드 스타로 만들었다.
> We call him **Jay**. 우리는 그를 Jay라고 부른다.
> She keeps her room **clean**. 그녀는 그녀의 방을 깨끗하게 유지한다.
> He found the book **interesting**. 그는 그 책이 흥미롭다는 것을 알게 되었다.

3. 목적격보어가 동사와 비슷한 경우

- 목적격보어는 목적어의 동작을 나타냅니다.
> ex) I saw her **dancing**. 나는 그녀가 춤추고 있는 것을 보았다.
> My mom made me **turn on the TV**. 나의 엄마는 내가 텔레비전을 켜도록 만들었다.
> He saw his father **read a newspaper**. 그는 그의 아버지가 신문을 읽는 것을 보았다.

5형식 문장은 목적격보어에 to부정사, 현재분사, 과거분사 등의 문법이 등장하기 때문에 해당 문법들을 익히기 전까지는 해석이 매우 어렵습니다. 위의 문장들도 해석하기가 답답하고 까다로웠죠? 5형식은 천천히 정복하겠다는 마음을 가지고 꾸준히 공부해야 합니다. Take it easy!

학교내신대비 연습문제

다음 문장들 중 형식이 <u>다른</u> 하나는?

❶ I will find your wallet for you.

❷ I saw the students talk with each other.

❸ I gave a piece of advice to my son.

❹ She cooked a delicious dish for her sister.

❺ He bought a bundle of flower for his parents.

Answer ❷ 해설 1, 3, 4, 5번 문장들은 모두 3형식이지만, 2번 문장은 5형식입니다.

DAY 08

"Sometimes it's hard to follow your heart,
tears don't mean you're losing, everyone is bruising.
There's nothing wrong with who you are"
- Jessie J 〈Who You Are〉 중에서

"때때로 마음 내키는 대로만 하는 건 어려워.
네가 운다고 지는 게 아니야, 모든 사람은 힘들기 마련이야.
너 자신에게 잘못된 것은 없어."

선생님이 좋아하는 노래 한 곡을 소개합니다. 일상에 지친 사람들에게 위로의 말을 건네는 노래에요. 공부가 힘들고 자꾸 실수하는 자신이 바보 같다고 느껴질 때, 이 노래를 들어보세요. 여러분에게 잘못된 것은 없어요. 여러분은 잘하고 있습니다. There's nothing wrong with who you are.

>> DAY 8 음성 강의

careful [kérfl, 케얼플]
형 신중한, 조심하는

careful driver 신중한 운전자

athlete [金θli:t, 애쓰릿−]
명 운동선수

a professional athlete 직업(프로) 운동선수

choose [tʃuːz, 츄−즈]
동 선택하다

choose a leader 지도자를 선택하다   함께 외우기 choice (선택)

succeed [səksíːd, 썩씨−드]
동 성공하다, 물려받다

succeed in business
사업에 성공하다

succeed에는 '물려받다'라는 의미도
있습니다. 그래서 후계자는 successor
라고 합니다.

barely [bérli, 베얼리]
부 간신히, 거의 ~아니게

barely breathe
간신히 숨 쉬다

barely가 동사 앞에 쓰이면 동사의
의미가 부정됩니다.

envy [énvi, 엔비]
명 부러움 동 부러워하다

envy his success 그의 성공을 부러워하다

boil [bɔ́il, 보일]
동 끓다, 삶다

boil an egg 계란을 삶다

temperature
[témprətʃə(r), 탬퍼러쳘]
명 온도

high/low temperature 높은/낮은 온도

hope [hóup, 호프]
명 희망 동 희망하다

hope for good weather 좋은 날씨를 희망하다

practice [præktis, 프랙티스]
명 연습, 관행 동 연습하다

practice to become a musician
음악가가 되기 위해 연습하다

major [méidʒə(r), 메이졀]
형 주요한, 중요한

major role 주된 역할

lend [lénd, 렌드]
동 빌려주다

lend the money 돈을 빌려주다

however [hauévə(r), 하우에벌]
부 아무리 ~해도 접 그러나

however **hard you try**
네가 아무리 열심히 노력해도

중학교 교과서에서는 대부분 '그러나'라는 의미로 쓰입니다.

hear [híɾ, 히얼]
통 듣다, 들리다

can't hear **very well** 잘 안 들리다

author [ɔ́:θə(r), 오-떨]
명 작가

a great author 위대한 작가

badly [bǽdli, 배들리]
부 나쁘게, 몹시

badly **want** 몹시 원하다

badly의 '몹시'라는 의미를 꼭 기억하세요.

dozen [dʌ́zn, 더즌]
명 다스(12개)

two dozen **eggs** 달걀 두 다스

bite [báɪt, 바이트]
통 물다, 베어 물다

bite **one's nail** 손톱을 물어뜯다

cattle [kǽtl, 캐틀]
명 소

a herd of cattle 한 무리의 소

burden [bə́:rdn, 벌-든]
명 부담, 짐

carry the burden 짐을 지다

고등학교를 준비하는 학생이 꼭 알아야 할 영단어

beat [bi:t, 비-트]
통 이기다, 때리다

beat **at the door** 문을 두드리다
Korea beat **Japan 2-0** 한국이 일본을 2 대 0으로 이기다

smooth [smu:ð, 스무-드]
형 매끄러운, 부드러운

smooth **skin** 부드러운 피부

independent
[ɪndɪpéndənt, 인디펜던트]
형 독립적인, 남에게 의존하지 않는

be economically independent
경제적으로 자립하다

함께 외우기 dependent
(의존적인)

precious [préʃəs, 프레셔쓰]
형 귀중한

precious **time**
귀중한 시간

영화 〈반지의 제왕〉의 골룸이 말합니다.
"My precious!(나의 소중한 것!)"

59

likewise [láɪkwaɪz, 라이크와이즈]
🔳 같이, 마찬가지로, 또한

painters who are likewise sculptors
조각가이면서 동시에 화가인 사람

leave [li:v, 리-브]
🔳 떠나다, 남겨주다

leave for Seoul 서울로 떠나다
leave her alone 그녀를 혼자 남겨두다

neglect [nɪglékt, 니글렉트]
🔳 방치하다, 등한시하다

neglect his duty 그의 의무를 등한시하다

mature [mətʃúr, 머츄얼]
🔳 어른스러운, 숙성된

mature for her age 그녀의 나이에 비해 성숙한

laboratory / lab
[læbrətɔːri, 래버러토-리/læb, 랩]
🔳 실험실

science laboratory / lab 과학 실험실

revolution
[revəlúːʃn, 레벌루-션]
🔳 혁명

a digital revolution 디지털 혁명

pretend [prɪténd, 프리텐드]
🔳 ~인 척하다

pretend to be asleep
자는 척하다

숙어 pretend to 동사 (~하는 척하다)

ancestor [ǽnsestə(r), 앤쎄스털]
🔳 조상, 선조

worship the ancestor 조상을 숭배하다

sacrifice
[sǽkrɪfaɪs, 쌔크리파이스]
🔳 희생, 희생물 🔳 희생하다

sacrifice everything for her children
그녀의 아이들을 위해서 모든 것을 희생하다

apology [əpάːlədʒi, 어팔-러지]
🔳 사과

demand apology 사과를 요구하다

generate [dʒénəreɪt, 제너레이트]
🔳 발생시키다, 만들어내다

generate electricity 전기를 만들어내다

risk [rísk, 리스크]
🔳 위험, 위험 요소 🔳 위험을 무릅쓰다

a major health risk 주된 건강 위험 요소

include [ɪnklúːd, 인클루—드]
图 포함하다

include tax 세금을 포함하다

opposite [ɑ́:pəzɪt, 아—퍼지트]
형 다른 편의, 건너편의

opposite side of the road 길 건너편

impact [ímpækt, 임팩트]
명 영향, 충격 图 영향을 주다

environmental impact 환경적 영향

religion [rɪlídʒən, 릴리전]
명 종교

believe in a religion 종교를 믿다

Misson! Read My Diary

오늘 배운 단어들의 의미를 생각하면서 아래 일기를 읽어보세요.

오늘은 과학 시간에 ❶ laboratory에서 실험을 했다. 소금이 ❷ include되어 있는 물을 ❸ boil해서 소금과 물을 분리하는 실험이었다. 선생님께서는 가장 빨리 성공한 조에게 상품으로 도넛 한 ❹ dozen을 준다고 하셨다. 나는 제일 먼저 ❺ succeed해서 도넛을 먹길 ❻ hope했다. 하지만 도넛을 ❼ badly 먹고 싶어서인지, ❽ mature하지 못하게 물을 쏟아버리는 실수를 했다. 나는 같은 조원들에게 ❾ apology를 했고 앞으로 더 ❿ careful하게 행동해야겠다고 다짐했다. 아, 내 도넛!

Answer ❶ laboratory 명 실험실 ❷ include 图 포함하다 ❸ boil 图 끓다 ❹ dozen 명 다스(12개) ❺ succeed 图 성공하다 ❻ hope 图 희망하다 ❼ badly 円 몹시 ❽ mature 형 어른스러운 ❾ apology 명 사과 ❿ careful 형 신중한, 조심스러운

2형식의 대표적인 동사인 감각동사는 중학교 1학년 수준의 영어 시험에 문법 문제로 자주 출제됩니다. 감각동사는 인간의 **오감과 관련된 동사**입니다. 감각동사의 종류와 특징을 자세하게 공부해봅시다.

1. 감각동사

- 2형식에 쓰이는 동사로서 인간의 오감과 관련되어 있습니다. 보어로는 형용사를 사용합니다.

2. 감각동사 + 형용사

look		~하게 보이다
feel		~처럼 느끼다
sound	+ 형용사	~처럼 들리다
taste		~한 맛이 나다
smell		~한 냄새가 나다

ex) She looks pretty. 그녀는 예뻐 보인다.
The food smells wonderful. 그 음식은 훌륭한 냄새가 난다.
It sounds funny. 그것은 재미있게 들린다.
I feel good. 나는 좋은 기분을 느낀다.

중학내신 기출 포인트 1

- 감각동사는 한국말로 해석하면 형용사가 아닌 부사처럼 해석되기 때문에 부사를 사용하기 쉽습니다. 하지만 **주격보어 자리에는 명사 또는 형용사만 올 수 있으므로 부사는 절대 사용할 수 없습니다.**
  ex) She looks beautiful.   (O)
  She looks beautifully. (X)

중학내신 기출 포인트 2

- 감각과 관련된 동사이지만 감각동사가 **아닌** 동사들(형용사를 이어서 쓸 수 없다면 감각동사가 아님)도 있습니다.
  ex) watch, see, hear, listen to

중학내신 기출 포인트 3

- 모양은 부사처럼 생겼지만 실제로는 **형용사**인 단어들(감각동사 다음에 사용할 수 있음)도 있습니다.
  ex) friendly, lovely, lively, lonely
  She looks lovely.
  He seems friendly.

DAY 09

"A goal without a plan is just a wish."
- *Antoine de Saint Exupery*

"계획 없는 목표는
한낱 꿈에 불과하다."

꿈을 이루고자 한다면 반드시 계획을 세우세요! 막연하게 꿈만 꾸면 목표에 한 발짝도 못 다가갈 수도 있습니다. 꿈이 있다면 그 꿈을 이루기 위해서 필요한 것들을 적어보고, 차근 차근 실천하면서 한걸음씩 목표에 다가가기 바랍니다.

>>> **DAY 9 음성 강의**

cousin [kʌ́zn, 커즌]
명 사촌

a letter from my cousin 나의 사촌에게서 온 편지

carry [kǽri, 캐리]
동 가지고 있다, 나르다

carry a suitcase 여행 가방을 나르다

spell [spél, 스펠]
동 철자를 말하다

spell my name wrong 내 이름을 잘못 쓰다

exit [éksɪt, 엑시트]
명 출구 동 떠나다

the emergency exit 비상 출구
exit through the door 문을 통해 나가다

past [pǽst, 패스트]
명 과거 형 지나간 전 지나서

past events 과거의 사건들
in the past 과거에는
past the office 사무실을 지나서

join [dʒɔ́in, 조인]
동 가입하다, 함께하다

join the company 입사하다

pull [pʊl, 풀]
동 당기다

pull out weeds
잡초를 뽑다

편의점 문에 'push(미세요)', 'pull(당기세요)'이라고 적혀 있죠.

customer [kʌ́stəmə(r), 커스터멀]
명 고객

a regular customer 단골 고객

use [juːz, 유-즈] [juːs, 유-스]
명 사용 동 사용하다

valuable use 가치 있는 사용
use a lot of electricity 전기를 많이 사용하다

reason [ríːzn, 리-즌]
명 이유, 이성

main reason 주된 이유

hate [héit, 헤이트]
동 싫어하다

hate Monday mornings 월요일 아침을 싫어하다

depart [dɪpáːrt, 디팔-트]
동 출발하다

depart Seoul for Washington 서울에서 워싱턴으로 떠나다

cave [kéiv, 케이브]
명 동굴

explore the cave 동굴을 탐험하다

child [tʃáɪld, 챠일드]
명 아이, 어린이

raise a child 아이를 기르다

children(아이들)은 child의 복수입니다.

again [əgén, 어겐]
부 한 번 더, 다시

once again 다시 한 번

damage [dǽmɪdʒ, 대미쥐]
명 손상 동 손상을 입히다

minor damage 경미한 손상

adult [ǽdʌlt, 애덜트]
명 어른 형 어른의

adult education 성인 교육

tide [táɪd, 타이드]
명 조수, 조류

time and tide 세월

The tide is in/out.
(지금은 밀물/썰물이다.)

garage [gərάːʒ, 거라-지]
명 차고, 주차장

garage sale 중고 물품 판매

집에서 안 쓰는 물건을 차고 앞에서 파는 미국의 벼룩 시장을 garage sale이라고 부릅니다.

tight [táɪt, 타이트]
형 단단한, 꽉 조여 있는

a tight knot 단단한 매듭

고등학교를 준비하는 학생이 꼭 알아야 할 영단어

earn [3:rn, 언-]
동 벌다, 얻다

earn fame 명성을 얻다

layer [léɪr, 레이어]
명 층, 막

ozone layer 오존층

옷을 겹쳐 입는 것을 '레이어드룩'이라고 하죠. 이때는 layered(겹겹이 쌓인)입니다.

enable [inéɪbl, 인에이블]
동 가능하게 하다

enable disabled people to drive 장애인이 운전을 할 수 있게 하다

숙어 enable A to B
(A가 B하는 것을 가능하게 하다)

convenient
[kənvíːniənt, 컨비-니언트]
형 편리한

a convenient method
편리한 방법

여러분들이 자주 가는 편의점은 convenient store입니다. 참 편리한 곳이죠?

employ [implɔ́i, 임플로이]
동 고용하다

employ a lawyer 변호사를 고용하다

faith [féiθ, 페이쓰]
명 신념, 신뢰

lose faith 신뢰를 잃다

guilty [gílti, 길티]
형 죄책감이 드는, 유죄의

feel guilty 죄책감을 느끼다

participate
[pɑːrtísɪpeɪt, 팔-티시페이트]
통 참가(참여)하다

participate in a competition 경쟁에 참여하다

offer [ɔ́ːfə(r), 오-펄]
통 제의하다, 제안하다

offer a price 가격을 제시하다

vote [vóut, 보우트]
명 표 통 투표하다, 선출하다

vote for a new president
새로운 대통령을 선출하다

degree [dɪgríː, 디그리-]
명 도, 정도, 학위

an angle of ninety degrees
90도 각도

degree는 다양한 뜻을 외워야
하는 다의어입니다.

react [riǽkt, 리액트]
통 반응하다, 반응을 보이다

react calmly 침착하게 반응을 보이다

retire [rɪtáɪə(r), 리타이얼]
통 은퇴하다, 퇴직하다

retire early 일찍 퇴직하다

grateful
[gréɪtfl, 그레이트풀]
형 고마워하는, 감사하는

feel grateful 고마움을 느끼다

form [fɔ́ːrm, 폼-]
통 형성하다, 구성하다

form clouds 구름을 형성하다

describe
[dɪskráɪb, 디스크라이브]
통 묘사하다

describe the scene 그 장면을 묘사하다

flow [flóu, 플로우]
명 흐름 통 흐르다

the river flows into the ocean 강이 바다로 흘러들어가다

declare [dɪklɛ́r, 디클레얼]
图 선언하다

declare independence 독립을 선언하다

migrate [máigreɪt, 마이그레이트]
图 이동하다, 이주하다

migrate south in winter 겨울에 남쪽으로 이주하다

effort [éfərt, 에펄트]
图 노력

make an effort 노력하다

오늘 배운 단어들의 의미를 생각하면서 아래 일기를 읽어보세요.

오늘 5년 전에 미국으로 ❶ migrate했던 나의 ❷ cousin인 명수가 우리 집에 놀러왔다. 사실 내가 ❸ child였을 때, 나는 명수를 매우 ❹ hate했다. 그 ❺ reason은 명수가 내가 가장 아끼던 장난감을 내 허락 없이 ❻ use하다가 ❼ damage를 입혔기 때문이다. 명수는 ❽ guilty한 마음을 느껴서 장난감을 고쳐보려고 ❾ effort를 기울였다. 하지만 결국 고장난 장난감을 고칠 수 없었고, 나는 명수와는 ❿ again 만나지 않기로 결심했었다. 그런 명수를 5년 만에 만나니 그때의 화난 마음은 없어지고 너무나도 반가웠다. 명수야, 우리 이제 친하게 지내자!

Answer ❶ migrate 图 이동하다, 이주하다 ❷ cousin 图 사촌 ❸ child 图 어린이 ❹ hate 图 싫어하다 ❺ reason 图 이유 ❻ use 图 사용하다 ❼ damage 图 손상 图 손상을 입히다 ❽ guilty 图 죄책감이 드는 ❾ effort 图 노력 ❿ again 图 다시

사역동사에는 시킬 사(使)라는 한자어가 포함되어 있어 '**시킨다**'는 의미를 가진 동사입니다. 시험에 매우 자주 등장하는 대표적인 5형식 동사인 사역동사는 그 특징을 정확하게 익혀야 합니다.

1. 종류 **make, have, let**

2. 형태 주어 + 사역동사 + 목적어 + 목적격보어(명사/형용사/동사원형/현재분사/과거분사)

3. 해석 주어가 목적어가 ~하도록 시키다/만들다
   ● 사역동사의 목적격보어 자리에는 **다양한 성분**이 올 수 있습니다.
   ● 동사가 올 경우 **목적어의 동작**을 나타냅니다.
   ● 형용사가 올 경우 **목적어의 상태**를 나타냅니다.
   ● 명사가 올 경우 목적어와 목적격보어는 **목적어와 같은 존재**입니다.
   ex) She **made** me **a teacher**. 그녀는 나를 선생님으로 만들었다.
   　　He **made** me **happy**. 그는 나를 기쁘게 만들었다.
   　　She **had** him **fix** the copy machine. 그녀는 그가 복사기를 고치도록 시켰다.
   　　My father **had** his car **fixed**. 나의 아버지는 그의 차가 고쳐지도록 만들었다.

중학내신 기출 포인트

   ● 사역동사의 목적격보어 자리에 to부정사를 써야 할 경우 'to'를 생략한 채 **동사원형만** 써야 합니다. 이 포인트로 문법 문제가 상당히 많이 출제됩니다!
   ex) My mom made me **clean** my room. 　(O)
   　　My mom made me **to clean** my room. (X)

학교내신대비 연습문제

다음 빈칸에 들어갈 알맞은 단어는?

The police officer made the car ＿＿＿＿＿＿＿＿＿＿＿.

❶ stop 　　　　　❷ to stop 　　　　　❸ stopping
❹ stopped 　　　　❺ have stopped

Answer ❶ |해설| 사역동사 made 때문에 목적격보어인 stop은 동사원형이어야 합니다.

DAY 10

"The unexamined life
is not worth living."
- Socrates

"반성하지 않는 삶은
살 가치가 없다."

사람은 누구나 실수를 하고, 잘못을 합니다. 하지만 실수나 잘못이 용서되는 이유는 '반성' 하기 때문이에요. 잘못된 것을 통해 무엇을 고쳐야 할지 깨달아야, 다음에는 같은 실수를 하지 않고 더 나은 삶을 살 수 있지요. 반성을 한다면 지난 날의 실수들도 우리에게 의미 있는 일이 될 수 있습니다.

>>> DAY 10 음성 강의

warn [wɔːrn, 워-언]
통 경고하다

warn of danger 위험을 경고하다

call [kɔːl, 콜-]
명 전화, 부름 통 전화하다, 부르다

a long-distance call 장거리 전화
call the baby Chris 아기를 Chris라고 부르다

draw [drɔː, 드로-]
통 그리다, 끌어내다

draw a line 선을 그리다

wet [wet, 웨트]
형 젖은

wet blanket 젖은 담요

flat [flǽt, 플랫]
형 평평한

a flat surface 평평한 표면

second [sékənd, 쎄컨드]
명 초, 잠깐 형 두 번째의

second to last 꼴찌에서 두 번째

destination
[dèstinéiʃn, 데스티네이션]
명 목적지, 도착지

reach one's destination
목적지에 도착하다

straight [stréit, 스트레이트]
부 똑바로, 곧장

go straight 곧장 가다

listen [lísn, 리슨]
통 듣다

listen to music
음악을 듣다

to와 함께 [listen to]의
형태로 활용해야 합니다.

character
[kǽrəktə(r), 캐릭털]
명 성격, 기질

a hard character 완고한 성격

medium [míːdiəm, 미-디엄]
형 중간의

medium size 중간 크기

diet [dáiət, 다이어트]
명 식사, 식습관

have a healthy diet 건강한 식사를 하다

decorate [dékəreɪt, 데커레이트]
圐 장식하다

decorate the table 테이블을 장식하다

several [sévrəl, 쎄버럴]
혤 몇몇의, 몇 개의, 몇 사람의

several times 몇 번씩

both [bouθ, 보쓰]
혤 둘 다의 떄 둘 다

both his father and his mother
그의 아빠와 엄마 두 분 모두

숙어 both A and B
(A와 B 둘 다)

other [ʌ́ðə(r), 아덜]
혤 다른 떄 다른 사람(것)

other questions 다른 질문들

private [práɪvət, 프라이비트]
혤 개인적인

private life 개인적인 삶

language [lǽŋgwɪdʒ, 랭귀지]
멤 언어

global language 세계적인 언어

upset [ʌpsét, 업쎗]
혤 속상한 圐 속상하게 만들다

upset my mother 엄마를 속상하게 하다

touch [tʌ́tʃ, 터치]
圐 만지다, 감동시키다

touch the cold metal 차가운 쇠를 만지다
touching story 감동적인 이야기

고등학교를 준비하는 학생이 꼭 알아야 할 영단어

controversy
[káːntrəvɜːrsi, 칸-트로벌-씨]
멤 논란

cause controversy 논란을 일으키다

reject [rɪdʒékt, 리젝트]
圐 거절하다

reject an offer 제안을 거절하다

resolve [rɪzáːlv, 리졸-브]
圐 해결하다, 다짐하다

resolve a problem 문제를 해결하다

urban [ɜ́ːrbən, 얼-번]
혤 도시의

urban area 도시 지역

함께 외우기 suburban (교외의)

71

statistic [stətístık, 스터티스틱]
명 통계

crime statistics 범죄율 통계

fold [fóʊld, 포울드]
동 접다

fold the paper in half 종이를 반으로 접다

responsible
[rıspάːnsəbl, 리스판-서블]
형 책임이 있는, 원인이 되는

responsible for the disaster
그 재난에 책임이 있는

숙어 be responsible for
(~에 책임이 있는)

gender [dʒéndə(r), 젠덜]
명 성, 성별

race and gender 인종과 성별

communicate
[kəmjúːnɪkeɪt, 커뮤-니케이트]
동 의사소통을 하다

communicate by email
이메일로 의사소통을 하다

threat [θrét, 쓰레트]
명 협박, 위협

a threat to my health 나의 건강에 대한 위협

tend [tend, 텐드]
동 ~하는 경향이 있다

tend to live longer
더 오래 사는 경향이 있다

숙어 tend to 동사
(~하는 경향이 있다)

deliver [dılívə(r), 딜리버얼]
동 배달하다

deliver pizza 피자를 배달하다

court [kɔːrt, 코-올트]
명 법정, 법원, 코트

appear in the court
법정에 출두하다

테니스 코트, 법정 모두
court라는 단어를 사용합니다.

consume [kənsúːm, 컨쑴-]
동 소모하다, 소비하다

consume energy 에너지를 소비하다

element [élımənt, 엘러멘트]
명 요소

essential element 필수적인 요소

innocent [ínəsnt, 이너슨트]
형 무죄의

innocent or guilty 무죄 또는 유죄의

float [flout, 플로우트]
동 뜨다, 떠가다

float in the water 물에 뜨다

population
[pɑ:pjuléiʃn, 파-퓰레이션]
명 인구

population growth 인구 증가

aim [éim, 에임]
명 목적, 목표 동 목표하다

aim high 목표를 높이 설정하다

swallow [swá:lou, 스왈로우]
동 삼키다

swallow the gum 껌을 삼키다

Misson! Read My Diary

오늘 배운 단어들의 의미를 생각하면서 아래 일기를 읽어보세요.

오늘 학교에서 체육복을 잃어버렸다. 벌써 ❶ second 체육복을 잃어버렸다. 땀 때문에 ❷ wet해진 체육복을 말린다고 철봉에 걸어놓고는 까먹고 ❸ straight하게 교실로 들어왔다. 체육복이 없다는 사실을 깨닫고 철봉으로 가보았지만 ❹ other 체육복들만 걸려 있었다. 순간 이 사실을 알면 ❺ upset할 엄마가 떠올랐다. 내가 워낙 물건을 잘 잃어버리는 ❻ character이기 때문에 엄마가 항상 조심하라고 ❼ warn 하셨다. 이번 일은 내 잘못도 있지만 내 체육복을 가지고 간 학생의 ❽ responsible인데 억울한 마음이 들었다. 오늘 저녁에 치킨을 ❾ deliver해서 먹기로 했는데 엄마가 치킨을 안 사주실 것 같다. 이 일을 어떻게 ❿ resolve해야 하지?

Answer
❶ second 형 두 번째의 ❷ wet 형 젖은 ❸ straight 부 똑바로, 곧장 ❹ other 형 다른 ❺ upset 형 속상한
❻ character 명 성격, 기질 ❼ warn 동 경고하다 ❽ responsible 형 책임이 있는 ❾ deliver 동 배달하다
❿ resolve 동 해결하다

5형식 문장을 대표하는 동사 중 하나가 지각동사입니다. 그래서 학교 시험에서는 사역동사, 지각동사라는 용어를 많이 들을 수 있죠. 지각동사는 인간의 **감각과 관련된 동사**입니다. 앞서 학습한 감각동사와 헷갈릴 수도 있는데, 감각동사는 2형식 동사로서 형용사와 함께 쓰지만 지각동사는 전혀 다른 특징을 가지고 있습니다.

1. 의미   보고(see, watch), 듣고(hear), 느끼는(feel) 것과 같이 인간의 감각을 나타내는 동사

2. 형태   주어 + 지각동사 + 목적어 + 목적격보어(동사원형/현재분사/과거분사)

3. 해석   주어는 목적어가 목적격보어하는 것을 보다/듣다/느끼다

● 목적격보어에 **동사원형이 오는 것이 기본**이지만 **동작이 생생하게 진행되는 느낌을 강조**하기 위해 동사원형 대신 현재분사를 쓰기도 합니다. 또 목적어와 목적격보어의 관계가 수동일 때는 과거분사를 씁니다.

ex) I **saw** my mom **make** some cookies.
　　　나는 나의 어머니가 쿠키들을 만드는 것을 보았다.
　　　I **saw** a woman **crying** at the bus stop.
　　　나는 한 여자가 버스 정류장에서 울고 있는 것을 보았다.
　　　We **heard** the song **sung** in the classroom.
　　　우리는 그 노래가 교실에서 불리는 것을 들었다. (sung은 sing의 과거분사 형태)

　　학교내신대비 연습문제

다음 괄호 안의 단어들을 바르게 배열해 문장을 완성하세요.

❶   그는 누군가 자신을 보고 있는 것을 느꼈다.

(him / someone / looking at / felt / he)

→ _____.

❷   나는 그 소년이 창문을 닦고 있는 것을 보았다.

(I / cleaning / the boy / saw / the window)

→ _____.

Answer   ❶ He felt someone looking at him.   ❷ I saw the boy cleaning the window.

DAY 11

"Weakness of attitude becomes
weakness of character."
- *Albert Einstein*

"나약한 태도는
성격도 나약하게 만든다."

"힘들어."라는 말을 자주 하나요? 선생님도 살면서 이런 말을 참 많이 했던 것 같아요. 하지만 이런 말은 나약한 태도를 만들고 계속 반복되면 성격이 나약해질 수 있답니다. 우리는 강해질 수 있습니다. 한 번 더 힘을 냅시다!

>>> **DAY 11 음성 강의**

most [móust, 모우스트]
형 대 최대(의), 대부분(의) 부 가장

most vegetables 대부분의 채소들
most valuable player 최우수 선수

rest [rest, 레스트]
명 나머지, 휴식 동 쉬다

rest of my life 내 인생의 나머지
take a rest 휴식을 취하다

rest는 다양한 의미를 기억해야 하는 다의어입니다.

pray [préɪ, 프레이]
동 기도하다

pray for peace 평화를 위해 기도하다

diligent [dílɪdʒənt, 딜리전트]
형 근면한, 성실한

a diligent student 성실한 학생

alone [əlóun, 얼론]
형 혼자, 외로운 부 혼자, 외로이

live alone 혼자 살다

government
[gʌ́vərnmənt, 거벌먼트]
명 정부, 정권

a government department 정부 부처

equipment
[ɪkwípmənt, 이큅먼트]
명 장비, 용품

medical equipment 의료 기구

see [siː, 씨-]
동 보다, 이해하다

see her again 그녀를 다시 보다
I see 알겠어

complex [kámpleks, 컴플렉스]
형 복잡한 명 복합 건물

a complex problem 복잡한 문제

hit [hɪt, 히트]
명 치기 동 치다, 때리다

hit the target 목표에 명중하다

decide [dɪsáɪd, 디싸이드]
동 결정하다

decide what to wear 무엇을 입을지 결정하다

graduate
[grǽdʒuət, 그래쥬에이트]
명 대학 졸업자 동 졸업하다

graduate from high school
고등학교를 졸업하다

[graduate from]의 형태로 활용합니다.

76

fair [fer, 페어]
형 공정한, 올바른

fair price 공정한 가격

crowd [kráʊd, 크라우드]
명 군중

angry crowd 화난 군중

deep [diːp, 디-프]
형 깊은 부 깊이

deep wound 깊은 상처

cheap [tʃiːp, 치-프]
형 값이 싼

cheap fares 싼 요금

matter [mǽtə(r), 매털]
명 문제 동 중요하다

a private matter 사적인 문제
It doesn't matter 그것은 중요하지 않다

plan [plæn, 플랜]
명 계획 동 계획하다

plan for the future 미래를 위한 계획

machine [məʃíːn, 머신-]
명 기계

fix the machine 기계를 수리하다

clerk [kl3ːrk, 클럭-]
명 사무원, 직원

a bank clerk 은행원

고등학교를 준비하는 학생이 꼭 알아야 할 영단어

punish [pʌ́nɪʃ, 퍼니쉬]
동 처벌하다, 벌주다

punish her children 그녀의 아이들을 벌주다

through [θruː, 쓰루-]
전 ~을 통해

through the trees 숲을 통과해서

breathe [briːð, 브리-드]
동 호흡하다

breathe deeply 깊이 호흡하다

despite
[dɪspáɪt, 디스파이트]
전 ~임에도 불구하고

despite the bad weather
나쁜 날씨에도 불구하고

despite는 전치사이기 때문에 다음에 문장이 아닌 명사 또는 명사구를 써야 합니다.

77

destroy [dɪstrɔ́ɪ, 디스트로이]
통 파괴하다

destroy the building 건물을 파괴하다

horizon [həráɪzn, 허라이즌]
명 지평선, 수평선

beyond the horizon 지평선 너머로

wipe [waɪp, 와이프]
통 닦다

wipe the plate 접시를 닦다

available
[əvéɪləbl, 어베일러블]
형 이용 가능한

all available resources 모든 이용 가능한 자원들

dull [dʌl, 덜]
형 지루한, 둔한

a dull show 지루한 쇼

solve [sɑ:lv, 쏠―브]
통 해결하다

solve a problem 문제를 해결하다

melt [melt, 멜트]
통 녹다, 녹이다

melt butter 버터를 녹이다

accept [əksépt, 억쎕트]
통 받아들이다

accept the apology 사과를 받아들이다

propose [prəpóuz, 프로포즈]
통 제안하다, 청혼하다

propose changes 변화를 제안하다

distribute
[dɪstríbju:t, 디스트리뷰―트]
통 나누어 주다

distribute food among the poor
음식을 가난한 이들에게 나누어 주다

fortune [fɔ́:rtʃu:n, 포―올츈―]
명 운, 돈

make a big fortune 큰돈을 벌다

fortune은 '행운'과 '돈'이라는 2가지 의미가 있습니다.

encounter
[ɪnkáuntə(r), 인카운털]
명 (우연히) 만남 통 맞닥뜨리다

encounter an enemy 적을 맞닥뜨리다

generation

[dʒenəréiʃn, 제너레이션]

명 세대

the younger generation 젊은 세대

contain [kəntéin, 컨테인]

동 포함(함유)하다

contain fat 지방을 함유하다

crime [kráim, 크라임]

명 범죄

crime scene 범죄 현장

> 범죄를 저지를 때는 동사 commit와 함께 씁니다. commit a crime!

publish [pʌ́bliʃ, 퍼블리쉬]

동 출판하다

publish a book 책을 출판하다

Misson! Read My Diary

오늘 배운 단어들의 의미를 생각하면서 아래 일기를 읽어보세요.

오빠와 나는 10살 차이다. 어렸을 때 오빠는 나와 ❶ generation 차이가 난다면서 놀아주지 않았다. 그래서 늘 나는 ❷ alone 놀았다. 하지만 오빠는 ❸ rest하다가도 내 장난감들이 고장나면 언제나 달려와서 ❹ diligent하게 장난감들을 고쳐주었다. 아무리 장난감이 ❺ complex하게 생겼어도 오빠는 척척 고쳤다. 오빠는 어떤 문제도 ❻ solve할 수 있는 능력자였다. 때로는 오빠가 놀아주지 않아서 ❼ dull한 순간들도 많았지만 이런 오빠를 만난 건 ❽ fortune이라고 생각한다. 올해 오빠는 고등학교를 ❾ graduate하고 대학에 입학한다. 대학교에서 오빠에게 즐거운 일들이 많이 일어나기를 ❿ pray해 본다.

Answer ❶ generation 명 세대 ❷ alone 부 혼자, 외로이 ❸ rest 동 쉬다 ❹ diligent 형 부지런한 ❺ complex 형 복잡한 ❻ solve 동 해결하다 ❼ dull 형 둔한, 지루한 ❽ fortune 명 운 ❾ graduate 동 졸업하다 ❿ pray 동 기도하다

4형식과 3형식 문장은 서로 바꾸어 쓸 수 있습니다. 학교 시험에서 활용되는 문법 포인트인데 3형식을 4형식으로, 4형식을 3형식으로 바꾸기 위해서는 문장에 약간의 변화가 필요합니다. 그리고 외워야 할 사항들도 있습니다. 지금부터 4형식 문장을 3형식으로 바꿔봅시다.

4형식 문장을 3형식 문장으로 바꾸기

● 4형식 문장은 직접목적어를 목적어로 사용하는 3형식 문장으로 바꿀 수 있습니다. 이때 전치사구 [to, for, of + 명사]를 사용합니다.

● S + V + I.O. + D.O.
= S + V + D.O. + 전치사 + I.O.

얼핏 보면 어려워 보이지만, 차례대로 방법을 생각하면 여러분도 쉽게 4형식 문장을 3형식으로 바꿀 수 있습니다.

1단계 4형식 문장의 직접목적어를 3형식 문장의 목적어로 사용한다.

2단계 4형식 문장의 간접목적어는 아래 기출 포인트처럼 동사의 종류에 따라 to, for, of 전치사 중 1개를 붙여서 문장에 붙여준다.

이때 동사별 전치사를 외워두어야 합니다.

ex) He gave me a present. → He **gave** a present **to me**.
Mother bought me a bag. → Mother **bought** a bag **for me**.
Tom asked me a question. → Tom **asked** a question **of me**.

중학내신 기출 포인트 동사에 맞는 전치사 사용!

● 4형식 문장을 3형식으로 바꿀 때, **동사의 종류에 따라 전치사 to, for, of를 구별해 사용**해야 합니다.
ex) 전치사 to를 쓰는 경우 give / bring / teach / show / send / lend / pass
전치사 for를 쓰는 경우 buy / make
전치사 of를 쓰는 경우 ask

학교내신대비 연습문제

다음 4형식 문장을 3형식으로 바꾸세요.

He taught her math.

→ (3형식) _____.

Answer He taught math to her. 그는 그녀에게 수학을 가르쳤다.

DAY 12

"We're all traveling through time together, everyday
of our lives. All we can do is do our best to
relish this remarkable ride."
- 영화 〈어바웃 타임(*About Time*)〉 중에서

"우리 모두는 우리 삶 속의 매일매일을 함께
여행하고 있다. 그 안에서 우리가 할 수 있는 건
최선을 다하는 것이다.
이 놀랄 만한 여정을 만끽하기 위해."

"삶은 순간의 합이다."라는 말이 있습니다. 매 순간 순간이 모여서 우리의 삶을 이룬다는 뜻입니다. 모든 순간을 놓치지 마세요, 여러분의 모든 시간을 소중하게 보내세요, 여러분들이 순간의 소중함을 알고 매 순간을 만끽하는 사람이 되길 바랍니다.

≫ DAY 12 음성 강의

voice [vɔ́ıs, 보이스]
명 목소리, 음성

speak in a soft voice 부드러운 목소리로 말하다

against [əɡénst, 어겐스트]
전 ~에 반대하여

against the law 법에 반대되는

record [rékərd, 레컬드]
명 기록
동 기록하다, 녹음(녹화)하다

the world record 세계 기록
record her voice 그녀의 목소리를 녹음하다

brush [brʌʃ, 브러쉬]
명 붓, 솔 동 붓질하다

brush my teeth 이를 닦다

custom [kʌ́stəm, 커스텀]
명 관습, 풍습

an old custom 오래된 관습

strength [stréŋθ, 스트렝쓰]
명 힘, 내구력

physical strength 신체적인 힘

strong(튼튼한, 힘센)에서 파생된 단어입니다.

promise [prɑ́:mɪs, 프라-미스]
명 약속 동 약속하다

keep/break a promise 약속을 지키다/어기다

loud [láʊd, 라우드]
형 시끄러운

loud laughter 시끄러운 웃음소리

novel [nɑ́:vl, 나-블]
명 소설 형 새로운

detective/historical/romantic novels
탐정/역사/연애 소설
a novel design
새로운 디자인

novel은 소설 외에도 '새로운' 이라는 의미로 많이 활용됩니다.

deaf [def, 데프]
형 귀가 먹은

become deaf 귀가 먹다

greedy [gri:di, 그리-디]
형 탐욕스러운, 욕심 많은

greedy for money and power 돈과 권력을 몹시 탐하는

mean [mi:n, 민-]
동 의미하다 형 비열한

mean sisters 심술궂은 자매들

mean의 형용사 의미인 '비열한'을 기억하세요.

purpose [pə́ːrpəs, 펄-퍼스]
명 목적

purpose of life 인생의 목적

recommend
[rekəménd, 레커멘드]
동 추천하다

recommend a movie 영화를 추천하다

kind [káind, 카인드]
명 종류 형 친절한

various kinds of music 다양한 종류의 음악
a kind and helpful student
친절하고 잘 도와주는 학생

fever [fíːvə(r), 피-벌]
명 열, 열기

high fever 고열

congratulate
[kəngrǽtʃuleit, 콘그래츄레이트]
동 축하하다

congratulate him on his success
그의 성공을 축하하다

fail [féil, 페일]
동 실패하다

fail to keep the promise 약속을 지키지 못하다

lone [lóun, 론]
형 혼자의, 단독의

a lone traveler 고독한 여행자

turn [tɜːrn, 턴-]
동 돌다, 변하다

turn the wheel
핸들을 돌리다
turn cold 추워지다

turn에는 상태가 변할 때 쓰는
become의 의미도 있습니다.

고등학교를 준비하는 학생이 꼭 알아야 할 영단어

death [deθ, 데쓰]
명 죽음

death penalty 사형제도

determine [dɪtɜ́ːrmɪn, 디털-민]
동 결정하다

determine to leave 떠나기로 결심하다

mental [méntl, 멘틀]
형 정신적인

mental health 정신 건강

disappear [dɪsəpír, 디써피얼]
图 사라지다

disappear **from view** 시야에서 사라지다

exclude [ıksklú:d, 익스클루—드]
图 제외하다, 배제하다

exclude **fat** 지방을 배제하다

함께 외우기 include (포함하다)

regard [rɪgá:rd, 리갈—드]
图 ~라고 여기다

regard **him as a fool**
그를 바보라고 여기다

숙어 regard A as B
(A를 B라고 여기다)

grain [gréɪn, 그레인]
몡 곡물, 알갱이

bread made from whole wheat grain
통밀 곡물로 만들어진 빵

superior
[su:píriə(r), 수—피리어]
혱 우수한, 우월한

superior **intelligence** 우수한 지능

crucial [krú:ʃl, 크루—셜]
혱 중대한, 결정적인

crucial **problem** 중대한 문제

motive [móʊtɪv, 모티브]
몡 동기, 이유

motive **for studying** 공부를 위한 동기

rate [réɪt, 레이트]
图 비율, 속도

death rate 사망률

primary [práɪmeri, 프라이머리]
혱 주된, 주요한

primary **reason** 주된 이유

candidate
[kǽndɪdət, 캔디데이트]
몡 입후보자

a presidential candidate 대통령 입후보자

prove [pru:v, 프루—브]
图 증명하다

prove **my innocence** 나의 무죄를 증명하다

cooperate
[koʊá:pəreɪt, 코우아—퍼레이트]
图 협력하다

cooperate **closely** 긴밀하게 협력하다

conduct [kəndʌ́kt, 컨덕트]
图 하다, 지휘하다, 행동하다

conduct an experiment 실험을 실시하다

marriage [mǽrɪdʒ, 매리쥐]
图 결혼, 결혼 생활

a happy marriage 행복한 결혼 생활

fundamental
[fʌ̀ndəméntl, 펀더멘탈]
图 근본적인

a fundamental difference 근본적인 차이

atmosphere
[ǽtməsfɪr, 앳머스피어]
图 분위기, 대기

a heavy atmosphere 무거운 분위기

apply [əplái, 어플라이]
图 지원하다

apply for a job 일자리에 지원하다

Misson! Read My Diary

오늘 배운 단어들의 의미를 생각하면서 아래 일기를 읽어보세요.

우리 옆집에는 맥스라는 개가 살고 있었다. 맥스는 나이가 많아 ❶ strength가 없어서 늘 힘없이 걸어 다니곤 했다. 한때는 ❷ loud하게 짖었던 맥스는 ❸ voice도 잘 나오지 않아 제대로 짖지도 못했다. 귀도 잘 안 들려서 거의 ❹ deaf라고 했다. 옆집 아주머니께서는 맥스에게 곧 ❺ death가 다가올지도 모른다고 하셨다. 오늘 아침 옆집 아주머니와 마주쳤는데 평소와는 분위기가 달랐다. 어젯밤 맥스가 세상을 떠났다. 아주머니께서는 오늘 맥스를 묻어주기로 ❻ determine했는데 나에게 같이 가자고 하셨다. 내가 맥스를 좋아했다는 것을 기억하고 계셨던 ❼ kind한 아주머니의 배려였다. 집에 와서 맥스를 ❽ record 했던 휴대전화 영상을 보았다. 이렇게 예쁜 맥스가 ❾ disappear했다고 생각하니 마음이 너무 아팠다. 하지만 나보다 더 마음이 아프실 아주머니를 많이 위로해드려야겠다고 스스로에게 ❿ promise했다.

Answer ❶ strength 图 힘 ❷ loud 图 시끄러운 ❸ voice 图 목소리, 음성 ❹ deaf 图 귀가 먹은 ❺ death 图 죽음 ❻ determine 图 결정하다 ❼ kind 图 친절한 ❽ record 图 기록하다 ❾ disappear 图 사라지다 ❿ promise 图 약속하다

영어의 8품사 중 '명사'는 크게 **셀 수 있는 명사**와 **셀 수 없는 명사**로 나누어집니다. 셀 수 있는지에 따라서 활용하는 방법이 다르기 때문에 명사를 제대로 사용하기 위해서는 셀 수 있는 명사와 셀 수 없는 명사를 공부해야 합니다. 이번 시간에는 셀 수 있는 명사에 대해서 배워봅시다.

1. 셀 수 있는 명사

셀 수 있는 명사는 같은 종류가 세상에 여럿 있어서 하나, 둘, 셋 등으로 셀 수 있는 명사들을 말합니다.

2. 셀 수 있는 명사의 단수형

- 셀 수 있는 명사 1개를 가리킬 때는 기본적으로 명사 앞에 'a'를 붙입니다.
  ex) a house, a bike, a pencil, a girl

- 첫소리가 모음으로 발음되는 명사 앞에는 'an'을 붙입니다.
  ex) an egg, an apple, an orange, an idea, an *umbrella, an *hour
  (*표시한 단어는 첫 스펠링은 자음이지만 발음이 모음입니다.)

3. 셀 수 있는 명사의 복수형

- 기본적으로 명사 뒤에 '-s'를 붙입니다.
  ex) houses, bikes, pencils, boys 등

- [s, sh, ch, x, o]로 끝나는 명사에는 '-es'를 붙입니다.
  ex) buses, dishes, watches, boxes, potatoes 등

- [자음 + y]로 끝나는 명사는 [y] 를 [i] 로 바꾸고 '-es'를 붙입니다.
  ex) baby → babies, lady → ladies

- [-f, -fe]로 끝나는 명사들은 '-ves'로 바꾸거나 's'를 붙입니다.
  ex) knife → knives, wolf → wolves, roof → roofs, belief → beliefs

4. 불규칙적인 복수형으로 변하는 명사들

ex) man → men, woman → women
foot → feet, tooth → teeth
child → children, mouse → mice

셀 수 있는 명사들의 복수형이 은근히 헷갈리죠? '지금 이 자리에서 다 외워야지!'라고 생각하기보다는 '앞으로 여러 번 보면서 익혀야지!'라고 생각하세요.

DAY 13

"Do not anticipate trouble,
or worry about what may never happen,
keep in the sunlight."
- *Benjamin Franklin*

"일어나지도 않은 일을 걱정하지 마라,
긍정적으로 생각하라."

공부를 하다 보면 이런저런 걱정이 생기기 마련이죠. '이번 시험 성적이 안 오르면 어떡하지? 실수하면 어떡하지?' 하지만 아직 일어나지 않은 일을 걱정하는 것은 어리석은 일입니다. 긍정적으로 생각하세요. 긍정적인 생각이 여러분의 미래를 밝게 만들 겁니다.

>>> DAY 13 음성 강의

중학생이 꼭 알아야 할 영단어

possible [pάːsəbl, 파ー써블]
형 가능한

possible explanations 가능한 설명

함께 외우기
impossible (불가능한)

visit [vízɪt, 비지트]
통 방문하다

visit grandparents 조부모님을 방문하다

loaf [lóuf, 로프]
명 빵 한 덩이

a loaf of bread 빵 한 덩이

office [ɔ́ːfis, 오ー피스]
명 사무실

office worker 사무직 근로자

exciting [ɪksáɪtɪŋ, 익싸이팅]
형 신나는, 흥미진진한

exciting discovery 흥미로운 발견

client [klaíənt, 클라이언트]
명 고객, 의뢰인

a lawyer and his client 변호사와 그의 고객

remain [rɪméɪn, 리메인]
통 계속 ~이다, 남다

remain silent 침묵을 지키다

숙어 remain + 형용사
(~한 상태를 유지하다)

season [síːzn, 시ー즌]
명 계절

four seasons 사계절

evening [íːvnɪŋ, 이ー브닝]
명 저녁

this evening 오늘 저녁

fill [fil, 필]
통 채우다

fill a bucket with water
양동이를 물로 채우다

숙어 fill A with B
(A를 B로 채우다)

agree [əgríː, 어그리ー]
통 동의하다

agree with you on that 너와 그 점에 대해서 동의하다

laugh [læːf, 래ー프]
통 웃다, 비웃다

laugh at his joke 그의 농담에 웃다

wall [wɔ́ːl, 월ー]
명 벽

on the wall 벽에

honest [ɑ́:nɪst, 아-니스트]
형 정직한

an honest answer 솔직한 대답

choice [tʃɔɪs, 쵸이스]
명 선택, 선택권

make a choice 선택을 하다

stomach [stʌ́mək, 스터먹]
명 위, 배

an upset stomach 배탈

delicious [dɪlíʃəs, 딜리셔스]
형 맛있는

delicious foods 맛있는 음식

favorite [féivərit, 페이버리트]
형 가장 좋아하는

favorite subject 가장 좋아하는 과목

point [pɔ́int, 포인트]
명 요점, 요지 통 가리키다

miss the point 요점을 놓치다
point at the child with a pen 아이를 펜으로 가리키다

global [glóubl, 글로벌]
형 세계적인, 포괄적인

global village 지구촌

고등학교를 준비하는 학생이 꼭 알아야 할 영단어

bush [buʃ, 부쉬]
명 관목, 덤불

trim a bush 관목을 다듬다

fuel [fjú:əl, 퓨-얼]
명 연료 통 연료를 공급하다

add fuel to the fire 불에 기름을 붓다

sink [síŋk, 씽크]
통 가라앉다

sink to the bottom 바닥으로 가라앉다

outstanding
[autstǽndɪŋ, 아웃스탠딩]
형 뛰어난, 걸출한

an outstanding athlete 뛰어난 운동선수

increase [ɪnkrí:s, 인크리-스]
통 증가하다

increase profits 이익을 늘리다

conclusion
[kənklú:3n, 컨클루-전]
명 결론

come to the conclusion
결론에 도달하다

함께 외우기 conclude (결론을 내리다)

potential [pəténʃl, 포텐셜]
명 잠재력 형 잠재적인

potential customer 잠재적인 고객

sweep [swi:p, 스위-프]
동 쓸다

sweep the floor 바닥을 쓸다

hang [hæŋ, 행]
동 걸다

hang on the wall 벽에 걸다

due [du:, 듀-]
형 ~로 인한, ~하기로 예정된

due to his efforts 그의 노력 덕분에

숙어 due to (~때문에)

strategy [strǽtəd3i, 스트래터지]
명 전략

brilliant strategy 우수한 전략

occupation
[ɑ:kjupéiʃn, 아-큐페이션]
명 직업, 점령

the Roman occupation of Britain 로마의 영국 점령
out of occupation 직업이 없는

wander [wɑ́:ndə(r), 원-덜]
동 거닐다, 헤매다

wander around the street
거리를 헤매다

wonder(궁금해하다)와 헷갈리지 마세요.

male [méil, 메일]
명 남성, 수컷
형 남성의, 수컷의

male and female 남성과 여성

inferior [ɪnfíriə(r), 인피리얼]
형 열등한, ~보다 못한

inferior quality 열등한 품질

match [mætʃ, 매치]
명 성냥, 시합
동 어울리다, 일치하다

this color matches your skin tone
이 색은 너의 피부색과 어울린다

heritage [hérɪtɪd3, 헤리티지]
명 유산

cultural heritage 문화유산

expose [ɪkspóʊz, 익스포즈]
동 노출시키다, 드러내다

expose the truth 진실을 드러내다

숙01 expose A to B
(A를 B에 노출시키다)

significant
[sɪgnífɪkənt, 시그니피컨트]
형 중요한

a highly significant discovery 매우 중요한 발견

constitute
[ká:nstətuːt, 칸-스티튜-트]
동 ~이 되다, 구성하다

nine players constitute
a baseball team 아홉 명의 선수들이
하나의 야구팀을 구성한다

constitute는 수동태의
형태로 쓰지 않습니다.

Misson! Read My Diary

오늘 배운 단어들의 의미를 생각하면서 아래 일기를 읽어보세요.

나는 정말 ❶ outstanding한 식성을 가지고 있다. ❷ delicious한 음식들을 보면 끝도 없이 내 배를 ❸ fill 하도록 먹는다. 나는 한식뿐 아니라 다양한 나라의 음식을 좋아하는데 나의 ❹ favorite 음식은 바로 빵 이다. 매일 빵만 먹으면서 사는 것도 ❺ possible할 것 같다. 때로는 ❻ strategy를 짜서 다이어트를 시 도해볼까 하는 생각도 들지만 맛있는 음식을 먹는 것은 나의 ❼ significant한 일과 중 하나이기 때문 에 절대로 포기할 수 없을 것 같다. 어떤 때는 테이블 위에 있는 음식들을 싹 다 ❽ sweep 먹어서 나의 ❾ stomach에게 미안한 적도 있다. 하지만 나의 이 굉장한 식성은 부모님이 물려주신 소중한 ❿ heritage 이기에 앞으로도 계속 맛있는 음식을 즐겁게 먹으려고 한다.

Answer ❶ outstanding 형 뛰어난, 걸출한 ❷ delicious 형 맛있는 ❸ fill 동 채우다 ❹ favorite 형 가장 좋아하는 ❺ possible 형 가능한 ❻ strategy 명 전략 ❼ significant 형 중요한 ❽ sweep 동 쓸다 ❾ stomach 명 위 ❿ heritage 명 유산

세상에는 하나, 둘, 셋 등으로 셀 수 없는 명사가 있습니다. 공기나 물을 생각해보세요. 공기 하나, 공기 둘, 이렇게 셀 수 없죠? 물도 하나, 둘로 셀 수 없습니다. 이번 시간에는 셀 수 없는 명사의 종류와 특징들을 알아봅시다.

1. 셀 수 없는 명사

● 사랑, 공기, 진실, 물, 돈, 금과 같은 명사들은 셀 수 없어요. 셀 수 없는 명사들은 셀 수 있는 명사처럼 하나가 없기 때문에 하나를 나타내는 'a(n)'를 붙일 수 없고, 2개도 없기 때문에 's'나 'es'를 붙여서 복수 형태를 만들 수도 없습니다.

2. 셀 수 없는 명사의 종류

● 물질명사　세상에 있는 물질들을 나타내는 셀 수 없는 명사입니다.

　ex) bread, butter, milk, coffee, air, water, ice, gold 등

● 추상명사　눈에 보이지 않는 추상적인 개념들을 나타내는 셀 수 없는 명사입니다.

　ex) love, luck, health, hope, happiness, freedom 등

● 고유명사　고유한 이름을 나타내는 명사들입니다. 세상에 유일한 것이기에 수를 세는 것이 의미가 없죠.

　ex) Tom, Seoul, China, Japan 등

3. 물질명사의 수나 양을 나타낼 때

● 셀 수 없는 물질명사이지만 수나 양을 나타내는 표현들을 활용하면 아래와 같이 수량을 나타낼 수 있습니다. 주의할 것은 셀 수 없는 명사 자체에 'a(n)'를 붙이거나 '-(e)s'를 붙이면 안 된다는 점입니다.

　ex) **a piece of** cake 케이크 한 조각　　　**two pieces of** cake 케이크 두 조각
　　 a glass of water 물 한 잔　　　　　　**two glasses of** water 물 두 잔
　　 a cup of coffee 커피 한 잔　　　　　　**two cups of** coffee 커피 두 잔
　　 a slice of bread 빵 한 조각　　　　　　**two slices of** bread 빵 두 조각

셀 수 없는 명사의 형태에는 아무런 변화도 없는 것을 다시 한 번 확인하세요. 시험에 자주 출제되는 문법 포인트랍니다.

DAY 14

"Actions speak louder than words."

"말보다 행동이 중요하다."

꿈이 있다면 내일이나 나중에 하지 말고, 지금 당장 실천하세요. 썼다 지웠다 하는 계획표 보다, 지금 바로 시작하는 실천의 힘이 더 강력합니다.

>>> DAY 14 음성 강의

trust [trʌ́st, 트러스트]
명 신뢰 통 신뢰하다

love and trust 사랑과 신뢰

relax [rɪlǽks, 릴랙스]
통 휴식을 취하다, 긴장을 풀다

relax the muscles 근육의 긴장을 풀다

slice [sláɪs, 슬라이스]
명 (얇게 썬) 조각 통 (얇게) 썰다

slice onions 양파를 얇게 썰다

advance [ədvǽns, 어드밴스]
명 전진, 발전

technological advance 기술 발전

accident [ǽksɪdənt, 액시던트]
명 사건, 사고

a car accident 교통사고

right [ráɪt, 라이트]
명 권리 형 오른쪽의, 옳은
부 정확히, 바로, 곧

human right 인권
right answer 옳은 답

right는 다양한 의미를 기억해야
하는 다의어입니다.

reply [rɪpláɪ, 리플라이]
통 응답하다

reply to a question 질문에 답하다

law [lɔ́ː, 로—]
명 법

break the law 법을 어기다

always [ɔ́ːlweɪz, 얼—웨이즈]
부 항상

always love you 항상 너를 사랑하다

waste [wéɪst, 웨이스트]
명 쓰레기 통 낭비하다

toxic waste 독성 쓰레기
waste time 시간을 낭비하다

empty [émpti, 엠티]
형 비어 있는

empty house 빈 집

bottom [bɑ́ːtəm, 바—텀]
명 바닥, 맨 아래

bottom of the plate 접시의 뒷면

fix [fiks, 픽스]
동 고정하다, 수리하다

fix the problem 문제를 바로잡다

forever [fərévə(r), 포레버얼]
부 영원히

last forever 영원히 지속되다

role [roʊl, 롤]
명 역할

play an important role 중요한 역할을 하다

low [loʊ, 로우]
형 낮은

low price 낮은 가격

baggage [bǽgɪd3, 배기지]
명 (여행) 짐

load our baggage 우리의 짐을 싣다

drink [dríŋk, 드링크]
명 마실 것 동 마시다

drink plenty of water 충분한 물을 마시다

side [sáɪd, 싸이드]
명 측, 측면, 옆

side of my car 내 차의 측면

wind [wind, 윈드]
명 바람

strong wind 강풍

고등학교를 준비하는 학생이 꼭 알아야 할 영단어

contrary [kάːntreri, 칸트레리]
형 정반대의

contrary opinion 정반대의 의견

cliff [klíf, 클리프]
명 절벽

the edge of the cliff 절벽 끝

acknowledge
[əknάːlɪd3, 엑날-리지]
동 인정하다

acknowledge his fault 그의 잘못을 인정하다

protect [prətékt, 프로텍트]
동 보호하다

protect the environment
환경을 보호하다

숙어 protect A from B
(A로부터 B를 보호하다)

develop [dɪvéləp, 디벨럽]
图 성장하다, 개발하다

develop natural resources 천연 자원을 개발하다

선진국은 발달이 완료된 나라이기 때문에 developed country라고 표현합니다.

aspect [金spekt, 애스펙트]
图 측면

the most important aspect 가장 중요한 측면

unique [juníːk, 유니-크]
图 유일무이한, 독특한

a unique talent 유일무이한 재능

shape [ʃéɪp, 쉐입]
图 모양 图 모양으로 만들다

an oval shape 타원형 모양

summary [sʌ́məri, 써머리]
图 요약, 개요

a news summary 뉴스 개요

construct
[kənstrʌ́kt, 컨스트럭트]
图 건설하다, 구성하다

construct a bridge 다리를 건설하다

claim [kléɪm, 클레임]
图 주장 图 주장하다, 청구하다

claim for damages 손해배상을 청구하다

acquire [əkwáɪə(r), 어콰이얼]
图 얻다, 습득하다

acquire knowledge 지식을 습득하다

within [wɪðín, 위딘]
图 ~이내에

within this month 이번 달 이내에

attribute
[ətríbjúːt, 어트리뷰-트]
图 (~을 …의) 결과로 보다

attribute her success to hard work 그녀의 성공을 열심히 일한 결과로 보다

속어 attribute A to B (A를 B의 결과로 보다)

injure [índʒə(r), 인저]
图 상처를 입다(입히다)

seriously injure 심하게 상처를 입히다

treat [triːt, 트리-트]
图 다루다, 대우하다

treat people with respect 사람들을 존경심을 가지고 대하다

compare [kəmpér, 컴페얼]
图 비교하다

compare the two countries
두 나라를 비교하다

remote [rɪmóut, 리모트]
图 외진, 외딴

a remote beach 외진 해변

regret [rɪgrét, 리그레트]
图 후회 图 후회하다

bitterly regret
쓰라리게 후회하다

aware [əwér, 어웨얼]
图 알고 있는

be aware of the problem 그 문제를 알고 있는

Misson! Read My Diary

오늘 배운 단어들의 의미를 생각하면서 아래 일기를 읽어보세요.

우리 아빠의 취미는 ❶ cliff를 등반하는 것이다. 보통은 아빠가 등반 연습을 하실 때 나는 절벽의 ❷ bottom에서 아빠의 ❸ baggage를 지키고 있다. 하지만 나도 ❹ always 아빠를 따라 등반을 하고 싶었다. 중학생이 된 이후로 아빠에게 나도 등반할 수 있다고 끊임없이 ❺ claim한 결과 오늘 드디어 등반 연습을 할 수 있었다! 첫 등반이기 때문에 나는 위험하지 않은 절벽의 ❻ side부터 시작했다. ❼ accident 의 위험이 있기 때문에 안전 장비를 갖추고 등반했다. 역시 보는 것과 실제로 하는 것은 엄청난 차이가 있었다. 중간중간 물을 ❽ drink하면서 등반했지만 너무 힘들었다. 너무 힘들 때는 등반을 결심한 나의 선택을 ❾ regret하기도 했지만 마침내 꼭대기에 도착해보니 굉장히 뿌듯하고 상쾌했다. 그 기분은 정말 ❿ forever 잊을 수 없을 것 같다.

Answer ❶ cliff 图 절벽 ❷ bottom 图 바닥 ❸ baggage 图 짐 ❹ always 图 항상 ❺ claim 图 주장하다 ❻ side 图 옆, 측면 ❼ accident 图 사고, 사건 ❽ drink 图 마시다 ❾ regret 图 후회하다 ❿ forever 图 영원히

형용사는 **명사 수식과 보어 역할**을 합니다. 이 2가지를 기억하는 것이 핵심입니다. 앞서 감각동사에서 배웠지만 부사가 형용사의 역할을 할 수 없다는 포인트로 문법 문제가 학교 시험에서 자주 출제됩니다.

형용사

- 형용사는 **명사를 수식**하거나 **보어**로서 주어 또는 목적어를 보충 설명합니다.
  ex) She likes a <u>cute</u> puppy. (명사 수식) 그녀는 귀여운 강아지를 좋아한다.
  He became <u>nervous</u>. (주어 보충) 그는 긴장된 상태가 되었다.
  I found him <u>happy</u>. (목적어 보충) 나는 그가 행복하다는 것을 알게 되었다.

중학내신 기출 포인트 1

- 명사 수식이 형용사의 당연한 역할 같지만 asleep, afraid, awake, aware, ashamed, alike, alive, unable과 같은 형용사는 명사를 수식하지 못하고 **보어로만 사용**됩니다.
  ex) She went to the live concert. (O) 그녀는 라이브 콘서트에 갔다.
  She went to the alive concert. (X)

중학내신 기출 포인트 2

- 1단어인 형용사가 명사를 수식할 때 형용사가 명사 앞에 오는 것은 영어의 기본적인 원칙입니다. 하지만 −body, −thing, −one으로 끝나는 명사는 1단어인 **형용사가 뒤에서 수식**합니다.
  ex) something special 특별한 무언가
  someone important 중요한 누군가

중학내신 기출 포인트 3

- something 외에도 다음과 같은 명사들은 형용사가 뒤에서 수식을 합니다.
  ex) something, somebody, someone, everything, everybody, everyone, anything, anybody, anyone, nothing, nobody

학교내신대비 연습문제

다음 괄호 안에서 올바른 표현은?

① There's (something wrong / wrong something) with this computer.

② I saw (somebody strange / strange somebody) at the gate.

Answer
① something wrong 이 컴퓨터는 무언가가 잘못되었다.
② somebody strange 나는 문에서 낯선 누군가를 보았다.

DAY 15

"Life is either a daring adventure
or nothing."
- *Helen Keller*

"인생은 과감한 모험이든가,
아니면 아무것도 아니다."

앞으로 해나가야 할 일이 태산처럼 보일 수 있어요. 시작한 지 얼마 되지도 않았는데, 지쳐 포기하고 싶어질 수 있죠. 하지만 지금 여러분은 멋진 모험을 하는 중이고, 벌써 이만큼이나 왔답니다! 멋진 모험을 하는 여러분을 응원합니다!

>>> **DAY** 15 음성 강의

restaurant
[réstrɑːnt, 레스트런-트]
명 음식점

a fancy restaurant 고급 음식점

document
[dáːkjumənt, 다-큐먼트]
명 서류

legal document 법률 서류

physical [fízɪkl, 피지컬]
형 육체의, 신체의

physical fitness
육체적 건강

신체를 단련하는 체육 수업은 physical education! 줄여서 PE class라고 표현하죠.

market [máːrkɪt, 말-킷]
명 시장

antiques market 골동품 시장

theme [θiːm, 띰-]
명 주제

main theme 주된 주제

buy [bái, 바이]
동 사다

buy a product 상품을 사다

feel [fiːl, 필-]
동 (~감정이) 들다, 느끼다

feel like taking a walk
산책을 하고 싶다

숙어 feel like 동사ing
(~하고 싶은 기분이 들다)

bear [ber, 베어]
명 곰 동 참다, 견디다

a mother bear and her cubs
엄마 곰과 새끼 곰들
bear the noise
소음을 참다

bear는 다양한 의미를 기억해야 하는 다의어입니다. '(아이를) 낳다'라는 의미도 있답니다.

follow [fáːlou, 팔-로우]
동 따르다, 따라가다

follow the children 아이들을 따라가다

quantity [kwáːntəti, 퀀-터티]
명 양

an enormous quantity of food
엄청난 양의 음식

함께 외우기 quality (질)

twice [twáis, 트와이쓰]
부 두 번, 두 배로

happen twice 두 번 일어나다
twice a week 일주일에 두 번

fall [fɔːl, 폴—]
명 가을, 떨어짐 동 떨어지다, 빠지다

fall down 넘어지다

insect [ínsekt, 인섹트]
명 곤충

an insect bite 곤충에게 물림

fasten [fǽsn, 패쓴]
동 매다

fasten the seat belts
안전벨트를 매다

발음 주의! [t]는 발음되지 않습니다.

throw [θróu, 쓰로우]
동 던지다

throw a ball 공을 던지다

international
[ìntərnǽʃnəl, 인터내셔널]
형 국제적인

an international airport 국제 공항

express [iksprés, 익스프레쓰]
동 나타내다, 표현하다

express fears 두려움을 나타내다

build [bild, 빌드]
동 짓다

build a new house 새 집을 짓다

bright [bráit, 브라이트]
형 밝은, 똑똑한

bright sunshine 밝은 햇살
bright idea 기발한 생각

borrow [bɑ́ːrou, 바—로우]
동 빌리다

borrow a pencil
연필을 빌리다

유사한 느낌의 단어인 lend는 내가 가진 것을 '빌려주다'이고, borrow는 내가 가진 것이 없어서 남에게 '빌리는' 겁니다.

고등학교를 준비하는 학생이 꼭 알아야 할 영단어

host [hóust, 호스트]
명 주인 동 주최하다

the host of the party 파티의 주최자
host the World Cup 월드컵을 주최하다

decline [dikláin, 디클라인]
명 감소 동 감소하다

decline dramatically 급격히 감소하다

overcome [ouvərkám, 오벌컴]
통 극복하다

overcome injury 부상을 극복하다

interrupt [ɪntərʌ́pt, 인터럽트]
통 방해하다

interrupt a conversation 대화를 방해하다

distinguish
[dɪstíŋgwɪʃ, 디스팅귀시]
통 구별하다

distinguish one twin from the other 한 명의 쌍둥이를 다른 한 명과 구별하다

숙어 distinguish A and(from) B
(A와 B를 구별하다)

explain [ɪkspléɪn, 익스플레인]
통 설명하다

explain the situation 상황을 설명하다

consequence
[káːnsəkwens, 칸-써퀜스]
명 결과

tragic consequence 비극적인 결과

manage [mǽnɪdʒ, 매니지]
통 간신히 ~해내다, 관리하다

manage to persuade my father 나의 아버지를 간신히 설득하다

흔히 말하는 '매니저(manager)'는 '관리하는 사람'이라는 뜻이죠.

conflict [káːnflɪkt, 칸-플릭트]
명 갈등

ethnic conflict 민족 갈등

creature [kríːtʃə(r), 크리-처]
명 생물, 생명체

living creature 살아 있는 생명체

objective
[əbdʒéktɪv, 어브젝티브]
명 목적 형 객관적인

the principal objective 주된 목적
an objective report 객관적인 보고서

objective는 다양한 의미를 기억해야 하는 다의어입니다.

permit [pərmít, 펄미트]
통 허락하다

not permitted to take photographs
사진 찍는 것이 허락되지 않다

opinion [əpínjən, 어피니언]
명 의견

change my opinion 나의 의견을 바꾸다

beg [beg, 베그]
통 간청하다, 구걸하다

beg him for help 그에게 도와달라고 간청하다

bury [béri, 베리]
통 묻다, 매장하다

bury the bone 그 뼈를 묻다

courage [kə́:ridʒ, 커-리지]
명 용기

great courage 위대한 용기

eliminate
[ilímineit, 일리미네이트]
통 없애다, 제거하다

eliminate toxins 유독 물질을 제거하다

firm [fɜ:rm, 펌-]
명 회사 형 굳은

a firm bed 딱딱한 침대

substitute
[sʌ́bstitu:t, 써브스티튜-트]
명 대체물 통 대신하다

substitute food 대체 식품

budget [bʌ́dʒit, 버짓]
명 예산

out of my budget 나의 예산을 벗어난

Misson! Read My Diary

오늘 배운 단어들의 의미를 생각하면서 아래 일기를 읽어보세요.

오늘 엄마를 ❶ follow해 ❷ international한 명성을 가지고 있는 유명 셰프가 운영하는 ❸ restaurant에 다녀왔다. 음식점에 들어가자마자 ❹ bright한 조명과 화려한 인테리어가 시선을 사로잡았다. 음식을 주문하기 전 셰프가 직접 메뉴를 자세히 ❺ explain해주었다. 엄마와 나는 굉장히 중요한 손님이 된 것 같은 기분을 ❻ feel했다. 그런데 막상 요리가 나오자 우리는 요리의 ❼ quantity가 너무 적어서 깜짝 놀랐고 솔직히 실망했다. 하지만 음식을 한 입 먹자마자 신세계를 느꼈다. 어떻게 ❽ express해야 할지 모르겠지만, 적은 양이라는 단점을 ❾ overcome할 정도로 황홀한 맛이었다. 일반 음식점과는 가격이 거의 ❿ twice 정도 차이가 나지만, 또 오고 싶을 정도로 정말 음식이 훌륭했다. 또 가고 싶다!

Answer
❶ follow 통 따라가다 ❷ international 형 국제적인 ❸ restaurant 명 레스토랑 ❹ bright 형 밝은, 똑똑한 ❺ explain 통 설명하다 ❻ feel 통 느끼다 ❼ quantity 명 양 ❽ express 통 표현하다 ❾ overcome 통 극복하다 ❿ twice 부 두 배로

8품사 중 하나인 부사는 문장의 핵심 성분이 될 수 없습니다. 부사는 기본적으로 문장의 의미를 풍부하게 해주는 양념과 같은 역할을 합니다. 요리로 치면 참기름, 깨소금과 같죠. 없어도 되지만 있으면 도움이 되는 성분입니다. 부사는 여러 품사들을 꾸밀 수 있고, 그 위치가 자유롭습니다. 문장의 양념인 부사에 대해서 알아봅시다.

부사

- 부사는 동사, 형용사, 또 다른 부사, 그리고 문장 전체를 꾸며줍니다.
- 명사는 절대 꾸밀 수 없다는 사실을 기억해야 합니다.

중학내신 기출 포인트 1

- 일반적으로 형용사에 '–ly'가 붙으면 부사가 됩니다.

  ex) slow – slowly 느린 – 느리게   quick – quickly 빠른 – 빠르게
  　　careful – carefully 조심스러운 – 조심스럽게   real – really 진짜의 – 진짜로
  　　deep – deeply 깊은 – 깊게

중학내신 기출 포인트 2

- 형용사와 형태가 같은 부사들도 있습니다. 문맥과 자리를 보고 형용사인지, 부사인지 판단합니다.

  ex) high 높은 / 높게   late 늦은 / 늦게
  　　near 가까운 / 가까이   fast 빠른 / 빨리
  　　hard 단단한 / 어려운 / 열심히   long 긴 / 오랫동안

중학내신 기출 포인트 3

- 앞에서 형용사에 '–ly'가 붙으면 부사가 된다고 했는데, 이때 **원래 형용사 뜻과는 다른 뜻을 가지는 부사들**이 있어요.

  ex) hardly 거의 ~않다   highly 고도로, 매우
  　　nearly 거의   lately 최근에

부사 자체가 어려운 문법은 아니지만 형용사와 비교하는 문제가 자주 출제되므로, 다양한 형용사와 부사를 익히고 문장에서의 쓰임에 익숙해져야 합니다.

DAY 16

"If you can dream it, you can do it.
Always remember this whole thing was
started by a mouse."
- *Walt Disney*

"꿈을 꿀 수 있다면, 당신은 할 수 있다.
이 모든 것이 생쥐 한 마리에서부터
시작했다는 것을 잊지 마라."

차고에 세워졌던 초라한 회사가 지금의 디즈니라는 세계적인 회사로 성장할 수 있던 원동
력이 무엇일까요? 디즈니를 만든 월트 디즈니는 그것이 '꿈'이었다고 대답합니다. 꿈을 잃
지 않고 노력하다 보니 정상에 올라와 있었다고요. 여러분도 꿈이 있다면 절대 그 꿈을 놓
치지 마세요. 여러분이 제2의 디즈니가 될 수 있습니다.

≫ DAY 16 음성 강의

lead [liːd, 리-드]
图 안내하다, 이끌다

lead the way 길을 안내하다
lead a discussion 토론을 이끌다

leaf [liːf, 리-프]
명 (나뭇)잎

dead leaves 낙엽

than [ðən, 덴]
전 접 ~보다

better than expected
기대했던 것보다 더 좋다

knock [nɑːk, 나-크]
图 두드리다

knock on the door 문을 두드리다

example
[ɪgzǽmpl, 이그잼플]
명 예, 사례

for example
예를 들어

독해를 하다 보면 'for example, for instance'
라는 표현을 자주 접하게 됩니다. 주장에 대한
예시를 들 때 쓰는 표현입니다.

walk [wɔːk, 워-크]
명 걷기, 산책 图 걸어가다

take a walk 산책하다
walk my dog 나의 개를 산책시키다

stripe [stráɪp, 스트라이프]
명 줄무늬

black and white stripes 흑백 줄무늬들

price [práɪs, 프라이스]
명 가격

oil price 석유 가격

가격들이 모이면 '물가'가 됩니다.
prices는 '물가'라는 뜻이에요.

take [téɪk, 테이크]
图 가지고 가다, 데리고 가다

take a picture 사진을 찍다
take a shower 샤워하다
take a vote 투표하다

question [kwéstʃən, 퀘스천]
명 질문

answer the question 질문에 답하다

forget [fərgét, 펄겟]
图 잊다

forget to do my
homework 숙제하는
것을 잊다

숙어 forget to 동사 [(미래)~할 것을 잊다]
forget 동사ing [(과거)~했던 것을 잊다]

advertise
[ǽdvərtaɪz, 애드벌타이즈]
图 광고하다

advertise in the local paper 지역 신문에 광고하다

select [sɪlékt, 실렉트]
동 선발하다

a randomly selected sample 무작위로 선택된 샘플

bottle [bɑ:tl, 바ー틀]
명 병

a bottle of milk 우유 한 병

once [wʌns, 원스]
부 한 번, 언젠가
접 일단 ~하면, ~하자마자

once a week 일주일에 한 번
once I decide to do something
일단 내가 무엇을 하기로 결심을 하면

function [fʌ́ŋkʃn, 펑션]
명 기능

various functions 다양한 기능

poem [póʊəm, 포엄]
명 시

recite a poem 시를 낭송하다

repeat [rɪpíːt, 리피ー트]
동 반복하다

repeat twice 두 번 반복하다

from [frʌm, 프럼]
전 ~에서부터, ~부터

from birth 태어날 때부터

block [blɑ́:k, 블락ー]
동 막다

block the sunlight 햇빛을 가로막다

고등학교를 준비하는 학생이 꼭 알아야 할 영단어

provide [prəváɪd, 프로바이드]
동 주다, 제공하다

provide a service to the public
대중에게 서비스를 제공하다

숙01 provide A with B
(A에게 B를 제공하다)

convince [kənvíns, 컨빈스]
동 납득시키다, 확신시키다

convince my client 나의 고객을 납득시키다

artificial [ɑ:rtɪfíʃl, 알ー티피셜]
형 인공의, 인위적인

artificial coloring 인공 색소

영화에 자주 등장하는 인공지능은
'AI(artificial intelligence)'입니다.

identical [aɪdéntɪkl, 아이덴티컬]
형 동일한

identical twins 일란성 쌍둥이

import [ímpɔːrt, 임폴―트]
[ɪmpɔ́ːrt, 임폴―트]
명 수입품 동 수입하다

import wine from France
프랑스에서 와인을 수입하다

함께 외우기 export (수출하다)

refer [rifɔ́ːr, 리펄―]
동 참조하다, 언급하다

refer to the dictionary 사전을 참고하다

vast [væst, 배스트]
형 광대한

a vast area of forest 방대한 삼림 지역

transportation
[trænspɔːrtéiʃn, 트랜스폴―테이션]
명 운송, 교통수단

public transportation 대중교통

recognize
[rékəgnaɪz, 레커그나이즈]
동 인식하다, 알아보다

recognize the problem 문제를 인식하다
recognize my old friend 나의 옛 친구를 알아보다

quite [kwáit, 콰이트]
부 꽤, 상당히

quite similar 꽤 비슷한

insult [ínsʌlt, 인썰트]
명 모욕 동 모욕하다

personal insults 인신 공격

various [vériəs, 베리어쓰]
형 다양한

various classes 다양한 계급

vary [véri, 베리]
동 서로 다르다

vary considerably 상당히 다르다

sensitive [sénsətiv, 쎈서티브]
형 민감한

a sensitive issue 민감한 쟁점

complain [kəmpléin, 컴플레인]
동 불평하다, 항의하다

complain to the manager 관리자에게 불평하다

infect [infékt, 인펙트]
동 감염시키다

infect another person 또 다른 사람을 감염시키다

share [ʃer, 셰어]
명 몫 통 공유하다, 나누다

share the experience 경험을 공유하다

industry [índəstri, 인더스트리]
명 산업

heavy/light industry 중공업/경공업

constant [kɑ́:nstənt, 칸-스턴트]
형 지속적인

constant pain 지속적인 고통

intend [inténd, 인텐드]
통 의도하다, ~할 생각이다

intend to quit smoking
금연할 계획이다

숙어 intend to 동사 (~할 의도다)

Misson! Read My Diary

오늘 배운 단어들의 의미를 생각하면서 아래 일기를 읽어보세요.

나는 평소에 ❶ poem을 즐겨 읽는다. 나는 떨어지는 ❷ leaf에도 눈물을 글썽일 정도로 ❸ sensitive 한 감각을 가지고 있다. 때로는 내가 쓴 시를 문학 동아리 친구들과 ❹ share하기도 한다. 친구들이 쓴 ❺ various한 시들을 듣다 보면 어쩌면 저렇게 어느 누구도 ❻ identical한 감정을 가지고 있지 않은지 놀랍다. 친구들의 신선한 시들은 나에게 영감을 ❼ provide해준다. 시는 처음에는 이해하기 어려울 수 있지만 여러 번 ❽ repeat해서 읽으면 누구나 즐길 수 있다. 올해 말에 축제 때 내가 쓴 시를 전시하기 위해서 열심히 시를 쓰고 있는데 자꾸 내 감정을 ❾ artificial하게 나타내는 것 같아서 고민 중이다. 좀 더 ❿ vast한 경험을 하면 좋은 시를 쓸 수 있을까?

Answer
❶ poem 명 시 ❷ leaf 명 나뭇잎 ❸ sensitive 형 감각적인 ❹ share 통 나누다 ❺ various 형 다양한 ❻ identical 형 동일한 ❼ provide 통 주다, 제공하다 ❽ repeat 통 반복하다 ❾ artificial 형 인공의, 인위적인 ❿ vast 형 광대한

명사를 대신하는 말이 대명사입니다. 영어든 국어든 글에서 같은 명사를 반복해서 쓰는 것을 좋아하지 않습니다. 그래서 대명사가 필요합니다. 대명사의 여러 가지 종류 중 영어에서 가장 많이 활용되는 인칭대명사에 대해 알아봅시다. 중학생이라면 인칭대명사를 자유자재로 알맞게 활용해야 합니다.

1. 인칭대명사

- 인칭대명사란 **사람을 가리키는 역할을 하는** 대명사입니다.
- 인칭대명사는 **수와 인칭과 격**에 따라 알맞게 사용하는 것이 가장 중요합니다.
- 수와 인칭, 격이 무엇인지 알아봅니다.

2. 수 1명은 단수, 2명 이상은 복수입니다.

3. 인칭 사람 또는 사물의 움직임이나 상태를 나타내는 말

- 1인칭   말하는 사람이나 말하는 사람을 포함하는 말 (나/우리)
- 2인칭   듣는 사람을 가리키거나 듣는 사람을 포함하는 말 (너/너희들)
- 3인칭   말하는 사람과 듣는 사람이 아닌 사람이나 그들을 포함하는 말 (그/그녀/그들)

4. 격 격을 설명하기 전에 앞에서 배운 문장의 5가지 형식을 떠올려볼까요?

- 1형식   S + V
- 2형식   S + V + SC
- 3형식   S + V + O
- 4형식   S + V + IO + DO
- 5형식   S + V + O + OC

인칭대명사를 주어 자리에 쓰면 주격, 목적어 자리에 쓰면 목적격입니다. 그리고 소유격은 다른 명사를 꾸며주는 형용사 역할을 하고, 소유대명사는 말 그대로 소유의 뜻을 포함한 대명사입니다. 아래 표를 익혀서 인칭대명사를 각각의 역할에 맞게 알맞은 형태로 사용하세요.

수	인칭	격			
		주격 (～은/는/이/가)	소유격 (～의)	목적격 (를/～에게)	소유대명사 (～의 것)
단수	1인칭	I	my	me	mine
	2인칭	You	your	you	yours
	3인칭	He	his	him	his
		She	her	her	hers
		It	its	it	-
복수	1인칭	We	our	us	ours
	2인칭	You	your	you	yours
	3인칭	They	their	them	theirs

DAY 17

"Life can change in an instant."
- *Disney* 영화 〈신데렐라(*Cinderella*)〉 중에서

"인생은 한순간에
바뀌기도 하는 거니까."

계속된 실패로 좌절한 친구들이 "선생님, 저는 원래 안 돼요."라고 말합니다. 하지만 인생은 언제 어떻게 바뀔지 모르는 겁니다. 묵묵히 열심히 하다 보면 어느 순간 우리에게 기회가 다가옵니다.

>>> DAY 17 음성 강의

bowl [bóul, 보울]
명 그릇, 통

a salad bowl 샐러드용 접시

tall [tɔːl, 톨—]
형 키가 큰, 높은

tall chimney 높은 굴뚝

stand [stænd, 스탠드]
명 태도 동 서다, 서 있다

take a firm stand 단호한 태도를 취하다
stand up 일어서다

light [láit, 라이트]
명 빛, 광선
형 가벼운, 밝은, 엷은

light weight 가벼운 몸무게

> light는 다양한 의미를 기억해야 하는 다의어입니다.

doubt [dáut, 다우트]
명 의심 동 의심하다

room for doubt 의심의 여지
doubt his story 그의 이야기를 의심하다

break [bréik, 브레이크]
명 휴식 시간
동 깨어지다, 부서지다

take a break 휴식을 취하다
break into pieces 산산조각나다

wear [wer, 웨어]
동 입다, 입고 있다

wear glasses 안경을 쓰다

tidy [táidi, 타이디]
형 단정한

neat and tidy 말끔한

steady [stédi, 스테디]
형 꾸준한, 안정된

steady economic growth 꾸준한 경제 성장

> 서점에서 꾸준히 팔리는 책을 '스테디셀러 (steady seller)'라고 합니다.

push [puʃ, 푸쉬]
동 밀다

push the door open
문을 밀어서 열다

tear
[tir, 티어] [ter, 테어]
명 눈물 동 찢다

tears of joy 기쁨의 눈물
tear a letter into two
편지를 두 조각으로 찢다

> 명사일 때와 동사일 때 발음이 완전히 다릅니다. 발음에 주의하세요.

college [kɑːlidʒ, 칼—리지]
명 대학교

a college student 대학생

equal [íːkwəl, 이-퀄]
형 동일한 동 (수, 양, 가치 등이) 같다

the equal right 동등한 권리

teach [tiːtʃ, 티-치]
동 가르치다

teach English 영어를 가르치다

theater [θíːətər, 씨-어터]
명 극장

go to a movie theater 영화관에 가다

until [əntíl, 언틸]
전 접 ~(때)까지

until noon 정오까지
until mom comes back 엄마가 돌아올 때까지

there [ðɛr, 데얼]
부 거기에

get there in time 거기에 시간 내에 도착하다
there is/are ~이 있다

only [óʊnli, 온리]
형 유일한 부 오직

only child 외동 딸·아들

ceremony [sérəmoʊni, 세러모니]
명 의식

a wedding ceremony 결혼식

correct [kərékt, 커렉트]
형 올바른 동 바로잡다

the correct answer 정답
correct the mistakes 실수들을 바로잡다

고등학교를 준비하는 학생이 꼭 알아야 할 영단어

neutral [nuːtrəl, 뉴-트럴]
형 중립적인

neutral stand 중립적인 입장

although [ɔːlðóʊ, 얼-도우]
접 ~일지라도, ~이지만

although he is poor 그는 가난하지만

exact [ɪgzǽkt, 이그잭트]
형 정확한, 정밀한

exact description 정확한 묘사

admit [ədmít, 어드미트]
동 인정하다

admit all of his mistakes 그의 모든 실수를 인정하다

remedy [rémədi, 레미디]
명 치료, 치료법

a herbal remedy 약초 치료

suppose [səpóuz, 써포즈]
동 가정하다, 추정하다

suppose she's lying 그녀가 거짓말을 하고 있다고 가정하다

absolute
[ǽbsəluːt, 앱쏠루ー트]
형 완전한, 완벽한

the absolute truth 완벽한 진실

factory [fǽktri, 팩토리]
명 공장

factory worker 공장 노동자

intermediate
[ɪntərmiːdiət, 인터미ー디어트]
형 중간의

an intermediate stage 중간 단계

involve [ɪnváːlv, 인볼ー브]
동 포함하다, 관련시키다

involve a risk 위험을 수반하다

invest [ɪnvést, 인베스트]
동 투자하다

invest money 돈을 투자하다

simulate
[símjuleɪt, 시뮬레이트]
동 모의 실험하다, ~인 체하다

simulate the effects of an earthquake
지진의 영향을 모의 실험하다

vehicle [víːəkl, 비ー허클]
명 탈 것

parked vehicles 주차되어 있는 차들

pardon [pɑːrdn, 팔ー든]
명 용서 동 용서하다

ask for pardon 용서를 빌다
pardon a thief 도둑을 용서하다

reduce [rɪduːs, 리듀ー스]
동 줄이다, 감소하다

reduce the risk of heart disease 심장병의 위험을 줄이다

calm [kɑːm, 캄ー]
형 침착한, 차분한

keep calm 침착함을 유지하다

wave [wéiv, 웨이브]
명 파도 동 흔들다

huge wave 큰 파도

rural [rúrəl, 루럴]
형 시골의

rural economy 시골 경제

combine [kəmbáin, 컴바인]
동 결합하다, 조립하다

combine hydrogen and
oxygen 수소와 산소를 결합하다

함께 외우기 combination (결합)

paste [péist, 페이스트]
명 반죽 동 붙이다

paste the two pieces
together 두 조각을 붙이다

치약은 영어로 tooth paste입니다.
치약이 반죽 느낌이어서 그런 거겠죠?

Misson! Read My Diary

오늘 배운 단어들의 의미를 생각하면서 아래 일기를 읽어보세요.

오늘 학교에서 현장 학습으로 ❶ vehicle을 만드는 ❷ factory에 다녀왔다. 그곳에서 자동차가 만들어지는 과정을 직접 볼 수 있었다. 공장의 수많은 사람들이 작업복을 ❸ wear하고 자동차를 구성하는 부품들을 ❹ combine하고 있었다. 공장 견학 안내를 맡아주신 선생님께서 대부분의 공장에서는 제품이 완성되는 시간을 ❺ reduce하기 위해서 '분업'이라는 방법을 사용한다고 말씀하셨다. 예를 들어 상자를 만들 때 내가 맡은 역할이 손잡이를 ❻ paste하는 일이라면 ❼ only 그 일만 하는 것이다. 대부분의 회사가 다양한 방법을 ❽ simulate해봤더니 가장 효율적인 방법으로 찾은 것이 분업이라고 한다. 하지만 하루 종일 ❾ stand하거나 앉아서 똑같은 일만 해야 하는 것은 일에 대한 흥미를 ❿ reduce할 것 같았다. 효율과 흥미를 둘 다 잡을 수는 없을까?

Answer
❶ vehicle 명 탈 것 ❷ factory 명 공장 ❸ wear 동 입다 ❹ combine 동 조립하다 ❺ reduce 동 줄이다
❻ paste 동 붙이다 ❼ only 부 오직 ❽ simulate 동 모의 실험하다 ❾ stand 동 서다 ❿ reduce 동 감소하다

be동사는 8품사에서 동사의 한 종류이고, **주어의 존재 또는 상태를 나타내는 동사입니다.** 초등학교 때부터 등장하기 때문에 익숙할 거예요. 정리하는 기분으로 이번 시간에는 be동사의 모든 것을 공부해봅시다.

1. 형태 be동사 + 전치사구 / 명사 / 형용사

2. 해석 ~이다, ~이 있다(존재하다)

> ex) My name **is** Jay. 나의 이름은 Jay다.
>
>   I **am** in the classroom. 나는 교실 안에 있다.

- be동사는 **주어에 따른 be동사의 형태를 익히는 것이 가장 중요합니다.** 시험에서 자주 활용됩니다.

		주어	be동사	줄임말
단수	1인칭	I	am	I'm
	2인칭	You	are	You're
	3인칭	He	is	He's
		She	is	She's
		It	is	It's
복수	1인칭	We	are	We're
	2인칭	You	are	You're
	3인칭	They	are	They're

3. be동사의 부정문

- be동사 **바로 뒤에** not을 씁니다.

> ex) I am a student. → I am not a student. = I'm not a student.

4. be동사의 의문문

- be동사와 주어의 순서를 바꾸면 됩니다.

> ex) You are a student. → Are you a student?

학교내신대비 연습문제

우리말 해석에 맞게 다음 문장의 빈칸을 채우세요.

❶ I _____ nurse. 나는 간호사다.

❷ They _____ high school students. 그들은 고등학생들이다.

Answer ❶ am ❷ are

DAY 18

"Fairy tales can come true.
You gotta make them happen,
it all depends on you."
- *Disney 영화 〈공주와 개구리(Princess and the Frog)〉
중에서*

"동화는 현실이 될 수도 있어, 네가 그렇게 되도록
만들어야 해. 모든 것은 너에게 달려 있어."

노력하고 있지만 성과가 바로 나오지 않을 때 우리는 자책하기도 하고 주변 상황을 원망
하기도 합니다. 하지만 결국 우리 자신이 힘을 한 번 더 내야 합니다. 힘든 현실을 바꾸는
힘도 내 안에 있는 것이니까요. 아무리 힘들어도 다시 한 번 스스로에게 힘을 불어넣기 바
랍니다.

>>> DAY 18 음성 강의

tradition
[trədíʃn, 트래디션]
명 전통

follow tradition 전통을 따르다

connect [kənékt, 커넥트]
통 연결하다

connect the cable to the battery
전선을 배터리에 연결하다

square [skwér, 스퀘어]
명 정사각형, 광장

circles and squares 원과 정사각형들

pass [pæs, 패쓰]
통 지나가다, 통과하다

pass the exam 시험에 합격하다

surprise
[sərpráɪz, 써프라이즈]
명 놀라움 통 놀라게 하다

surprised to hear 듣고 놀라다
surprising news 놀라운 뉴스

fat [fæt, 펫]
명 지방 형 살찐, 뚱뚱한

excess body fat 체지방 과다

soil [sɔ́ɪl, 쏘일]
명 흙, 토양

dry soil 건조한 토양

gap [gæp, 갭]
명 차이

generation gap 세대 차이

nature [néɪtʃə(r), 네이쳐]
명 자연

nature conservation 자연 보호

attend [əténd, 어텐드]
통 참석하다

attend the meeting 회의에 참석하다

sure [ʃʊr, 슈얼]
형 확신하는, 확실한

sure of the results 결과에 대해 확신하는

heavy [hévi, 헤비]
형 무거운, 많은, 심한

heavy drinking 지나친 음주　　함께 외우기 light (가벼운)

rise [ráiz, 라이즈]
명 증가, 상승 통 떠오르다

rise above the horizon 수평선 위로 떠오르다

rule [ru:l, 룰ー]
명 규칙 통 다스리다, 지배하다

follow the rules 규칙을 따르다
rule the country 나라를 다스리다

start [stá:rt, 스타트]
명 시작 통 시작하다

from the start 시작부터
start school 개학하다

situation [sɪtʃuéɪʃn, 시츄에이션]
명 상황, 처지

present political situation 현재의 정치적인 상황

run [rʌn, 런]
통 뛰다, 운영하다

run the restaurant
식당을 운영하다

run에 '달리다' 이외에도 '운영하다'라는 의미가 있는 것을 기억하세요.

expensive
[ɪkspénsɪv, 익스펜시브]
형 값비싼

expensive jewelry 비싼 보석

함께 외우기 cheap (값이 싼)

please [pli:z, 플리ー즈]
감 제발 통 기쁘게 하다

please my parents 나의 부모님을 기쁘게 해드리다

keep [ki:p, 킵ー]
통 유지하다, 계속하다

keep the children happy 아이들을 계속 행복하게 하다

고등학교를 준비하는 학생이 꼭 알아야 할 영단어

pause [pɔ:z, 퍼ー즈]
명 멈춤 통 멈추다

a brief pause in the conversation 대화 중 잠시 멈춤

gather [gǽðə(r), 개더얼]
통 모으다

gather information 정보를 모으다

separate [sépəreɪt, 세퍼레이트]
형 분리된 통 분리시키다

separate rooms 분리된 방들
separate belief from emotion 감정과 신념을 분리하다

principal [prínsəpl, 프린써플]
명 교장, 장 형 주요한

principal theory 주요한 이론

resource [rí:sɔːrs, 리-쏘-스]
명 자원

natural resources 천연 자원

fellow [félou, 펠로우]
명 동료 형 동료의

fellow worker 직장 동료

benefit [bénifit, 베니피트]
명 이득

a benefit of membership 회원의 이점

discuss [dискás, 디스커스]
동 토론하다

discuss a topic 화제에 대해서 논하다

ensure [inʃúr, 인슈얼]
동 보장하다

ensure security 안전을 보장하다

shine [ʃáin, 샤인]
동 비추다, 빛나다

shine brightly 밝게 빛나다

crack [kræk, 크래크]
명 금 동 갈라지다, 깨뜨리다

crack the nut 견과를 깨다

valuable
[vǽljuəbl, 밸류어블]
형 가치 있는

a valuable experience
가치 있는 경험

함께 외우기 value (가치)

transform
[trænsfɔ́ːrm, 트랜스폼-]
동 변형하다, 바꿔 놓다

transform my life 나의 인생을 바꿔 놓다

moment
[móumənt, 모우먼트]
명 잠깐, 순간

wait a moment 잠시 기다리다

rapid [rǽpid, 래피드]
형 빠른

rapid growth 빠른 성장

accurate [ǽkjərət, 애큐러트]
형 정확한

accurate analysis 정확한 분석

emphasize

[émfəsaɪz, 엠퍼싸이즈]

통 강조하다

emphasize the importance 중요성을 강조하다

senior [si:niə(r), 씨-니얼]

형 상위의 명 어르신

senior citizen 고령자

confuse [kənfjú:z, 컨퓨-즈]

통 혼란스럽게 하다

confuse the enemy 적을 혼란스럽게 하다

neat [ni:t, 니-트]

형 깔끔한

a neat desk 정돈된 책상

Misson! Read My Diary

오늘 배운 단어들의 의미를 생각하면서 아래 일기를 읽어보세요.

우리 학교에는 개교 이래 이어져온 특별한 ❶ tradition이 있다. 그것은 ❷ senior 학년의 선배와 후배가 짝이 되는 것이다. 짝이 된 선후배는 함께 다양한 학교 행사에 ❸ attend한다. 그래서 우리 학교는 선배들이 무섭게 느껴지기보다는 같은 학년의 ❹ fellow 같은 느낌이 든다. 이러한 관계는 오랫동안 ❺ keep 되기 때문에 그 중요성이 더욱더 ❻ emphasize된다. 하지만 요즘 이런 전통을 계속 지켜나가야 하는지에 대한 문제가 ❼ discuss 되고 있다. 이 제도 때문에 선후배 간의 ❽ gap이 없어지고 질서가 무너진다는 의견이 있다. 하지만 나는 그런 단점보다는 이 제도의 ❾ benefit가 더 크다고 생각한다. 원만한 선후배 관계는 학교 생활에서 ❿ valuable한 것이기 때문에 제도의 단점을 보완해 전통을 지켜나갔으면 좋겠다.

Answer ❶ tradition 명 전통 ❷ senior 형 상위의 ❸ attend 통 참석하다 ❹ fellow 명 동료 ❺ keep 통 유지하다 ❻ emphasize 통 강조하다 ❼ discuss 통 토론하다 ❽ gap 명 차이 ❾ benefit 명 이점 ❿ valuable 형 가치 있는

동사에는 3가지 종류가 있습니다. be동사와 조동사를 제외한 모든 동사는 일반동사입니다. 일반동사는 주어의 다양한 행동을 나타냅니다. 다양한 행동의 수만큼 일반동사도 수없이 많습니다. 일반동사는 주어의 인칭과 수에 따라서 활용법이 다른데, 이를 익히는 것이 가장 중요합니다.

1. 형태

- 주어가 3인칭 단수가 아닐 때 일반동사의 원형

  ex) I eat
- 주어가 3인칭 단수일 때 일반동사의 원형 + (e)s

  ex) He eats
- 일반동사를 이해하기 위해서는 '3인칭 단수' 주어를 먼저 이해해야 합니다. '3인칭 단수'라는 것은 '말하는 사람과 듣는 사람이 아닌 것들 중에서 1명 또는 1개'를 말합니다.

2. 일반동사의 부정문

- 주어가 3인칭 단수가 아닐 때   주어 + do not(=don't) + 일반동사의 원형

  ex) I play basketball well. → I don't play basketball well.
- 주어가 3인칭 단수일 때   주어 + does not(=doesn't) + 일반동사의 원형

  ex) She study English hard. → She doesn't study English hard.

3. 일반동사의 의문문

- 주어가 3인칭 단수가 아닐 때   Do + 주어 + 일반동사의 원형 ~ ?

  ex) They study hard.　→ Do they study hard?
  　　　　　　　　　　　　Yes, they do. / No, they don't.
- 주어가 3인칭 단수일 때   Does + 주어 + 일반동사의 원형 ~ ?

  ex) Elsa has a pet.　→ Does Elsa have a pet?
  　　　　　　　　　　　　Yes, she does. / No, she doesn't.

학교내신대비 연습문제

다음 문장을 부정문으로 바꾸세요.

❶ I wear a school uniform.　→ _____.

❷ They drink milk.　→ _____.

Answer　❶ I don't wear a school uniform.　　❷ They don't drink milk.

DAY 19

"What doesn't kill you makes you stronger."
- Kelly Clarkson 〈Stronger〉 중에서

"너를 죽이지 못하는 것은
너를 더 강하게 만들어."

팝송이나 영화 혹은 드라마에서 많이 나오는 표현 중의 하나에요. 여러분이 지금 견뎌내는 고통들이 여러분을 더 성숙하게 만들 거에요. 겁먹지 말고, 도망가지 말고, 이겨내 보세요! 다음에는 어떤 힘든 일이 다가와도 두렵지 않을 겁니다. 한층 더 강한 여러분이 되어 있을 테니까요!

≫ DAY 19 음성 강의

중학생이 꼭 알아야 할 영단어

pure [pjʊr, 퓨얼]
형 순수한

made of pure gold 순금으로 만들어진

receipt [rɪsíːt, 리씨-트]
명 영수증

get a receipt 영수증을 받다

put [pʊt, 풋]
동 두다

put emphasis on 강조점을 두다

move [muːv, 무-브]
명 움직임 동 이동하다, 이사하다

move to a new house 새집으로 이사하다

excellent [éksələnt, 엑썰런트]
형 훌륭한

an excellent speaker 훌륭한 연설자

tie [tái, 타이]
명 유대 동 묶다

tie the knot 결혼을 하다
family ties 가족 간의 유대

because [bɪkɔ́ːz;, 비커-즈]
접 ~때문에

because of my mistake 나의 실수 때문에
because I made a mistake 내가 실수를 했기 때문에

ago [əɡóʊ, 어고우]
부 ~전에

a few days ago 며칠 전에

tool [tuːl, 툴-]
명 도구, 연장

tool for communication 의사소통을 위한 도구

garden [ɡáːrdn, 가-든]
명 정원

a small garden in our backyard 뒤뜰에 있는 작은 정원

abroad [əbrɔ́ːd, 어브로-드]
부 해외에, 해외로

go abroad 해외로 나가다

> 형태가 비슷한 aboard는 부사로 '탑승한'이라는 뜻입니다.

pride [práɪd, 프라이드]
명 자존심

pride and prejudice 오만과 편견

station [stéɪʃn, 스테이션]
명 역

subway station 지하철 역

124

fresh [freʃ, 프레쉬]
형 신선한

fresh atmosphere 신선한 분위기

collect [kəlékt, 컬렉트]
명 모으다, 수집하다

collect postcards 엽서를 수집하다

find [faɪnd, 파인드]
동 찾다, 알게 되다

find the exit 출구를 찾다
find him innocent
그가 무죄임을 알게 되다

find가 5형식 동사로 쓰여서 '알게 되다'로 활용되는 것을 꼭 기억하세요.

clever [klévə(r), 클레벌]
형 영리한

clever witness 영리한 증인

return [rɪtɜ́ːrn, 리턴-]
명 돌아감, 반납
동 돌아오다, 돌려주다

return the books to the library 책을 도서관에 반납하다

same [séɪm, 쎄임]
형 똑같은

go to the same school 같은 학교를 다니다

something [sʌ́mθɪŋ, 썸씽]
명 무언가

something positive 긍정적인 어떤 것

고등학교를 준비하는 학생이 꼭 알아야 할 영단어

while [wáɪl, 와일]
접 ~하는 동안(사이) 명 잠깐

while we were asleep 우리가 잠든 사이에

elect [ɪlékt, 일렉트]
동 선출하다

elect a president 대통령을 선출하다

somewhat [sʌ́mwʌt, 썸왓]
부 다소

somewhat difficult 다소 어려운

brief [briːf, 브리-프]
형 간략한

brief research 간단한 조사

witness [wítnəs, 윗네쓰]
명 증인 동 목격하다

witness the incident 그 사건을 목격하다

obvious [ɑ́:bviəs, 압-비어쓰]
형 명백한

obvious reason 명백한 이유

fear [fɪr, 피어]
명 두려움 통 두려워하다

fear of the dark 어둠에 대한 두려움

discipline
[dísəplɪn, 디써플린]
명 규율, 훈육, 학문 분야 통 훈육하다

strict discipline 엄격한 규율
discipline one's child 자식을 훈육하다

behave [bɪhéɪv, 비헤이브]
통 행동하다

behave like a gentleman
신사처럼 행동하다

함께 외우기 behavior (행동)

breath [breθ, 브레쓰]
명 숨, 호흡

take a deep breath 심호흡하다

insurance [ɪnʃúrəns, 인슈런스]
명 보험

insurance company 보험 회사

lecture [léktʃə(r), 렉처]
명 강의 통 강의하다

deliver a lecture 강의를 하다

bet [bet, 베트]
명 내기
통 돈을 걸다, 확신하다

bet she'll win the gold
medal 그녀가 금메달을
딸 것을 확신하다

내기를 건다는 것은 그만큼 확신이
있다는 뜻이기 때문에 bet는 '확신하다'
라는 의미도 있습니다.

likely [láɪkli, 라이클리]
형 ~할 것 같은

be likely to happen
일어날 것 같다

[be likely to]의 형태로 기억하세요.

random [rǽndəm, 랜덤]
형 무작위의, 임의의

random access 무작위 접근

blame [bléɪm, 블레임]
명 비난, 책임 통 비난하다

shift the blame 책임을 전가하다

expand
[ɪkspǽnd, 익스팬드]
통 확장하다

expand the opportunity 기회를 확장하다

desire

[dɪzáɪə(r), 디**자**이어]

명 욕구, 갈망 **동** 바라다

a strong desire for power 강한 권력에 대한 욕구
desire success 성공을 바라다

criticism

[krítɪsɪzəm, 크리티시즘]

명 비난

constructive criticism 건설적인 비판

mention [ménʃn, 멘션]

동 언급하다

mention something to me
나에게 무언가를 말하다

집의 한 가지 형태는 'mansion(대저택)'입니다. 발음이 비슷하지만 뜻은 완전히 다르죠?

Misson! Read My Diary

오늘 배운 단어들의 의미를 생각하면서 아래 일기를 읽어보세요.

　오늘 우리 할아버지와 할머니는 ❶ abroad로 ❷ move하셨다. 어렸을 적 할머니는 시골에서 ❸ garden을 가꾸시면서 ❹ fresh한 공기를 실컷 마셨다고 하셨다. 지금 살고 계신 아파트가 ❺ excellent하기는 하지만, 정원이 있는 한적한 집에서 사시기를 평생 ❻ desire해오셨다. 그 꿈을 이루기 위해서 이민을 결심하신 것이다. 비록 외국으로 떠난다는 것에 대한 ❼ fear가 있으셨지만, 새로운 ❽ something을 겪을 수 있다는 것에 대한 설렘이 더 크다고 하셨다. 설레하시는 할머니의 모습은 마치 ❾ pure한 소녀 같았다. 외국에서의 생활은 할머니의 경험을 ❿ expand할 것이다. 할머니, 건강하세요!

Answer　❶ abroad **부** 해외로, 해외의 ❷ move **동** 이사하다 ❸ garden **명** 정원 ❹ fresh **형** 신선한 ❺ excellent **형** 완벽한 ❻ desire **동** 바라다 ❼ fear **명** 두려움 ❽ something **명** 무언가 ❾ pure **형** 순수한 ❿ expand **동** 확장하다

물음표로 끝나는 의문문은 크게 2가지 종류가 있습니다. 의문사로 시작하는 의문문과 의문사로 시작하지 않는 의문문입니다. 의문사는 '육하원칙'을 생각하면 금방 이해할 수 있습니다. '누가, 언제, 어디서, 무엇을, 어떻게, 왜'처럼 궁금한 내용을 담은 말이 '의문사'입니다. 이미 우리는 초등학교 때부터 의문사를 이용한 의문문을 사용해왔습니다. 정리하는 기분으로 가볍게 아래 문장들을 살펴보세요.

1. Who 누구

ex) Who are you? 너는 누구니?

2. What 무엇/어떤

ex) What did he buy? 그는 무엇을 샀니?
What movie do you like? 너는 어떤 영화를 좋아하니?

3. Where 어디

ex) Where do you live? 너는 어디에 사니?

4. When 언제

ex) When do you go to school? 너는 언제 학교에 가니?

5. How 어떻게/얼마나

ex) How is the weather today? 오늘 날씨가 어떠니?
How do you go to school? 너는 학교에 어떻게 가니?
How old are you? 너는 몇 살이니?

6. Why 왜

ex) Why are you so busy these days? 너는 요즘 왜 그렇게 바쁘니?

시험에 가장 많이 활용되는 포인트는 의문사로 시작하는 의문문은 Yes나 No로 답할 수 없다는 겁니다. "너의 이름이 뭐니?"라고 물어봤는데 "응/아니"로 답할 수는 없죠.

학교내신대비 연습문제

다음 우리말 의미에 맞게 빈칸에 들어갈 알맞은 의문사는?

❶ (   ) did you find it? 너는 그것을 어디서 발견했니?

❷ (   ) tall is your sister? 너의 여동생은 키가 얼마니?

Answer ❶ where ❷ how

DAY 20

"Faith is not just something you have,
it's something to do."
- *Barack Obama*

"신념이란 단순히 가지고 있는 것이 아니라
실천하는 것이다."

신념은 굳게 믿는 마음을 의미합니다. 버락 오바마 미국 대통령은 단순히 무엇을 강하게
믿는 데서 그치지 않고 더 나아가 믿는 대로 행동하는 것을 신념이라고 말했어요. 마음속
에 생각을 품고만 있어서는 아무 일도 벌어지지 않습니다. 생각한 바가 있다면, 신념이 있
다면 실천하세요. 그래야 변화가 일어납니다.

>>> DAY 20 음성 강의

narrow [nǽrou, 내로우]
형 좁은

narrow streets 좁은 길들

함께 외우기 wide (넓은)

story [stɔ́ːri, 스토-리]
명 이야기, (건물의) 층

incredible story
굉장한 이야기
three-story building
3층으로 된 건물

story에 '이야기' 외에 '(건물의) 층'
의미가 있다는 것을 기억하세요.

grade [gréɪd, 그레이드]
명 성적, 등급

good grades 좋은 등급

know [nóu, 노우]
동 알다

know exactly 정확하게 알다

serious [síriəs, 시리어스]
형 심각한, 진지한

serious incident 심각한 사건

emotion [ɪmóuʃn, 이모션]
명 감정

raise emotion 감정을 불러일으키다

present [préznt, 프레즌트]
명 선물 형 현재의
동 주다, 수여하다

birthday present 생일 선물
present situation 현재의 상황
present the prize 상을 수여하다

present는 다양한 의미를
기억해야 하는 다의어입니다.

especial [ɪspéʃl, 이스페셜]
형 특별한

especial interest 특별한 흥미

stay [stéɪ, 스테이]
동 머무르다, 그대로 있다

stay in bed 침대에 계속 있다
stay alert 경계하는 상태를 유지하다

[stay+형용사]는 '~상태를
유지하다'라는 의미입니다.

lazy [léɪzi, 레이지]
형 게으른

lazy candidate 게으른 후보자

remind [rɪmáɪnd, 리마인드]
동 상기시키다

remind me of my childhood
나에게 나의 유년 시절을 상기시키다

flesh [fleʃ, 플레쉬]
명 살, 고기

raw flesh 생살

pity [píti, 피티]
명 연민, 동정심 통 동정하다

What a pity! 참 불쌍하구나!

native [néitiv, 네이티브]
형 태어난 곳의, 토박이의

native speaker 모국어 사용자

country [kántri, 컨트리]
명 나라, 시골

prefer the country to the city
도시보다 시골을 선호하다

afraid [əfréid, 어프레이드]
형 두려워하는

afraid of heights 높은 곳을 두려워하는

treasure [tréʒə(r), 트레절]
명 보물

national treasure 국보

culture [kʌ́ltʃə(r), 컬쳐얼]
명 문화

diverse culture 다양한 문화

conversation
[kɑ:nvərséiʃn, 컨-벌쎄이션]
명 대화

interrupt conversation 대화를 방해하다

disease [dɪzí:z, 디지-즈]
명 질병

have a disease 병을 가지고 있다

고등학교를 준비하는 학생이 꼭 알아야 할 영단어

honor [ánər, 아널]
명 명예 통 존경하다

lose honor 명예를 잃다
honor my parents 나의 부모님을 존경하다

replace [rɪpléis, 리플레이쓰]
통 대체하다

replace a dead battery
다 쓴 배터리를 갈다

숙어 replace A with B
(A를 B로 대체하다)

allow [əláu, 얼라우]
통 허락하다

allow me to change my
schedule 내가 나의 계획을
바꾸는 것을 허락하다

숙어 allow A to B
(A가 B하는 것을 허락하다)

perhaps [pərhǽps, 펄햅쓰]
부 아마도

perhaps **more than any other nation**
아마도 다른 어떤 나라보다도

plenty [plénti, 플렌티]
대 풍부한 양

plenty **of time** 풍부한 시간

debate [dibéit, 디베이트]
명 토론, 논쟁 동 토론하다

terrific debate 훌륭한 토론

recipe [résəpi, 레서피]
명 요리법

special recipe 특별한 요리법

fee [fiː, 피−]
명 요금

a school fee 수업료

grave [gréiv, 그레이브]
명 무덤

rest in the grave 무덤에 잠들다

measure [méʒə(r), 메져얼]
명 조치 동 측정하다

take measures 조치를 취하다
measure **the distance** 거리를 측정하다

affect [əfékt, 어펙트]
동 영향을 미치다

affect **our planet** 우리 행성에 영향을 미치다

occur [əkɔ́ː(r), 어컬−]
동 일어나다

occur regularly 규칙적으로 일어나다

insist [ɪnsíst, 인씨스트]
동 주장하다

insist **her innocence** 그녀의 무죄를 주장하다

instead [ɪnstéd, 인스테드]
부 대신에

go instead 대신 가다

view [vjuː, 뷰−]
명 견해, 관점 동 ~라고 보다

an optimistic view **of life** 낙천적인 인생관

freeze [friːz, 프리−즈]
동 얼다, 얼리다

freeze **at 0℃** 섭씨 0도에서 얼다

rely [rilái, 릴라이]
图 의존하다

rely on imports 수입에 의존하다

strict [strikt, 스트릭트]
형 엄격한

strict discipline 엄격한 규율

influence
[ínfluəns, 인플루엔쓰]
명 영향 통 영향을 주다

have a strong influence on~
~에 강력한 영향을 끼치다

enormous
[inɔ́ːrməs, 이놀–머스]
형 거대한, 엄청난

enormous nuclear energy 엄청난 핵 에너지

Misson! Read My Diary

오늘 배운 단어들의 의미를 생각하면서 아래 일기를 읽어보세요.

오늘 아빠와 ❶ conversation 중에 엄마와 아빠의 첫 만남 ❷ story를 들었다. 나는 항상 엄마와 아빠가 서로를 어떻게 ❸ know하게 되었는지 궁금했다. 엄마와 아빠는 대학교 ❹ debate 동아리에서 처음 만났다고 했다. 아빠는 처음에 엄마를 ❺ afraid했다고 한다. 토론할 때 자신에게만 날카로운 질문들을 던졌기 때문이다. 엄마는 그 당시에 그런 아빠에게 ❻ pity를 느껴서 말을 걸게 되었고 그 일을 계기로 엄마와 아빠는 자주 만났고 사랑이라는 ❼ emotion이 싹트게 되었다고 한다. 그런데 할아버지는 아빠와 엄마 사이를 처음에는 ❽ allow하지 않으셨다고 한다. 하지만 아빠는 포기하지 않고 나쁜 생활 습관들을 전부 ❾ replace했다고 한다. 그런 아빠의 모습이 할아버지의 생각에 ❿ influence를 주어 결국 결혼을 허락하셨다고 한다. 엄마, 아빠의 결혼 이야기가 의외로 흥미진진했다!

Answer ❶ conversation 명 대화 ❷ story 명 이야기 ❸ know 통 알다 ❹ debate 명 토론 ❺ afraid 형 두려워하는 ❻ pity 명 동정, 연민 ❼ emotion 명 감정 ❽ allow 통 허락하다 ❾ replace 통 대체하다 ❿ influence 명 영향

우리가 말을 하다 보면 때로는 특별한 장소를 말하지 않고 사람이나 사물의 존재 여부만을 말하는 경우도 있습니다. 이럴 때 사용하는 표현이 바로 'there is/are'입니다. 중학교 1학년 과정에서 등장하는 문법이고 시험에도 꽤 자주 나옵니다. there이 문장의 주어가 아니고, there 뒤에 주어가 등장한다는 것이 이 문법의 핵심입니다.

1. there is/are

● there은 기본적으로 부사로서 '거기에서'라는 뜻이지만, there is/are 구문에서의 there은 해석을 하지 않습니다. 특별한 해석 없이 **사람 또는 사물의 존재**를 나타낸다고 생각하면 됩니다.

2. there is/are의 기본 형태

● There is + 단수 명사
There are + 복수 명사
ex) There is an apple on the table. 테이블 위에 사과가 한 개 있다.
There are two cats under the table. 테이블 아래에 두 마리의 고양이가 있다.

3. there is/are의 부정문

● There is not(=isn't) + 단수 명사
There are not(=aren't) + 복수 명사
ex) There isn't a cap on the desk. 책상 위에 모자가 있지 않다.
There aren't many people at the theater. 영화관에 많은 사람들이 있지 않다.

4. there is/are의 의문문

● Is there + 단수 명사 ~ ?
Are there + 복수 명사 ~ ?
ex) Is there a book on the sofa? - Yes, there is. / No, there isn't.
Are there boys at the playground? - Yes, there are. / No, there aren't.

중학내신 기출 포인트

● there is/are 구문은 there이 주어가 아닙니다. **뒤의 진짜 주어를 찾아서 'is'인지 'are'인지 판단하는 문제가 어법 문제로 자주 출제됩니다.** 특히 어려운 시험의 경우 셀 수 없는 명사는 단수로 취급한다는 점을 문제에 이용하기도 합니다.
다음 문제를 한 번 풀어보세요.

There (is/are) some water in the bottle.

정답은 'is'입니다. water라는 명사는 물질 명사로서 셀 수 없는 명사입니다. 셀 수 없는 명사는 2개가 존재할 수 없기 때문에 복수 취급을 하지 않고, 큰 하나의 덩어리나 개념으로 생각해서 단수로 취급합니다. 따라서 정답은 'is'가 됩니다.

DAY 21

"Sometimes our best is simply not enough.
We have to do what is required."

"때로는 우리의 최선이 충분하지 않다.
우리는 (우리에게) 요구되는 것을 해야 한다."

공부로 힘들어 하는 학생들을 보면 최선을 다하는데 성과가 나오지 않아서 힘들어 합니다. 그런데 가만히 보면 본인은 열심히 한다고 생각하지만 남들에 비해서는 노력이 턱없이 모자랄 때가 있습니다. 나의 최선이 반드시 모두의 최선이 아님을 기억하고 더욱 열심히 공부해야 합니다.

>>> DAY 21 음성 강의

weather [wéðə(r), 웨더얼]
명 날씨

weather forecast 일기 예보

weekend [wíːkend, 위-켄드]
명 주말

a weekend journey 주말 여행

평일은 weekday입니다.

seem [siːm, 씸-]
동 ~처럼 보이다

seem urgent 긴급해 보이다

cure [kjʊr, 큐얼]
명 치유 동 치료하다

cure a patient 환자를 치료하다

parent [pérənt, 페런트]
명 부모

obey one's parents
부모님을 공경하다

부모님은 한 분은 parent,
두 분은 parents로 표현합니다.

hurry [hɜːri, 허-리]
명 급함 동 서두르다

in a hurry 급히

life [láif, 라이프]
명 삶, 생명

a life without limit 한계가 없는 삶

say [séi, 쎄이]
동 말하다

say nothing to me about it
나에게 그것에 대해서 아무 말도 하지 않다

worry [wɜːri, 워-리]
명 걱정 동 걱정하다

worry about my grade 나의 성적을 걱정하다

environment
[inváirənmənt, 인바이런먼트]
명 환경

protect the environment 환경을 보호하다

shout [ʃáut, 샤우트]
명 고함, 외침 동 소리치다

shout for joy 기쁨으로 소리치다

drive [dráiv, 드라이브]
명 드라이브
동 운전하다, 몰아가다

drive to work 차를 몰고 출근하다
drive me crazy 나를 미치게 만들다

trip [trɪp, 트립]
명 여행

go on a trip 여행을 가다

change [tʃéɪndʒ, 체인지]
명 변화 동 바꾸다

change the plan 계획을 바꾸다

quality [kwá:ləti, 퀄−리티]
명 질, 우수함

goods of a high quality 질 높은 상품

clue [klu:, 클루−]
명 단서

provide clues 단서들을 제공하다

weapon [wépən, 웨펀]
명 무기

destroy the weapon 무기를 파괴하다

delight [dɪláɪt, 딜라이트]
명 기쁨, 즐거움

pure delight 순수한 기쁨

dry [drάɪ, 드라이]
형 건조한 동 마르다, 말리다

a dry climate 건조한 기후

dry의 반대는 '젖은'이라는 뜻의 wet이죠.

broad [brɔ:d, 브로−드]
형 넓은

a broad smile 활짝 웃는 미소

고등학교를 준비하는 학생이 꼭 알아야 할 영단어

solid [sá:lɪd, 쌀−리드]
명 고체 형 굳은

liquids and solids 액체와 고체
a solid decision 굳은 결심

solid는 '고체' 외에도 '견고한, 튼튼한'이라는 의미로도 쓰입니다.

predict [prɪdíkt, 프리딕트]
동 예측하다, 예언하다

predict the election results 선거 결과를 예상하다

lift [lɪft, 리프트]
동 들어 올리다

lift a bucket of water 물 한 통을 들어 올리다

necessary [nésəseri, 네써쎄리]
형 필요한, 필수적인

necessary ingredients 필수적인 재료들

137

expert [éksp3:rt, 엑스퍼-트]
명 전문가

a medical expert 의학 전문가

argue [á:rgju:, 알-규-]
통 주장하다, 언쟁하다

argue about politics 정치에 대해서 언쟁하다

perceive [pərsí:v, 펄시-브]
통 인식하다

perceive danger 위험을 인식하다

extreme [ɪkstrí:m, 익스트림-]
형 극단적인

extreme poverty 극도의 빈곤

absorb [əbsɔ́:rb, 업솔-브]
통 흡수하다

absorb shock 충격을 흡수하다

haste [héɪst, 헤이스트]
명 서두름, 급함

write in haste 서둘러서 쓰다

anticipate
[æntísɪpeɪt, 앤티시페이트]
통 예상하다, 기대하다

anticipate the worst 최악의 경우를 예상하다

convention
[kənvénʃn, 컨벤션]
명 관습, 관례

social convention 사회적 관습

curious [kjúriəs, 큐리어스]
형 호기심 많은, 특이한

curious fellow 별난 사람, 괴짜

evolve [ɪvá:lv, 이볼-브]
통 발달하다, 진화하다

evolve from apes 유인원으로부터 진화하다

escape [ɪskéɪp, 이스케이프]
명 탈출 통 도망치다, 탈출하다

escape from prison 감옥을 탈출하다

individual
[ɪndɪvídʒuəl, 인디비주얼]
명 개인 형 개인의

an individual decision 개인적인 결정

passive [pǽsiv, 패씨브]
형 수동적인

a passive attitude
수동적인 태도

fame [feɪm, 페임]
명 명성

earn fame 명성을 얻다

brilliant [bríljənt, 브릴리언트]
형 훌륭한, 멋진

a brilliant invention 훌륭한 발명품

decent [díːsnt, 디-슨트]
형 괜찮은

a decent job 괜찮은 직업

Mission! Read My Diary

오늘 배운 단어들의 의미를 생각하면서 아래 일기를 읽어보세요.

나는 지난 ❶ weekend에 가족들과 함께 강원도로 ❷ trip을 다녀왔다. 일주일 내내 ❸ weather이 좋지 않아서 ❹ worry했는데 다행히도 날씨가 좋았다. 산으로 가자는 오빠에게 나는 강력히 바다로 가자고 ❺ argue해서 바다로 떠났다. 해안을 따라서 ❻ drive했는데 바닷바람이 너무 시원해서 나는 창문을 열고 큰 소리로 ❼ shout했다. 그동안 시험 공부하느라 ❽ extreme한 스트레스를 받았었는데 가슴이 뻥 뚫리는 기분이었다. 공부를 열심히 해서 ❾ brilliant한 학생이라는 칭찬을 받는 것도 좋지만, 때로는 스트레스 때문에 현실에서 ❿ escape하고 싶은 순간들이 있는 것 같다. 이럴 때는 역시 여행이 최고임을 깨달은 주말이었다.

Answer
❶ weekend 명 주말 ❷ trip 명 여행 ❸ weather 명 날씨 ❹ worry 통 걱정하다 ❺ argue 통 주장하다 ❻ drive 통 운전하다 ❼ shout 통 소리치다 ❽ extreme 형 극단적인 ❾ brilliant 형 훌륭한 ❿ escape 통 탈출하다

우리가 항상 지금 발생하고 있는 사건에 대해서만 말을 하지는 않죠? 사건은 과거에 발생하기도 했고, 지금 일어나고 있기도 하며, 미래에 일어날 예정이기도 합니다. 이때 상황에 맞는 동사의 '시제'를 사용해야 합니다. 시제는 동작이 '언제 어떻게 일어나는지'를 알려줍니다. 12개의 시제 중에서 과거 시제를 알아봅시다.

1. **동사의 과거 시제** 과거에 일어난 동작이나 상태를 나타냅니다. 동사의 과거 시제를 be동사와 일반동사로 나누어서 각각 알아봅니다.

2. **be동사의 과거형**
   - 기본　　　was (← am, is) / were (← are)
   - 부정문　　was not(= wasn't) / were not(= weren't)
   - 의문문　　의문사 was / were + 주어 ~ ?

3. **일반동사의 과거형**
   - 동사의 규칙 변화: 동사 + (e)d

대부분의 경우	동사원형 + ed	work → worked
e로 끝나는 동사	동사원형 + d	die → died
자음 + y로 끝나는 경우	y를 i로 고치고 ed	study → studied
모음 + y로 끝나는 경우	동사원형 + ed	enjoy → enjoyed
단모음 + 단자음인 경우	마지막 자음을 한 번 더 쓰고 + ed	stop → stopped

   - 부정문　　did not(= didn't) + 동사원형
   - 의문문　　의문사 did + 주어 + 동사원형~ ?
   - 일반동사는 과거형이 될 때 원래의 형태와 상관없이 불규칙하게 변하는 경우가 많습니다. 다음 시간에 함께 살펴봅니다.

학교내신대비 연습문제

빈칸에 들어갈 말이 차례대로 연결된 것은?

I _____ late for school this morning.

We _____ math last night.

❶　was – study　　　❷　am – studied　　　❸　were – study

❹　were – studied　　❺　was – studied

Answer　❺ was – studied

DAY 22

"A bend in the road is not the end of the road,
provided you can turn it."

"네가 방향을 틀 수 있다면
구부러져 있다고 해서 길의 끝이 아니다."

많이 힘들죠? 여러분은 22일 동안이나 스스로와의 약속을 지켜왔습니다. 지금 이 순간 너무 힘들다고 느낄 수 있습니다. 하지만 좌절은 금지입니다. 조금만 다르게 생각하면 끝난 것 같은 길에서도 가야 할 곳을 찾을 수 있답니다.

>>> DAY 22 음성 강의

中학생이 꼭 알아야 할 영단어

important
[impɔ́ːrtnt, 임폴-튼트]
형 중요한

the most important collections
가장 중요한 수집품들

elementary
[elɪméntri, 엘리멘트리]
형 초보의, 기본적인

elementary level 초보 수준

기본적인 것을 배우는 초등학교는 elementary school!

complete [kəmpliːt, 컴플리-트]
형 완벽한 동 완료하다

a complete stranger 전혀 모르는 사람
complete the homework 숙제를 완료하다

cough [kɔːf, 커-프]
명 기침 동 기침하다

cough politely 점잖게 기침을 하다

land [lænd, 랜드]
명 육지 동 착륙하다

land animal 육지 동물
land safely 안전하게 착륙하다

funny [fʌ́ni, 퍼니]
형 우스운, 재미있는

a funny fellow 재미있는 친구

each [iːtʃ, 이-취]
형 각각의, 각자의

each answer 각각의 정답

popular [pɑ́ːpjələ(r), 파-퓰럴]
형 대중적인, 인기 있는

a popular song 대중가요

far [fɑː(r), 팔-]
형 먼 부 멀리, 훨씬

go far from home 집에서 멀리 가다
far taller 훨씬 더 큰

glad [glæd, 글래드]
형 기쁜

glad to meet you 너를 만나서 기쁘다

envelope [énvəloup, 엔벌롭]
명 봉투

put the letter into an envelope 편지를 봉투에 집어넣다

rich [rɪtʃ, 리치]
형 부유한, 풍부한

rich and famous 부유하고 유명한

142

invent [ɪnvént, 인벤트]
图 발명하다

invent the light bulb 전구를 발명하다

study [stʌ́di, 스터디]
명 학습, 연구 图 공부하다

scientific study 과학적인 연구

taste [téist, 테이스트]
명 맛, 미각 图 ~맛이 나다

taste bitter 쓴맛이 나다

gift [gift, 기프트]
명 선물, 재능

a great gift for music
음악에 대한 탁월한 재능

> gift에는 '선물' 외에도 '타고난 재능'이라는 의미가 있죠.

origin [ɔ́:rɪdʒɪn, 오-리진]
명 기원, 출신

the origins of life on earth
지구 생명의 기원

> 오리지널은 origin에서 만들어진 말이에요.

violence [váɪələns, 바이어런스]
명 폭력

prevent violence 폭력을 예방하다

celebrate
[sélɪbreɪt, 쎌리브레이트]
图 기념하다, 축하하다

celebrate the New Year 새해를 기념하다

heart [hɑ:rt, 하-트]
명 심장, 가슴, 마음

heart attack 심장마비

고등학교를 준비하는 학생이 꼭 알아야 할 영단어

village [vílɪdʒ, 빌리지]
명 마을

a fishing/mountain/seaside village
어촌/산촌/바닷가 마을

arrest [ərést, 어레스트]
图 체포하다

arrest the criminal 범인을 체포하다

rid [rid, 리드]
图 없애다

rid a person of his fears 그의 공포를 없애다

persist [pərsíst, 펄시스트]
图 지속하다, 고집하다

persist in making a noise 계속해서 소음을 만들다

143

forgive [fərgív, 펄기브]
통 용서하다

forgive her fault 그녀의 잘못을 용서하다

extraordinary
[ikstrɔ́:rdəneri, 익스트로—더네리]
형 기이한, 비범한

extraordinary measures
특별한 대책

ordinary는 '평범한'이라는 뜻입니다. 평범하지 않은 것이 비범한 것이겠죠.

starve [stɑ:rv, 스타—브]
통 굶주리다

starve to death 굶어 죽다

decade [dékeɪd, 데케이드]
명 10년

in the past decade 지난 10년간에

contemporary
[kəntémpəreri, 컨템퍼레리]
형 동시대의, 현대의

contemporary art 현대 예술

sufficient [səfíʃnt, 써피션트]
형 충분한

a sufficient quantity
충분한 양

insufficient는 '부족한'이라는 뜻입니다.

trace [tréɪs, 트레이스]
명 흔적 통 추적하다

lose trace of the criminal 범인의 흔적을 놓치다

labor [léibər, 레이벌]
명 노동 형 노동의

labor force 노동력

harbor [hɑ́:rbər, 할—벌]
명 항구 통 숨겨주다

leave the harbor 항구를 떠나다
harbor the fugitive 도망자를 숨겨주다

muscle [mʌsl, 머쓸]
명 근육

muscle mass 근육량

suspect
[sʌ́spekt, 써스펙트]
명 용의자 통 의심하다

the usual suspect
유력한 용의자

대표적인 반전 영화로 〈유주얼 서스펙트(Usual suspect)〉라는 영화가 있습니다. '유력한 용의자'라는 뜻이죠.

sore [sɔ:(r), 쏘얼—]
형 아픈

have a sore throat 목이 아프다

recent [riːsnt, 리-슨트]
형 최근의

recent **research** 최근의 연구

force [fɔːrs, 폴-스]
명 힘 통 강요하다

military force 군사력
force **him to take a taxi**
그가 택시를 타도록 강요하다

학생들이 자주 쓰는 '포스'라는
말이 force죠.

release [rɪliːs, 릴리-스]
통 풀다, 풀어주다

release **the tension** 긴장을 풀어주다

discriminate
[dɪskrímɪneɪt, 디스크리미네이트]
통 차별하다

discriminate **males from females**
남자와 여자를 차별하다

함께 외우기
discrimination (차별)

Misson! Read My Diary

오늘 배운 단어들의 의미를 생각하면서 아래 일기를 읽어보세요.

오늘은 나에게 정말 ❶ important한 날이었다. 바로 나의 열네 번째 생일이었다. 그런데 아침에 오빠에게 오늘이 무슨 날이냐고 물어봤더니 오빠는 갑자기 ❷ cough를 하며 내일 시험을 위해서 ❸ study해야 한다고 황급히 자리를 피했다. 학교에서도 어느 누구도 내 생일을 ❹ celebrate하지 않았다. 나는 나름 학교에서 ❺ popular한 아이라고 생각했는데 이럴 수가…. 우울한 마음으로 모든 것을 ❻ forgive하고 집에 돌아와서 잠이나 자려고 하는 순간 초인종이 울렸다. 많은 친구들이 ❼ funny한 분장을 하고 ❽ gift와 케이크를 들고 문 앞에 서 있었다. 순간 눈물이 터져나왔다. 그렇게 감동적인 깜짝 파티가 끝나고 친구들이 ❾ envelope에 넣어서 전해준 편지들을 하나하나 읽어보았다. 내 마음은 ❿ glad한 기분으로 가득 찼다. 정말 행복한 하루였다.

Answer
❶ important 형 중요한 ❷ cough 통 기침하다 ❸ study 통 공부하다 ❹ celebrate 통 축하하다
❺ popular 형 인기 있는 ❻ forgive 통 포기하다 ❼ funny 형 우스운 ❽ gift 명 선물 ❾ envelope 명 봉투
❿ glad 형 기쁜

이번에는 불규칙하게 변화하는 일반동사의 과거형에 대해 살펴보겠습니다. 과거형으로 일정한 규칙 없이 불규칙하게 변화하는 일반동사 100개 정도는 중학교 1학년 과정에서 반드시 외워야 됩니다.

불규칙 변화하는 일반동사의 과거형

● 다음의 동사들은 특별한 규칙 없이 불규칙하게 과거 시제로 변합니다. 꼭 외워둡시다.

1	come	→	came	오다	16	meet	→	met	만나다
2	give	→	gave	주다	17	read	→	read	읽다
3	become	→	became	~이 되다	18	run	→	ran	달리다
4	begin	→	began	시작하다	19	drink	→	drank	마시다
5	go	→	went	가다	20	see	→	saw	보다
6	leave	→	left	떠나다	21	swim	→	swam	수영하다
7	get	→	got	얻다	22	catch	→	caught	잡다
8	take	→	took	가져가다	23	teach	→	taught	가르치다
9	do	→	did	하다	24	bring	→	brought	가져오다
10	have	→	had	가지다	25	buy	→	bought	사다
11	say	→	said	말하다	26	think	→	thought	생각하다
12	make	→	made	만들다	27	win	→	won	이기다
13	eat	→	ate	먹다	28	pay	→	paid	지불하다
14	put	→	put	두다, 놓다	29	hear	→	heard	듣다
15	cut	→	cut	자르다	30	write	→	wrote	쓰다

● 기본적으로 일반동사의 개수가 무한히 많기 때문에 이로 인해 불규칙하게 과거형으로 변하는 동사의 경우도 무수히 많답니다. 영어 공부를 해나가면서 그때그때 부지런히 익혀야 합니다.

학교내신대비 연습문제

다음 중 동사의 과거형이 잘못 짝지어진 것은?

❶ cut - cut ❷ make - made ❸ write - wrote
❹ stop - stopped ❺ buy – brought

Answer ❺ 해설 불규칙 변화하는 일반동사 buy의 과거형은 bought입니다. brought는 불규칙 변화하는 일반동사 bring(가져오다)의 과거형입니다. stop은 규칙 변화하는 일반동사입니다. 나머지는 모두 불규칙 변화하는 일반동사들입니다.

DAY 23

"Happiness is the perfume you can't pour on other
without getting a few drops on yourself."

"행복이란 향수와 같아서
먼저 자신에게 뿌리지 않고는
다른 사람에게 향기를 발할 수 없다."

행복하기 위한 첫 번째 조건은 바로 '자기 자신'이 행복해지는 것입니다. 혹시 여러분들의
주변 상황이 불행하다고 느낀 적이 있나요? 그건 아마도 여러분들이 스스로 행복해지려
는 노력을 하지 않아서 그럴 거예요. 달콤한 초콜릿 한 조각도 여러분들을 행복하게 만들
수 있습니다. 나부터 행복해지기 꼭 기억하세요.

>>> DAY 23 음성 강의

ride [ráɪd, 라이드]
명 타기, 탈 것 동 타다

ride a horse 말을 타다

hill [hɪl, 힐]
명 언덕

at the top of the hill 언덕 꼭대기에서

maybe [méɪbi, 메이비]
부 아마도

Maybe we can go next time
아마도 우리는 다음에 갈 수 있을 것이다

people [pi:pl, 피-플]
명 사람들

attract people
사람들을 끌다

person은 '한 사람', people은 '사람들'을 의미합니다. 형태는 다르지만 단수와 복수 관계입니다.

slow [slóʊ, 슬로우]
형 느린

slow reaction 느린 반응

exercise [éksərsaɪz, 엑설싸이즈]
명 운동 동 운동하다

efficient exercise 효율적인 운동

health [helθ, 헬스]
명 건강

good for your health 너의 건강에 도움이 되는

hour [áʊə(r), 아우얼]
명 시간

half an hour 30분

roof [ru:f, 루-프]
명 지붕

live under the same roof 한 집에 살다

weak [wi:k, 위-크]
형 약한, 힘이 없는

too weak to lift it 너무 약해서 그것을 들어 올리지 못하다

dear [dɪr, 디얼]
형 사랑하는, 소중한

my dear friend 나의 친애하는 친구

almost [ɔ́:lmoʊst, 올-모스트]
부 거의

almost opposite 거의 반대인

148

history [hístri, 히스토리]
명 역사

recent history 최근 역사

difficult [dífikəlt, 디피컬트]
형 어려운

difficult to deal with 다루기 어려운

pay [péi, 페이]
통 지불하다

pay attention to ~에 집중하다

president
[prézidənt, 프레지던트]
명 대통령

presidential election 대통령 선거

smell [smel, 스멜]
명 냄새 통 냄새가 나다

a strong smell of garlic 강한 마늘 냄새

sweat [swet, 스웨트]
명 땀 통 땀을 흘리다

wipe the sweat 땀을 닦다
sweat heavily 땀을 많이 흘리다

remove [rimúːv, 리무-브]
통 치우다, 제거하다

remove the stain from the shirt
셔츠에서 얼룩을 제거하다

long [lɔːŋ, 롱-]
형 긴 부 오랫동안 통 간절히 바라다

long for peace
평화를 간절히 바라다

long에 '간절히 바라다'라는 의미도 있다는 것을 기억하세요.

고등학교를 준비하는 학생이 꼭 알아야 할 영단어

frequent [fríːkwənt, 프리-퀀트]
형 흔한

frequent disasters 잦은 재해들

transfer
[trænsfɜː(r), 트랜스퍼-얼]
통 옮기다, 이동하다, 환승하다

transfer money between accounts 계좌 간에 송금하다

gain [géin, 게인]
명 증가, 이득 통 얻다, 획득하다

gain popularity 인기를 얻다

exhibit [ɪɡzíbɪt, 익지비트]
동 전시하다, 보이다

exhibit **the great works of art**
훌륭한 미술 작품을 전시하다

exhibit의 발음에 주의하세요.

preserve [prɪzə́ːrv, 프리절-브]
동 지키다, 보존하다

preserve **the old tradition**
오래된 전통을 보존하다

자연보호, 전통보호 등에 매우 많이 활용되는 단어입니다.

truth [truːθ, 트루-쓰]
명 진실, 사실

hide the truth 진실을 숨기다

usual [júːʒuəl, 유-주얼]
형 평상시의, 보통의

usual **behavior** 보통의 행동

promote [prəmóut, 프러모트]
동 승진시키다, 촉진하다, 증진하다

promote **economic growth** 경제 성장을 촉진하다

wage [wéidʒ, 웨이쥐]
명 임금

wage **increase** 임금 인상

though [ðou, 도우]
접 ~임에도 불구하고

though **he was sick,** 그는 아팠지만,

figure [fíɡjər, 피규얼]
명 수치, 인물
동 생각하다, 중요하다

real figure 실제 수치
a political figure 정치적인 인물
figure **out the problem** 문제를 알아내다

immediate
[ɪmíːdiət, 이미-디어트]
형 즉각적인

an immediate **response** 즉각적인 응답

purchase
[pə́ːrtʃəs, 펄-처스]
명 구입, 구매 동 구매하다

an impulse purchase 충동구매
make a purchase 구매하다

knowledge [nɑ́ːlidʒ, 날-리지]
명 지식

practical knowledge 실용적인 지식

tame [téim, 테임]
형 길들여진 동 길들이다

tame **the animal** 동물을 길들이다

dense [dens, 덴스]
형 빽빽한, 밀집한, 짙은

a dense crowd 밀집한 군중
dense fog 짙은 안개

jealous [dʒéləs, 젤러스]
형 질투하는

jealous of his success 그의 성공을 질투하는

exchange
[ɪkstʃéɪndʒ, 익스체인지]
명 교환 동 교환하다

exchange information 정보를 교환하다

structure
[strʌ́ktʃə(r), 스트럭철]
명 구조

the structure of the bridge 그 다리의 구조

achieve [ətʃíːv, 어치-브]
동 이루다, 달성하다

achieve a goal 목표를 달성하다

Misson! Read My Diary

오늘 배운 단어들의 의미를 생각하면서 아래 일기를 읽어보세요.

올해 나의 목표는 나의 ❶ health를 위해 하루에 30분씩 ❷ sweat를 흘릴 정도로 ❸ exercise하는 것이다. 사실 건강을 위해서이기도 하지만 우리 반의 지우가 살을 빼고 나서 예뻐져서 ❹ jealous한 마음도 있었다. 그래서 마트에 가서 운동 기구들을 ❺ purchase해서 운동을 위한 모든 준비를 마쳤다. 그런데 운동을 실천한 지 이틀 만에 결심을 지키는 것이 굉장히 ❻ difficult하다는 것을 깨달았다. 평소에도 나의 의지가 ❼ weak하다는 것을 알고 있었지만, 이렇게 이틀 만에 나의 ❽ usual한 일상으로 돌아와서 이것저것 먹기만 할 줄은 정말 몰랐다. 하지만 목표를 ❾ achieve하기 위해서 내일부터 ❿ immediate한 조치를 취하려고 한다. 기다려라! 살을 빼고 말겠다!

Answer ❶ health 명 건강 ❷ sweat 명 땀 ❸ exercise 동 운동하다 ❹ jealous 형 질투하는 ❺ purchase 동 구매하다 ❻ difficult 형 어려운 ❼ weak 형 약한 ❽ usual 형 평상시의, 보통의 ❾ achieve 동 이루다 ❿ immediate 형 즉각적인

기본적으로 시간 개념이 '과거–현재–미래'라는 것은 잘 알고 있습니다. 영어에서는 여기에 '진행'과 '완료'라는 시제가 추가되어 총 12개의 시제가 만들어집니다. 이번 시간에는 현재진행시제를 공부해봅시다.

동사의 12시제	진행	완료	완료+진행
과거시제	과거진행시제	과거완료시제	과거완료진행시제
현재시제	현재진행시제	현재완료시제	현재완료진행시제
미래시제	미래진행시제	미래완료시제	미래완료진행시제

1. 형태 주어 + am/are/is + 동사원형ing
   - 현재진행시제는 우리에게 친숙한 시제입니다. 그런데 동사에 따라서 'ing'를 붙이는 방법이 다양하기 때문에 따로 공부를 해야 합니다. 특히 마지막 자음을 한 번 더 쓰는 경우를 주의해야 하는데, 다양한 사례들을 외워야 합니다.

2. 동사원형에 –ing를 붙이는 방법
   - 동사원형에 ing를 붙인다.
     ex) watch - watching, play - playing
   - 발음되지 않는 e로 끝나는 단어는 e를 없애고 ing를 붙인다.
     ex) make - making, take - taking
   - 발음되는 e로 끝나는 단어는 동사의 현재형에 ing를 붙인다.
     ex) agree - agreeing, see - seeing
   - ie로 끝나는 단어는 ie를 y로 고치고 ing를 붙인다.
     ex) lie - lying, die - dying
   - 1음절이고 '단모음 + 단자음'이면 자음을 한 번 더 쓰고 ing를 붙인다.
     ex) swim - swimming, run - running
   - 2음절이면서 자음을 한 번 더 쓰고 ing를 쓰는 경우(강세가 뒤에 있는 경우)도 있다.
     ex) begin - beginning, forget - forgetting

3. 현재진행형의 부정문
   - 주어 + is/am/are + not + 동사원형ing

4. 현재진행형의 의문문
   - Am/Is/Are + 주어 + 동사원형ing~?

DAY 24

"No sweet without sweat."

"땀 없는 달콤함은 없다."

영어 단어를 외우면서 여러분이 흘린 땀이 차곡차곡 쌓여 빛을 발하는 날이 올 거예요. 세상에 고통 없는 성취는 없습니다. 지금 흘린 땀이 분명히 달콤함이 되어 여러분들에게 돌아올 거예요. 오늘도 화이팅!

>>> DAY 24 음성 강의

many [méni, 메니]
형 많은

many people
많은 사람들

> many 다음에는 셀 수 있는 명사를 함께 씁니다.
> much 다음에는 셀 수 없는 명사를 씁니다.

hold [hóuld, 홀드]
동 잡고 있다, 개최하다

hold my hand 내 손을 잡다

trade [tréid, 트레이드]
명 거래, 무역 동 거래하다

international trade 국제 무역

weight [wéit, 웨이트]
명 무게

gain/lose weight 몸무게가 늘다/줄다

send [send, 센드]
동 보내다, 전송하다

send a package 소포를 보내다

mayor [méiər, 메이얼]
명 시장

former mayor 전직 시장

spread [spred, 스프레드]
동 펼치다, 퍼뜨리다, 펴 바르다

spread the rumor 소문을 퍼뜨리다
spread butter 버터를 펴 바르다

guess [ges, 게쓰]
명 추측, 짐작 동 추측하다

guess her age 그녀의 나이를 추측하다
Guess what! 있잖아!

wake [wéik, 웨이크]
동 깨다, 깨우다

wake up 일어나다

enemy [énəmi, 에너미]
명 적

defeat an enemy 적을 물리치다

pick [pik, 피크]
동 고르다, 선택하다, (꽃을) 꺾다

pick a number 숫자를 하나 고르다
pick the flowers 꽃을 꺾다

secret [sí:krət, 시-크릿]
명 비밀

a hidden secret 숨겨진 비밀

victim [víktɪm, 빅팀]
명 희생자

victim **of a violent crime** 폭력 범죄 피해자

never [névə(r), 네벌]
부 절대 ~아니다

never **help me** 나를 절대 도와주지 않다

danger
[déɪndʒə(r), 데인절]
명 위험

in danger 위험에 처한

ill [ɪl, 일]
형 아픈

seriously ill 위독한

nothing
[nʌ́θɪŋ, 낫씽]
대 아무것도 (~아니다)

nothing **important**
중요한 것이 없다

nothing을 쓰면 문장의 의미가 부정적으로 변합니다.
ex) I have nothing. (나는 가진 것이 없다.)

experience
[ɪkspíriəns, 익스피리언스]
명 경험 동 경험하다

previous experience 이전의 경험
valuable experience 가치 있는 경험
experience **difficulties** 곤경을 경험하다

blow [blóʊ, 블로우]
명 강타 동 (바람이) 불다

blow **hard** 바람이 세게 불다
blow **a chance** 기회를 날려버리다

article [á:rtɪkl, 알-티클]
명 기사

news article 뉴스 기사

고등학교를 준비하는 학생이 꼭 알아야 할 영단어

fond [fɑːnd, 판-드]
형 좋아하는

fond **of cooking**
요리를 좋아하는

[be fond of]의 형태로 익히세요.

justice [dʒʌ́stɪs, 져스티스]
명 정의, 공정성

the principles of justice 공정성의 원리들

scream [skriːm, 스크림-]
명 비명 동 소리치다

scream **for help** 도와달라고 소리치다

155

permanent
[pə́ːrmənənt, 펄-머넌트]
형 영구적인

permanent **damage** 영구적인 손상

policy [pá:ləsi, 팔-러시]
형 정책, 방침

government's policy on education 정부의 교육 정책

nutrient
[nú:triənt, 누-트리언트]
형 영양소, 영양분

essential nutrient 필수 영양분

ambition [æmbíʃn, 앰비션]
명 야망, 포부

lifelong ambition 평생의 야망

enthusiastic
[ɪnθúːziǽstɪk, 인쑤-지애스틱]
형 열성적인

enthusiastic **support** 열성적인 지지

manufacture
[mænjufǽktʃə(r), 매뉴팩쳐]
형 제조 동 제조하다

the manufacture of cars 자동차 생산
manufacture cars 자동차를 생산하다

ingredient
[ɪnɡríːdiənt, 인그리-디언트]
명 재료, 구성 요소

basic ingredient
기본 재료

요리에 필요한 재료도 ingredient라고 부릅니다.

deserve [dɪzə́ːrv, 디절-브]
동 ~을 받을 만하다, 자격이 있다

deserve a rest
쉴 자격이 있다

[deserve to 동사]의 형태도 많이 사용합니다.
ex) deserve to win (이길 만하다)

concern [kənsə́ːrn, 컨썬-]
명 걱정, 관심사
동 관계되다, 걱정하게 하다

a constant source of concern 지속적인 걱정의 원천
concern all of us 우리 모두에게 관계되다

bother [bɑ́:ðə(r), 바-덜]
동 신경 쓰다, 귀찮게 하다

don't bother 귀찮게 하지 마

rob [rɑːb, 라-브]
동 털다, 도둑질하다

rob people of their money
사람들에게서 돈을 빼앗다

숙어 rob A of B
(A에게서 B를 빼앗다)

defeat [dɪfíːt, 디피―트]
명 패배 동 물리치다, 패배시키다

defeat an enemy 적을 물리치다

process [prɑ́ːses, 프라―쎄스]
명 과정, 절차

aging process 노화 과정

inquiry
[inkwáiəri, 인콰이어리]
명 질문, 조사

refuse to answer inquiries 질문에 답하기를 거부하다

experiment
[ɪkspérɪmənt, 익스패리먼트]
명 실험 동 실험을 하다

conduct an experiment 실험을 실시하다

deposit [dɪpɑ́ːzɪt, 디파―지트]
명 예금 동 예금하다, 두다

deposit $500 in a bank 은행에 500달러를 예금하다

local [lóʊkl, 로컬]
형 지역의, 현지의

a local custom 지역의 관습

Misson! Read My Diary

오늘 배운 단어들의 의미를 생각하면서 아래 일기를 읽어보세요.

오늘 오랜만에 친구와 극장에서 영화를 봤다. ❶ many 사람들이 〈어벤져스〉를 추천해서 그 영화를 보았다. 내용은 전형적인 히어로 영화였는데 사람들이 ❷ fond할 만한 요소들을 많이 가지고 있었다. 지구의 평화와 ❸ justice를 위협하는 ❹ enemy들에게 맞서 싸우는 히어로들의 이야기는 예나 지금이나 사랑받는 것 같다. 다만 나는 이 영화에 ❺ enthusiastic한 팬들이 워낙 많다고 해서 뭔가 특별한 내용이 더 있을 줄 알았는데, 나에게는 뻔한 히어로물에 불과했다. 내가 좋아하는 영화는 ❻ permanent한 감동을 ❼ send해주는 그런 영화다. 하지만 요새는 그런 영화가 잘 나오지 않는 것 같아서 ❽ concern이다. 내 ❾ guess로는 영화사들이 너무 흥행을 위한 영화만을 제작하는 ❿ policy를 유지해서 그런 것 같다.

Answer
❶ many 형 많은 ❷ fond 형 좋아하는 ❸ justice 명 정의 ❹ enemy 명 적 ❺ enthusiastic 형 열성적인
❻ permanent 형 영구적인 ❼ send 동 보내다 ❽ concern 명 걱정 ❾ guess 명 추측 ❿ policy 명 정책,
방침

현재완료시제는 '(과거에 시작된) 동작이 현재에 완료되었다.'라는 뜻입니다. 완료 시제들은 보통 기간의 개념입니다. 예를 들어 "영어를 몇 년간 공부하셨나요?"라는 질문에는 "10년간 공부했습니다."라고 답을 하겠죠? 이때는 공부를 해온 기간을 말해야 합니다. 이렇게 기간을 나타내기 위해서 활용하는 현재완료시제에 대해 알아봅시다.

1. 의미

- 과거의 한 시점에서 시작된 동작이나 상태가 현재까지 이어지는 것을 나타냄

2. 형태

- 3인칭 단수가 아닌 주어 + have + 과거분사

  ex) I have studied

- 3인칭 단수인 주어 + has + 과거분사

  ex) He has studied

3. 부정문

- 주어 + have/has not(=haven't/hasn't) + 과거분사

4. 의문문

- Have/Has + 주어 + 과거분사 ~ ?
- 과거 시제는 과거의 한 시점에서 일어났던 일을 나타냅니다. 현재완료는 과거부터 지금까지 동작이나 상태가 이어져왔음을 나타냅니다. 아래 두 문장에서 그 차이를 느껴보세요.

  ex) Susan was ill yesterday. Susan은 어제 아팠다.

  Susan has been ill for a week. Susan은 일주일 동안 아팠다. (=일주일 전부터 지금까지 아프다)

- 전치사구 [for + 기간 / since + 동작의 시작 시점]은 현재완료시제와 단짝친구이니 잘 기억해두세요.

  ex) I have studied English for ten years. 나는 10년 동안 영어를 공부해왔다.

  I have lived in this house since 1983. 나는 1983년 이후로 이 집에 살아왔다.

학교내신대비 연습문제

다음 문장들을 괄호 안의 지시대로 바꾸세요.

He has gone to America. 그는 미국으로 갔다.

❶ (부정문) → _____.

❷ (의문문) → _____.

Answer ❶ He hasn't gone to America. ❷ Has he gone to America?

DAY 25

"Those who dream by day are cognizant of
many things which escape those who
dream only by night."
- *Edgar Allan Poe*

"낮에 꿈을 꾸는 사람은 밤에만 꿈을 꾸는 자에게서
도망치는 많은 것들을 깨닫는다."

밤에 꾸는 꿈은 잠을 자면서 꾸는 꿈이죠. 낮에 꾸는 꿈은 희망과 목표를 말합니다. 밤에
꾸는 꿈처럼 비현실적인 상상만 한다면 우리 일상은 달라지지 않습니다. 낮에 꿈을 꾸세
요. 희망을 가지고 목표를 정하세요. 그리고 노력하세요. 지금 여러분은 어떤 꿈을 꾸고 있
나요?

>>> DAY 25 음성 강의

win [wɪn, 윈]
图 이기다, 얻다, (상을) 타다

win independence 독립을 얻다

pair [peɪ, 페어]
图 쌍, 벌, 켤레

a pair of socks 양말 한 켤레

try [traɪ, 트라이]
图 시도 图 시도하다

try to breathe
숨을 쉬려고 노력하다

숙어 try to 동사 (~하려고 노력하다)
try 동사ing (시험 삼아 ~해보다)

sometimes
[sʌ́mtaɪmz, 썸타임즈]
图 때때로

sometimes it happens 때때로 그 일이 일어나다

gate [géɪt, 게이트]
图 문, 출입문

the rear gate 뒷문

supply [səpláɪ, 써플라이]
图 공급 图 공급하다

demand and supply 수요와 공급
supply water 수도를 공급하다

object [á:bdʒekt, 아―브젝트]
图 물체, 목적, 대상 图 반대하다

an object of study 연구의 대상
object to the building of the new airport
새로운 공항의 건설을 반대하다

debt [det, 데트]
图 빚, 부채

pay off the debt
빚을 갚다

발음 주의! [b]는 발음되지 않습니다.

age [éɪdʒ, 에이쥐]
图 나이, 시대 图 나이가 들다

the Ice Age 빙하시대
at the age of 14 14살의 나이에

introduce
[ɪntrədú:s, 인트러듀―스]
图 소개하다, 도입하다

introduce the latest technology 최신 기술을 도입하다

quiet [kwáɪət, 콰이어트]
图 조용한

keep quiet 조용한 상태를 유지하다

idle [áɪdl, 아이들]
图 게으른, 나태한

an idle student 게으른 학생

pain [péɪn, 페인]
형 고통, 아픔

relieve pain 고통을 덜어주다

enjoy [ɪndʒɔ́ɪ, 인조이]
통 즐기다

enjoy cooking 요리하는 것을 즐기다

how [háʊ, 하우]
부 얼마나, 어떻게, 정말(감탄문)

how often 얼마나 자주
How kind you are! 정말 친절하시군요!

rent [rent, 렌트]
명 집세 통 빌리다

a fair rent 적절한 집세
rent a movie 영화 한 편을 빌리다

warm [wɔːrm, 웜—]
형 따뜻한

warm atmosphere 따뜻한 분위기

tell [tel, 텔]
통 말하다

tell the truth 진실을 말하다

support [səpɔ́ːrt, 써폴—트]
명 지지, 지원
통 지지하다, 부양하다

support a family 가족을 부양하다

catch [kætʃ, 캐치]
통 잡다, (병에) 걸리다

catch fish 물고기를 잡다
catch a cold 감기에 걸리다

고등학교를 준비하는 학생이 꼭 알아야 할 영단어

voluntary
[vɑ́ːlənteri, 발—런테리]
형 자발적인

a voluntary agreement 자발적인 동의

criticize
[krítɪsaɪz, 크리티싸이즈]
통 비난(비판)하다

criticize strongly 강력하게 비판하다

landscape
[lǽndskeɪp, 랜드스케이프]
명 풍경

an urban landscape 도시의 풍경

appreciate

[əpríːʃieɪt, 어프리-시에이트]

통 감사하다, 감상하다, 진가를 인정하다

appreciate **help** 도움에 감사하다
appreciate **good wine**
좋은 와인을 감상하다
appreciate **foreign literature**
외국 문학의 진가를 인정하다

appreciate는 다양한 의미를 기억해야 하는 다의어입니다.

particular

[pərtíkjələ(r), 파티-큘러]

형 특별한

pay particular **attention** 특별한 관심을 기울이다

observe [əbzə́ːrv, 업절-브]

통 관찰하다, 준수하다

observe **the process of film production**
영화 제작 과정을 지켜보다
observe **law** 법을 준수하다

avoid [əvɔ́ɪd, 어보이드]

통 피하다

avoid **eye contact**
눈 마주치는 것을 피하다

[avoid 동사ing]의 형태도 많이 활용합니다.

reasonable

[ríːznəbl, 리-즈너블]

형 합리적인

reasonable **price** 합리적인 가격

worth [wə́ːrθ, 워-얼쓰]

형 ~할 가치가 있는

worth **the effort** 노력할 가치가 있는

status [stéɪtəs, 스테이터스]

명 지위

low status **jobs** 지위가 낮은 일자리들

struggle [strʌ́gl, 스트러글]

명 투쟁 통 투쟁하다

struggle **for independence** 독립을 위해 투쟁하다

estimate [éstɪmət, 에스티머트]

명 추정치 통 추정하다

estimate **the distance** 거리를 추정하다

pupil [pjúːpl, 퓨-플]

명 학생, 문하생

a zealous pupil 열성적인 학생

result [rɪzʌ́lt, 리절트]

명 결과
통 발생하다, (~결과로) 끝나다

direct result 직접적인 결과
result **in failure** 실패로 끝나다

complicated
[kɑ́:mplɪkeɪtɪd, 컴-플리케이티드]
형 복잡한

a complicated system 복잡한 시스템

alter [ɔ́:ltə(r), 얼-터]
동 변하다, 바꾸다

alter significantly 상당히 변하다

prejudice
[préd3udɪs, 프레쥬디스]
명 편견

racial prejudice
인종 편견

『오만과 편견』이라는 소설의 영어 제목은
『Pride and Prejudice』입니다.

comprehensive
[kɑ:mprɪhénsɪv, 컴-프리헨시브]
형 종합적인, 포괄적인

comprehensive review 종합적인 복습

sudden [sʌ́dn, 서든]
형 갑작스러운

a sudden change 갑작스러운 변화

require [rɪkwáɪə(r), 리콰이어]
동 요구하다, 필요로 하다

require much effort 많은 노력을 요구하다

Misson! Read My Diary

오늘 배운 단어들의 의미를 생각하면서 아래 일기를 읽어보세요.

오늘 사회 시간에는 미래 도시의 ❶ landscape를 그려 보는 시간을 가졌다. 선생님께서는 10분의 시간을 주시고 우리 마을을 더 아름답게 만드는 방법을 ❷ pair를 지어서 연구해보라고 ❸ require하셨다. 우리 조는 미래의 도시가 ❹ complicated해질 것이라는 사람들의 ❺ prejudice를 ❻ alter하고 싶었다. 오히려 사람들이 복잡한 것을 ❼ avoid하기 위해서 도시에 숲을 가꾸는 것을 상상해 보았다. 숲이 가득한 푸른 도시의 풍경을 그리고 나니 옆 조의 아이들은 말도 안 된다며 우리 조의 그림을 ❽ criticize했다. 하지만 우리는 ❾ reasonable한 이유들을 들어가면서 우리의 푸른 숲을 설명했고 아이들은 결국 우리의 의견을 ❿ support하게 되었다.

Answer
❶ landscape 명 풍경 ❷ pair 명 쌍 ❸ require 동 요구하다 ❹ complicated 형 복잡한 ❺ prejudice 명 편견 ❻ alter 동 바꾸다 ❼ avoid 동 피하다 ❽ criticize 동 비난하다 ❾ reasonable 형 합리적인 ❿ support 동 지지하다

의문문도 어려운데 부가의문문이라니, 듣기만 해도 머리가 아프네요. 그렇지 않나요? 방금 선생님이 부가의문문을 사용했는데 눈치채셨나요? 자, 어렵지는 않지만 시험에 은근히 자주 등장하는 부가의문문을 알아봅시다.

1. 부가의문문

- 부가의문문은 상대방에게 자신의 생각을 확인하거나 자신의 의견에 동의를 구하기 위해서 사용하며 '그렇지?' 또는 '그렇지 않니?'의 뜻을 가지고 있습니다.

2. 부가의문문의 첫 번째 사용법

- **앞 문장이 긍정문일 때는 부가의문문의 동사를 부정문으로 쓰고, 앞 문장이 부정문일 때는 부가의문문의 동사를 긍정문으로 씁니다.** 부가의문문의 주어는 앞 문장의 주어를 **대명사**로 바꾸어 씁니다.

- 앞 문장의 동사가 be**동사**인 경우

    ex) Mike is tall, **isn't he**?

- 앞 문장의 동사가 **일반동사**인 경우

    ex) Sam likes Jenny, **doesn't he**?

- 앞 문장의 동사가 **조동사**인 경우

    ex) You can go there, **can't you**?

- Let's가 있는 문장의 경우. 긍정이든 부정이든 상관없이 **shall we**를 사용합니다.

    ex) Let's go home, **shall we**?

- **명령문**의 경우. 긍정이든 부정이든 상관없이 **will you**를 사용합니다.

    ex) Don't do that, **will you**?

3. 부가의문문의 두 번째 사용법

- 부가의문문에 답을 할 때는 **질문에 상관없이 Yes면 그렇다, No면 그렇지 않음**을 의미합니다.

    ex) You went to the concert, didn't you? 너는 콘서트에 갔어, 그렇지 않았니?

     Yes, I did. 응, 갔어. / No, I didn't. 아니, 안 갔어.

학교내신대비 연습문제

다음 빈칸에 알맞은 부가의문문을 쓰세요.

❶ She had a nice car, _____ ?

❷ You will stay here tonight, _____ ?

Answer ❶ didn't she ❷ won't you

DAY 26

"Only I can change my life.
No one can do it for me."
- *Carol Burnett*

"나만이 내 인생을 바꿀 수 있다.
아무도 날 대신할 수 없다."

우리는 힘들 때 주변의 도움을 구합니다. 하지만 여러분 인생의 주인공은 여러분들 스스로입니다. 결국 나만이 내 인생을 바꿀 수 있습니다. 주변에 흔들리지 않는 튼튼한 인생의 주인이 되기 바랍니다.

>>> DAY 26 음성 강의

specific [spəsífik, 스퍼시픽]
형 구체적인

a specific plan 구체적인 계획

flight [fláit, 플라이트]
명 비행

a flight to New York 뉴욕으로의 비행

place [pléis, 플레이스]
명 장소 동 위치시키다

a comfortable place 편안한 장소

wide [wáid, 와이드]
형 넓은, 너른

a wide river 넓은 강

함께 외우기 narrow (좁은)

gentleman
[dʒéntlmən, 젠틀맨]
명 신사

a gentleman's attitude 신사의 태도

interesting
[íntrəstɪŋ, 인터레스팅]
형 흥미로운

an interesting history 흥미로운 역사

cook [kʊk, 쿡]
명 요리사 동 요리하다

cook lunch 점심을 요리하다

consider [kənsídə(r), 컨시덜]
동 고려하다, 여기다

consider the current situation
현재 상황을 고려하다
consider him an expert
그를 전문가로 여기다

숙어 consider A (as) B
(A를 B라고 여기다)

bitter [bítə(r), 비털]
형 쓴, 혹독한

the bitter cold
혹독한 추위

설탕을 넣지 않은 아메리카노 커피의 맛이 bitter
하죠! 설탕을 넣으면 sweet and bitter!

flour [fláʊə(r), 플라월]
명 밀가루

add more flour 밀가루를 더 넣다

receive [rɪsíːv, 리시-브]
동 받다

receive a phone call 전화를 받다

photograph

[fóutəgræf, 포토그래프]

명 사진

take a lot of photographs 사진을 많이 찍다

thin [θɪn, 씬]

형 얇은

thin legs 가는 다리

함께 외우기 thick (두꺼운)

blood [blʌd, 블러드]

명 피

blood donation 헌혈

over [óuvə(r), 오버]

부 너머, 끝이 난 전 ~위에, 너머로

over the rainbow 무지개 너머로

next [nekst, 넥스트]

형 다음의

the next generation 다음 세대

focus [fóukəs, 포커스]

명 초점, 주목 동 집중하다

focus on development 발전에 집중하다

greet [griːt, 그리-트]

동 인사하다, 맞다, 환영하다

greet politely 깍듯하게 인사하다

last [læst, 래스트]

명 마지막 부 마지막에 동 지속되다

the last opportunity
마지막 기회

last about two hours
2시간 가량 지속되다

last의 동사 의미를 꼭 기억하세요.
'지속되다'라는 1형식 동사로 활용됩니다.

get [get, 겟]

동 얻다, 받다, ~되다

get information 정보를 얻다
get angry 화가 나다

고등학교를 준비하는 학생이 꼭 알아야 할 영단어

agriculture

[ǽgrɪkʌltʃə(r), 애그리컬철]

명 농업

support for agriculture 농업을 위한 지원

weigh [wéɪ, 웨이]

동 무게를 재다, 무게가 나가다

weigh the fruit 과일의 무게를 재다

negative [négətɪv, 네거티브]
형 부정적인

the negative aspect of life
인생의 부정적인 측면

함께 외우기 positive (긍정적인)

feature [fíːtʃə(r), 피-처]
형 특징, 특색 통 특징으로 삼다

a notable feature 현저한 특징

confident
[kάːnfidənt, 컨-피던트]
형 자신감 있는

a confident mood 자신감 있는 분위기

community
[kəmjúːnəti, 커뮤-니티]
명 공동체

local community 지역 공동체

demand [dɪmǽnd, 디맨드]
명 수요 통 요구하다

demand an immediate explanation
즉각적인 설명을 요구하다

occupy [άːkjupaɪ, 아-큐파이]
통 차지하다, 점령하다

occupy territory 영토를 점령하다

chief [tʃiːf, 치-프]
명 (단체의) 최고위자 형 주요한

a police chief 경찰서장
the chief reason 주된 이유

tragedy [trǽdʒədi, 트래쥐디]
명 비극

Shakespeare's tragedies
셰익스피어의 비극들

희극은 comedy입니다.

excess [ékses, 엑세스]
명 과도함, 과잉

an excess of stress
과도한 스트레스

excessive(과도한)의 형태로도 독해에서 자주 활용됩니다.

hardly [hάːrdli, 할-들리]
부 거의 ~않다

hardly know each other 서로 거의 모르다

surface [sə́ːrfɪs, 썰-피스]
명 표면

the surface of Mars
화성의 표면

발음 주의! 썰페이스 아닙니다.

rude [ruːd, 루-드]
형 무례한

a rude manner 무례한 태도

method [méθəd, 메써드]
🔲 방법

a reasonable method 합리적인 방법

pursue [pərsúː, 펄쑤–]
🔲 추구하다

pursue a goal 목표를 추구하다

pollution [pəlúːʃn, 펄루–션]
🔲 오염

water/air pollution 수질/대기 오염

vital [váitl, 바이틀]
🔲 필수적인, 생명 유지에 필요한

a vital function 필수적인 기능

ban [bæn, 밴]
🔲 금지하다

ban smoking 흡연을 금지하다

found [faʊnd, 파운드]
🔲 설립하다

found a company 회사를 설립하다

Read My Diary

오늘 배운 단어들의 의미를 생각하면서 아래 일기를 읽어보세요.

따뜻한 봄이 왔지만 대기 ❶ pollution 때문에 외출을 할 수가 없다. 설상가상으로 미세먼지가 건강에 ❷ negative한 영향을 미치고 있다. 화사한 벚꽃이 봄의 대표적인 ❸ feature였는데, 이제는 황사와 미세 먼지에 ❹ focus가 맞추어지고 있다. 이런 현상이 벌어지게 된 이유는 우리가 환경을 무시하고 과도하게 개발을 ❺ pursue했기 때문이라고 생각한다. 자연의 ❻ vital한 기능을 무시한 채 발전만을 추구하다 보니 그에 대한 대가를 지금 ❼ receive하는 것 같다. 앞으로는 자연보호를 ❽ consider하는 발전을 지향해야 한다. 자연 보호를 위한 ❾ specific한 계획을 생각해내지 못한다면 우리는 굉장한 ❿ tragedy를 겪게 될 것이다.

Answer
❶ pollution 🔲 오염 ❷ negative 🔲 부정적인 ❸ feature 🔲 특징 ❹ focus 🔲 초점, 주목 ❺ pursue 🔲 추구하다 ❻ vital 🔲 주요한 ❼ receive 🔲 받다 ❽ consider 🔲 고려하다 ❾ specific 🔲 구체적인 ❿ tragedy 🔲 비극

영어 문장의 종류는 여러 가지가 있습니다. 그동안 우리는 평범하게 마침표로 끝나는 평서문, not 등을 이용해서 부정하는 부정문, 물음표로 끝나는 의문문을 이미 배웠습니다. 이번에는 명령문과 감탄문에 대해 배워봅시다.

1. 명령문

- 명령문은 말하는 사람이 듣는 사람에게 자기의 의도대로 행동해줄 것을 요구하는 문장이며, 종류로는 긍정명령문과 부정명령문이 있습니다. 명령은 듣는 사람인 'you'에게 하는 것이기 때문에 주어인 'you'를 생략한다는 것이 특징입니다.

2. 긍정의 명령문

- be동사   주어인 You를 생략하고 be동사를 문장 첫머리에 씁니다.

  ex) Be calm! 침착해!

  　　Be brave! 용기를 가져!
- 일반동사   주어인 You를 생략하고 일반동사의 원형을 문장 첫머리에 씁니다.

  ex) Have a seat! 앉아!

  　　(Please) stay here. 제발 여기 머물러줘.

3. 부정의 명령문

- be동사   Don't / Never be + 동사원형

  ex) Don't be selfish! 이기적으로 굴지마!

  　　Don't be silly! 바보처럼 굴지마!
- 일반동사   Don't / Never + 동사원형

  ex) Don't eat too much! 너무 많이 먹지마!

  　　Never give up! 포기하지마!

4. 감탄문

- 감탄문은 말하는 사람이 자신의 감탄하는 느낌을 나타내는 문장으로 2가지의 형태가 있습니다. 형태를 기억하는 것이 핵심입니다.

5. How로 시작하는 감탄문

- How + 형용사/부사 (주어 + 동사)

  ex) How pretty she is! 그녀는 정말 예쁘구나!

  　　How fast he runs! 그는 정말 빨리 달리는구나!

6. What으로 시작하는 감탄문

- What + a(n) + 형용사+ 명사 + (주어 + 동사) / What + 형용사 + 복수명사 + (주어 + 동사)

  ex) What a nice day (it is)! 정말 멋진 차구나!

  　　What nice shoes (you are wearing)! 너는 정말 멋진 신발을 신고 있구나!

DAY 27

"We think too much and
feel too little."
- *Charlie Chaplin*

"우리는 너무 많은 것을 생각하고
너무 적게 느낀다."

너무 앞만 보고 달리다 보면, 주변 풍경이 너무 빠르게 지나가버려요. 도착해보면 달려온 길이 기억나지 않을 겁니다. 가끔은 천천히 걸으면서 길가에 핀 꽃을 구경하고, 따뜻한 햇살이나 시원한 바람 같은 것을 느끼고 머리에 기록해보세요.

>>> DAY 27 음성 강의

cut [kʌt, 커트]
통 자르다, 베다

cut my hair
나의 머리카락을 자르다

cut은 과거형도 cut입니다.

expect [ikspékt, 익스펙트]
통 기대하다

expect him to be a teacher
그가 교사가 되기를 기대하다

noon [nuːn, 눈—]
통 정오, 낮 12시

at noon 정오에

speak [spiːk, 스피—크]
통 말하다

speak well (ill) of somebody
~에 대해 좋게(나쁘게) 말하다

speak는 목적을 가지고 누군가에게 내용을 전달하는 느낌!

talk [tɔːk, 토—크]
통 말하다

talk about football
축구에 대해서 말하다

talk는 친교 행위를 위해서 누군가와 이야기한다는 느낌!

care [ker, 케얼]
명 돌봄, 보살핌
통 상관하다, 관심을 가지다

skin care 피부 관리
care about environmental issues
환경 문제들에 관심을 가지다

different [difrənt, 디퍼런트]
형 다른

different races 다른 인종들

swim [swim, 스윔]
통 수영하다

swim across the lake 호수를 가로질러 수영하다

yesterday [jéstərdeɪ, 예스터데이]
형 어제

yesterday morning 어제 아침

minor [máinə(r), 마이널]
형 사소한, 중요하지 않은

a minor problem 중요하지 않은 문제

earth [3ːrθ, 얼—쓰]
명 지구, 땅

the diameter of Earth 지구의 지름

familiar [fəmíliə(r), 퍼밀리어]
형 친숙한

a familiar voice
익숙한 목소리

[familiar to] [familiar with]의 형태로 자주 쓰입니다.

palace [pǽləs, 팰러스]
명 궁전

the royal palace 왕궁

invite [ɪnváɪt, 인바이트]
동 초대하다

invite her to the party 그녀를 파티에 초대하다

during [dɔ́rɪŋ, 듀링]
전 ~동안에

during summer vacation 여름방학 동안에

sit [sɪt, 시트]
동 앉다

sit around the campfire 캠프파이어 주변에 앉다

together [təɡéðə(r), 투게덜]
부 함께, 같이

hold together 단결하다

anything [éniθɪŋ, 에니씽]
대 무엇, 아무것

anything unpleasant 불쾌한 어떤 것
anything better 더 나은 어떤 것

problem [práːbləm, 플라블럼]
명 문제

solve the problem 문제를 해결하다

drop [drɑːp, 드랍–]
명 방울 동 떨어뜨리다, 떨어지다

a large drop of rain 굵은 빗방울

고등학교를 준비하는 학생이 꼭 알아야 할 영단어

reputation
[repjutéɪʃn, 레퓨테이션]
명 명성

build a reputation 명성을 쌓다

annual [ǽnjuəl, 애뉴얼]
형 매년의, 연례의

an annual report 연례 보고서

fault [fɔːlt, 폴–트]
명 결점, 잘못

excuse a fault 잘못을 용서하다

charity [tʃǽrəti, 채러티]
명 자선, 자선단체

a charity concert 자선 콘서트

reward [rɪwɔ́:rd, 리워-드]
명 보상 통 보상하다

financial reward 금전적인 보상

respond
[rɪspá:nd, 리스판-드]
통 대답하다, 답장을 보내다

respond immediately 즉시 응답하다

loose [lu:s, 루-스]
형 느슨한, 헐거운

a loose knot 느슨한 매듭

발음 주의! 루즈 아닙니다.

seek [si:k, 씨-크]
통 구하다, 찾다

seek advice 조언을 구하다

whole [hóʊl, 호울]
형 전체적인

the whole day 하루 종일

wonder [wʌ́ndə(r), 원덜]
명 경이, 경탄 통 궁금하다

a natural wonder 경이로운 자연 경관

imagine [ɪmǽdʒɪn, 이매진]
통 상상하다

imagine winning the lottery
복권에 당첨되는 상상을 하다

capable
[kéɪpəbl, 케이퍼블]
형 ~할 수 있는, 유능한

capable of speaking English
영어를 말할 능력이 있는

발음 주의! 케퍼블 아닙니다.

crisis [krάɪsɪs, 크라이시쓰]
명 위기

latest economic crisis
최근의 경제적 위기

발음 주의! 크리시스 아닙니다.

ancient [éɪnʃənt, 에인션트]
형 고대의

ancient civilization 고대 문명

tiny [táɪni, 타이니]
형 작은

a tiny dot 작은 점

content
[kά:ntent, 칸-텐트] [kəntént, 컨텐트]
명 내용 형 만족한

the contents of a book
책의 내용
content with the results
결과에 만족하다

명사일 때는 강세가 앞에, 형용사일
때는 강세가 뒤에 위치하고, 의미도
각각 다릅니다.

174

institute
[institu:t, 인스티튜-트]

명 기관, 협회

a research institute 연구 기관

instant [instənt, 인스턴트]
형 즉각적인

instant food 즉석 식품

인스턴트라는 말은 익숙하죠?

abstract
[ǽbstrækt, 앱스트랙트]

형 추상적인

abstract knowledge 추상적인 지식

chase [tʃéis, 체이쓰]
동 뒤쫓다, 추적하다

chase after the burglar 도둑을 뒤쫓다

Misson! Read My Diary

오늘 배운 단어들의 의미를 생각하면서 아래 일기를 읽어보세요.

나는 ❶ yesterday 특별한 경험을 했다. 서울에 계신 큰아버지께서 나를 ❷ invite하셔서 기차를 타고 혼자 서울까지 갔다. 어머니가 싸주신 도시락을 가지고 KTX를 타고 서울로 출발했다. 특히 나는 한국 사 시간에 책에서 보았던 오래된 ❸ palace를 직접 보기를 간절히 ❹ expect했다. 서울에 도착해서 큰 아버지 차로 경복궁으로 이동했다. 실제로 보게 된 경복궁은 굉장한 ❺ reputation만큼이나 ❻ wonder 스러웠다. 멋질 것이라고 ❼ imagine하기는 했지만 기대보다 훨씬 더 감동적이었다. 책에서 봤던 ❽ familiar한 풍경들이었지만 실제로 보는 것은 책과는 완전히 ❾ different한 경험이었다. 정말 경복궁 나들이는 나를 ❿ content하게 만들었다.

Answer
❶ yesterday 명 어제 ❷ invite 동 초대하다 ❸ palace 명 궁 ❹ expect 동 기대하다 ❺ reputation 명 명성 ❻ wonder 명 감탄 ❼ imagine 동 상상하다 ❽ familiar 형 친숙한 ❾ different 형 다른 ❿ content 형 만족한

175

영어에서 시간, 날씨, 거리, 명암 등을 나타낼 때는 주어로 비인칭주어 'it'을 사용합니다. 비인칭주어 it은 해석이 되지 않는다는 특징이 있습니다. '그것'이라는 대명사의 의미로 해석하지 않도록 유의하세요.

비인칭주어 it

- 영어 문장에서 **날씨, 날짜, 요일, 시간, 거리, 명암, 계절** 등을 나타내는 경우에는 주어로 It을 사용합니다. 이때의 It은 따로 의미는 없기 때문에 해석하지 않습니다.

- 날씨

  ex) How is the weather? / What is the weather like?
  It's sunny. / It's cold. / It's fine.

- 날짜

  ex) It's 4th of July.

- 요일

  ex) It's Monday.

- 시간

  ex) It's 12 o'clock.

- 거리

  ex) It is two kilometers to the station.

- 명암

  ex) It's very bright out there. / It's getting dark.

- 계절

  ex) It's summer. / It's winter.

학교내신대비 연습문제

다음 중 It의 쓰임이 나머지와 <u>다른</u> 것을 고르시오.

❶ It is five o'clock.　　　❷ It is Monday.

❸ It is very dark out there.　　❹ It is my cat.

❺ It is spring now.

Answer ❹ |해설| 나머지는 모두 해석이 되지 않는 비인칭주어 it인데, 4번의 it은 특정한 대상을 지칭하는 대명사이면서 '그것'으로 해석됩니다.

DAY 28

"That's what I love about music.
All these banalities suddenly
turn into beautiful pearls."
- 영화 〈비긴 어게인(*Begin Again*)〉 중에서

"이래서 내가 음악을 좋아해. 이런 평범함도
음악을 듣는 순간 아름답게 빛나는 진주로 변하잖아."

여러분들은 어떤 음악을 좋아하나요? 우울했던 기분이 음악 한 곡으로 바뀔 때 우리는 음악의 힘을 실감하게 됩니다. 단어 공부가 힘들 때는 여러분에게 힘을 주는 노래를 한 곡 들으면 어떨까요? 음악은 평범함도 빛나는 진주로 바꿀 수 있는 힘을 가지고 있답니다.

>>> DAY 28 음성 강의

die [dái, 다이]
통 죽다

die from cancer 암으로 사망하다

enter [éntə(r), 엔털]
통 들어가다, 참가하다

enter university 대학에 들어가다

wash [wɑːʃ, 워-쉬]
통 씻다

wash the dishes 설거지하다

become [bɪkʌ́m, 비컴]
통 되다

become significant 중요해지다

journey [dʒə́ːrni, 절-니]
명 여행

a long journey across the country
나라를 횡단하는 긴 여행

impossible
[ɪmpɑ́ːsəbl, 임파-써블]
형 불가능한

absolutely impossible
절대적으로 불가능한

possible은 '가능한'이라는 의미에요.

flavor [fléivər, 플레이벌]
명 향, 맛

artificial flavor 인공 조미료

look [lʊk, 룩]
통 보다, ~처럼 보이다

look pale 창백해 보이다

away [əwéɪ, 어웨이]
부 떨어져

six miles away 6마일 떨어져

traffic [trǽfik, 트래픽]
명 교통

traffic jam 교통 체증

arrive [əráɪv, 어라이브]
통 도착하다

arrive at the destination
목적지에 도착하다

[arrive at]의 형태로 기억하세요.

dangerous
[déɪndʒərəs, 데인저러스]
형 위험한

a dangerous adventure 위험한 모험

sound [sáʊnd, 사운드]
명 소리 통 ~처럼 들리다
형 건강한, 합리적인

sound interesting 흥미롭게 들린다
sound advice 합리적인 충고
a sound mind 건강한 마음

sound에는 '건강한, 합리적인'이라는 의미도 있답니다.

relationship
[rɪléɪʃnʃɪp, 릴레이션쉽]
명 관계

a close relationship 가까운 관계

settle [sétl, 세틀]
통 정착하다, 해결하다

settle in the U.S. 미국에 정착하다
settle a dispute 분쟁을 해결하다

cover [kʌ́və(r), 커버]
명 덮개, 표지
통 씌우다, 덮다

the front cover 앞표지
cover her face with her hands 그녀의 손으로 얼굴을 가리다

watch [wɑ́:tʃ, 워-치]
명 시계 통 보다, 지켜보다

watch television TV를 보다
watch her singing 그녀가 노래하는 것을 보다

vacation [vəkéɪʃn, 베케이션]
명 휴가, 방학

winter vacation 겨울 휴가

survive [sərváɪv, 써바이브]
통 살아남다

survive the earthquake 지진에서 살아남다

few [fjuː, 퓨-]
형 많지 않은

few people 적은 사람들

few people은 '거의 사람이 없다'는 부정의 의미랍니다.

고등학교를 준비하는 학생이 꼭 알아야 할 영단어

reserve [rɪzɜ́:rv, 리저-브]
통 예약하다

reserve a room 방을 예약하다

isolate
[áɪsəleɪt, 아이쏠레이트]
통 격리하다, 고립하다

politically isolate the country
정치적으로 그 나라를 고립시키다

ceiling [síːlɪŋ, 씰-링]
명 천장

a large room with a high ceiling
높은 천장을 가진 넓은 방

발음 주의 세일링 아닙니다.

flexible [fléksəbl, 플렉서블]
형 유연한, 융통성 있는

flexible **rules** 융통성 있는 규칙

merchant
[mɜ́ːrtʃənt, 멀-천트]
명 상인

The Merchant **of Venice** 베니스의 상인

evaluate
[ɪvǽljueɪt, 이밸류에이트]
동 평가하다

evaluate **the effectiveness** 효과를 평가하다

passenger
[pǽsɪndʒə(r), 패씬절]
명 승객

passengers **aboard** 탑승한 승객들

interfere [ìntərfír, 인털피얼]
동 간섭하다, 방해하다

interfere **in family problems** 가족 문제에 간섭하다

fit [fɪt, 피트]
형 건강한, 적합한 동 적합하다

clothes that fit **me** 나에게 맞는 옷
try to keep fit 건강을 유지하려고 노력하다
fit **the lock** 자물쇠에 맞다

limit [límɪt, 리미트]
명 한계 동 제한하다

limit **carbon dioxide emissions from cars**
자동차의 이산화탄소 배출량을 제한하다

suffer [sʌ́fə(r), 싸펄]
동 고통받다

suffer **from disease**
질병으로 고통받다

[suffer from]의 형태로 기억하세요.

medicine [médsn, 메디슨]
명 의학, 의술, 약

take medicine 약을 복용하다

interact [ìntərǽkt, 인터랙트]
동 소통하다

interact **with each other** 서로 교감하다

depress [dɪprés, 디프레스]
동 우울하게 만들다, 부진하게 만들다

depress **morale** 사기를 떨어뜨리다

leap [liːp, 리-프]
동 뛰다, 뛰어오르다

leap **out of the water** 물 밖으로 뛰어오르다

disappoint

[dɪsəpɔ́ɪnt, 디써포인트]

통 실망시키다

bitterly disappoint 크게 실망시키다

---

mercy [mɔ́:rsi, 멀ㅡ시]

명 자비

beg for mercy 자비를 빌다

---

adequate [ǽdɪkwət, 애디쿼트]

형 충분한

an adequate excuse 충분한 해명

> inadequate은 '불충분한' 이라는 뜻입니다.

---

either [i:ðə(r), 이ㅡ덜]

대 어느 하나
형 어느 한 쪽의, 양쪽의
부 (부정문) ~도 역시 그렇다

have flowers in either hand
양쪽 손에 꽃을 들다

> 숙어 either A or B
> (A, B 둘 중 하나)

---

encourage

[ɪnkɔ́:rɪdʒ, 인커ㅡ리쥐]

통 격려(고무)하다, 권장하다

encourage violent behavior
폭력적인 행동을 부추긴다

Misson! Read My Diary

오늘 배운 단어들의 의미를 생각하면서 아래 일기를 읽어보세요.

오늘은 ❶ vacation이 시작되는 날이었다. 하지만 오늘이 방학이라는 사실이 나를 오히려 ❷ depress하게 만들었다. 왜냐하면 내가 지독한 감기 때문에 ❸ suffer하고 있었기 때문이다. 친구들과 버스를 타고 ❹ journey를 떠나려던 계획도 ❺ impossible한 일이 되어버렸다. 나는 집에 일찍 돌아와서 ❻ medicine을 먹고 방에 ❼ isolate되었다. 침대에 누워서 ❽ ceiling만 멍하게 ❾ watch했는데 너무 속상했다. 친구들이 문자로 곧 나아서 함께 놀러가자고 나를 ❿ encourage해주었지만 그래도 계속 속상했다. 빨리 감기가 나아서 놀러가고 싶다!

Answer ❶ vacation 명 휴가, 방학 ❷ depress 통 우울하게 하다 ❸ suffer 통 고통받다 ❹ journey 명 여행 ❺ impossible 형 불가능한 ❻ medicine 명 약 ❼ isolate 통 고립하다, 격리하다 ❽ ceiling 명 천장 ❾ watch 통 보다 ❿ encourage 통 격려하다

부사란 앞서 형용사, 동사, 다른 부사 또는 문장 전체를 꾸며준다고 배웠습니다. 부사에는 여러 종류가 있는데 중학교 과정에서는 빈도부사가 중요합니다. **빈도부사는 동작이 얼마나 자주 발생하는지를 알려주는 부사**입니다.

빈도부사

- 빈도부사란 **어떤 일이 발생하는 횟수**를 나타내며, 동사의 종류와 문장의 형태에 따라 위치가 달라집니다.

- 빈도부사의 종류는 자주 일어나는 순서대로 다음과 같습니다.
  ex) always (항상) usually (대개, 주로) often (종종) sometimes (때때로) never (결코 ~이 아닌)

- 빈도부사의 위치는 **조동사와 be동사 뒤, 일반동사 앞**입니다. 이것이 시험에서 가장 많이 활용되는 포인트입니다. 아래 문장들에서 동사의 종류와 빈도부사의 위치를 주목하세요.
  ex) He is **always** busy. 그는 항상 바쁘다.
  She is **often** lazy. 그녀는 종종 게으르다.
  He is **usually** healthy. 그는 대개 건강하다.
  I'm **sometimes** sad. 나는 때때로 슬프다.
  She can **sometimes** visit her grandmother.
  그녀는 때때로 그녀의 할머니를 방문할 수 있다.
  Peter may **often** go out to eat. Peter는 종종 외식을 할 것이다.
  He must **always** take care of his brother. 그는 항상 그의 남동생을 돌봐야 한다.
  She **sometimes** eats fast food. 그녀는 때때로 패스트푸드를 먹는다.
  He **often** helps me with my homework. 그는 종종 나의 숙제를 도와준다.

학교내신대비 연습문제

다음 중 어법상 <u>어색한</u> 문장은?

① Who usually cleans your room?

② She is never happy about her school.

③ I often do my homework in the morning.

④ We will never be hungry if we eat this cake.

⑤ Does he go usually to the library on Sunday?

Answer ⑤ 해설 빈도부사 usually는 일반동사 go 앞에 위치해야 하므로, Does he usually go to the library on Sunday?가 올바른 문장입니다.

DAY 29

"나는 실패하지 않았다.
나는 단지 1만 개의 작동되지 않는 방법들을 발견했다."

에디슨은 전구를 1만 번의 실패 끝에 발명했다고 합니다. 누군가 그에게 1만 번의 실패에 대해 물었을 때, 그는 위와 같이 답했습니다. 누군가에게는 실패이지만, 에디슨은 '작동되지 않는 방법들의 발견'이라고 생각했죠. 긍정적인 마음가짐을 가지고 임하면 실패와 절망도 우리 편으로 만들 수 있습니다.

>>> **DAY 29 음성 강의**

planet [plǽnɪt, 플래니트]
명 행성

the planets of our solar system 우리 태양계의 행성들

wonderful [wʌ́ndərfl, 원덜플]
형 아주 멋진

a wonderful taste 훌륭한 맛

lake [léɪk, 레이크]
명 호수

an artificial lake 인공 호수

hunger [hʌ́ŋɡə(r), 헝걸]
명 배고픔

die of hunger
배고픔으로 죽다

hungry(배고픈)로부터 만들어진 단어입니다.
hungry는 형용사, hunger은 명사!

afterward
[ǽftərwərd, 애프터월드]
부 그 후에

three months afterward 세 달 후에

species [spíːʃiːz, 스피–씨즈]
명 종(생물 분류의 기초 단위)

the evolution of species 종들의 진화

advice [ədváɪs, 어드바이쓰]
명 조언, 충고

useful advice
유용한 조언

advise는 '충고하다'라는 의미의 동사입니다.
스펠링과 발음이 다릅니다.

among [əmʌ́ŋ, 어망]
전 ~에 둘러싸인, ~의 가운데에

among children 아이들 사이에서

easy [íːzi, 이–지]
형 쉬운

an easy solution 쉬운 해결책

anyway [éniwei, 애니웨이]
부 어쨌든, 하여간

She loves him anyway 어쨌든 그녀는 그를 사랑한다

excuse [ɪkskjúːz, 익스큐–즈]
명 변명, 이유 동 용서하다

invent an excuse 변명거리를 궁리하다
excuse her for being late 그녀가 늦은 것을 용서하다

hobby [háːbi, 하–비]
명 취미

a popular hobby 대중적인 취미

foolish [fúːlɪʃ, 풀-리쉬]
형 어리석은

a foolish mistake 어리석은 실수

sleep [sliːp, 슬립-]
명 잠 통 잠을 자다

have a good sleep 잘 자다

clothes [klóuðz, 클로즈]
명 옷, 의복

decent clothes 괜찮은 옷 발음 주의! 클로드스 아닙니다.

live [lɪv, 리브]
통 살다, 거주하다

live in poverty 가난한 생활을 하다

trouble [trʌ́bl, 트러블]
명 문제

have trouble making new friends
새 친구들을 사귀는 데 문제가 있다

certain [sə́ːrtn, 썰-튼]
형 확실한, 특정한

a certain kind of person 특정한 종류의 사람

society [səsáɪəti, 소싸이어티]
명 사회, 집단

primitive society 원시 사회

sour [sáuə(r), 싸워]
형 (맛이) 신

sour oranges 신 오렌지들

고등학교를 준비하는 학생이 꼭 알아야 할 영단어

conscience [káːnʃəns, 컨-션스]
명 양심

have a guilty conscience
양심의 가책을 느끼다 발음 주의! 컨사이언스 아닙니다.

contact [káːntækt, 컨-택트]
명 연락, 접촉 통 연락하다

physical contact 신체적 접촉
keep in contact with ~와 연락하고 지내다

consult [kənsʌ́lt, 컨썰트]
통 상담하다

consult a lawyer 변호사와 상담하다

modern [máːdərn, 마-던]
형 현대의

modern architecture
현대 건축 양식 우리가 '모던'이라고 한국말로 자주 쓰는 말이 modern입니다.

duty [dúːti, 듀-티]
몡 의무, 세금

night duty 야근
import duties 수입세

foundation
[faʊndéɪʃn, 파운데이션]
몡 토대, 기초, 재단, 설립

a firm/weak foundation 튼튼한/약한 기초

frustrate
[frʌ́streɪt, 프러스트레이트]
통 좌절시키다

frustrate a plan 계획을 좌절시키다

suggest [səgdʒést, 써제스트]
통 제안하다

suggest a remedy 치료법을 제안하다

typical [típɪkl, 티피컬]
형 전형적인

a typical feature 전형적인 특징

shift [ʃɪft, 쉬프트]
몡 변화 통 이동하다

a shift of wind 풍향의 변화
shift the focus 초점을 이동하다

컴퓨터 키보드 shift 키를 누르면 자판에 변화가 일어나죠?

refuse [rɪfjúːz, 리퓨-즈]
통 거절하다, 거부하다

refuse a request 요청을 거절하다

annoy [ənɔ́ɪ, 어노이]
통 짜증나게 하다

greatly annoy 매우 짜증나게 하다

symptom [símptəm, 심텀]
몡 증상

flu symptoms 독감 증상

발음 주의! [p] 발음을 하지 않습니다.

income [ínkʌm, 인컴]
몡 소득, 수입

a rise in national income 국민 소득 증가

infant [ínfənt, 인펀트]
몡 유아 형 유아의

the infant mortality rate 유아 사망률

except [ɪksépt, 익셉트]
전 제외하고

except for Sunday 일요일을 제외하고

attitude [ǽtitjuːd, 애티튜―드]
명 태도, 자세

have a positive attitude 긍정적 태도를 가지다

pour [pɔːr(r), 포―얼]
동 붓다, 쏟아지다

pour the coffee 커피를 따르다

interpret
[intə́ːrprit, 인털―프리트]
동 해석하다, 통역하다

interpret the poem 시를 해석하다

concentrate
[kάːnsntreit, 컨―센트레이트]
동 집중하다

concentrate on my work 나의 일에 집중하다

Misson! Read My Diary

오늘 배운 단어들의 의미를 생각하면서 아래 일기를 읽어보세요.

오늘 친구들과 우리 동네에 있는 큰 ❶ lake로 소풍을 갔다. 바다 같이 큰 호수는 상상보다 훨씬 더 ❷ wonderful한 곳이었다. 호숫가에는 다양한 ❸ species의 식물들과 동물들이 ❹ live해서 마치 다른 ❺ planet에 와 있는 것 같았다. 사실 학급회의를 하면서 나는 놀이공원을 가자고 ❻ suggest했었는데 내 스스로가 ❼ foolish했었다고 생각할 만큼 호수는 멋진 곳이었다. 하지만 ❽ trouble이 없었던 것은 아니다. 점심을 먹고 있는데 갑자기 비가 와서 우리는 선생님의 ❾ advice를 따라 근처의 극장으로 들어 갔다. 집에 돌아오자마자 ❿ sleep하고 싶을 만큼 너무 피곤했지만 즐거운 하루였다.

Answer ❶ lake 명 호수 ❷ wonderful 형 아주 멋진 ❸ species 명 종 ❹ live 동 살다 ❺ planet 명 행성 ❻ suggest 동 제안하다 ❼ foolish 형 어리석은 ❽ trouble 명 문제 ❾ advice 명 충고 ❿ sleep 동 자다

8품사 중 하나인 동사는 be동사, 일반동사, 조동사의 3가지 종류가 있습니다. 그 중에서 조동사란 동사를 돕는다는 뜻으로, 단독으로 쓰이지 못하고 **be동사와 일반동사에 의미를 더해주는 역할을 합니다.**

1. will

- 의미　　　～할 예정이다
- 기본 형태　주어 + will + 동사원형～
- 부정문　　주어 + will not(=won't) + 동사원형～
- 의문문　　Will + 주어 + 동사원형～ ?

2. can

- 의미　　　～할 수 있다 (능력) / ～해도 좋다 (허가) / 과연 ～일까? (강한 의문, 부정적 추측)
- 기본 형태　주어 + can + 동사원형 + ～
- 부정문　　주어 + cannot(=can't) + 동사원형～
- 의문문　　Can + 주어 + 동사원형～ ?

3. may

- 의미　　　～일지도 모른다는 불확실한 추측 / ～해도 된다는 허가
- 기본 형태　주어 + may + 동사원형 + ～
- 부정문　　주어 + may not + 동사원형～
- 의문문　　May + 주어 + 동사원형～ ?

4. must

- 의미　　　～해야 한다 / ～임이 틀림없다
- 기본 형태　주어 + must + 동사원형 + ～
- 부정문　　주어 + must not + 동사원형～
  → must not + 동사원형은 '～**해서는 안 됨**'을 의미합니다.
- 의문문　　Must + 주어 + 동사원형～ ?

5. have to

- 의미　　　～해야 한다
- 기본 형태　주어 + have to + 동사원형 + ～
- 부정문　　주어 + don't(dosen't) have to 동사원형～
  → don't(dosen't) have to + 동사원형은 '～**할 필요가 없음**'을 의미합니다.
- 의문문　　Do/Does + 주어 + have to + 동사원형～ ?

6. should

- 의미　　　～해야 한다(충고나 조언)
- 기본 형태　주어 + should + 동사원형 + ～
- 부정문　　주어 + should not(=shouldn't) 동사원형～
- 의문문　　Should + 주어 + 동사원형～ ?

DAY 30

"Once you make a decision,
the universe conspires to make it happen."
- Ralph Waldo Emerson

"당신이 무언가를 간절히 소망하고 원하면
온 우주가 그 일이 일어나도록 도와준다."

고생하셨습니다. 벌써 여러분은 반이나 달려왔습니다. 남은 반도 지금까지 해왔던 것처럼
잘 해낼 수 있습니다. 여러분의 노력과 간절함을 온 우주가 알고 도와줄 수 있도록 한 번
더 힘을 냅시다.

>>> DAY 30 음성 강의

shy [ʃái, 샤이]
형 부끄러워하는

a shy boy 부끄러워하는 소년

terrible [térəbl, 테러블]
형 끔찍한

a terrible disaster 끔찍한 재난

count [káunt, 카운트]
명 셈, 계산
통 수를 세다, 중요하다

do a quick count 빨리 셈을 하다
count up to ten 10까지 세다

flood [flʌd, 플러드]
명 홍수 통 범람하다

flood damage 홍수 피해
a flood of complaints 항의 폭주

finish [fíniʃ, 피니쉬]
명 마지막 부분 통 끝내다

finish the homework
숙제를 마치다
finish eating 먹는 것(행위)를 끝내다

[finish 동사ing] 의 형태로
많이 활용합니다.

soon [su:n, 쑨—]
부 곧, 머지않아

soon realize the mistake 곧 실수를 깨닫다

proud [práud, 프라우드]
형 자랑스러운

proud of her son
그녀의 아들을 자랑스러워하다

[be proud of]의 형태로 기억하세요.

horror [hɔ́:rə(r), 호—러]
명 공포

horror films 공포 영화

better [bétə(r), 베—털]
형 더 나은

hope for better weather 더 나은 날씨를 기대하다

person [pə́:rsn, 펄—슨]
명 사람

a fascinating person
매력적인 사람

person의 복수형은 people!

think [θíŋk, 씽크]
통 생각하다

think of him as generous
그를 관대하다고 생각하다

숙어 think of A as B
(A를 B라고 생각하다)

thirsty [θə́:rsti, 떨—스티]
형 목마른, 갈증이 나는

hungry and thirsty 배고프고 목마른

190

shock [ʃɑːk, 샤―크]
명 충격 동 충격을 주다

a terrible shock 끔찍한 충격

neighbor [néibər, 네이벌]
명 이웃 사람

a next-door neighbor 옆집 사람

about [əbáʊt, 어바우트]
부 약, 거의 전 ~에 대해서

about ten minutes 약 10분
a book about psychology 심리학에 대한 책

below [bɪlóʊ, 빌로우]
전 부 ~아래의

below the surface of the water 수면 아래로

quick [kwɪk, 퀵]
형 빠른

quick recovery 빠른 회복

marry [mǽri, 매리]
동 결혼하다

marry an actress 여배우와 결혼하다

anxiety [æŋzáɪəti, 앵자이어티]
명 불안감

intense anxiety 극심한 불안감

형용사 anxious에서
만들어진 단어입니다.

late [léɪt, 레이트]
형 늦은 부 늦게

late in the afternoon 늦은 오후에
get up late 늦게 일어나다

고등학교를 준비하는 학생이 꼭 알아야 할 영단어

miserable [mízrəbl, 미저러블]
형 비참한

miserable consequence 비참한 결과

approach [əpróʊtʃ, 어프로취]
명 접근(법) 동 접근하다

adopt a different approach 다른 접근법을 채택하다

attempt [ətémpt, 어템트]
명 시도 동 시도하다

attempt to solve a problem
문제를 풀어보려고 시도하다

숙어 attempt to 동사
(~하려고 시도하다)

loyal [lɔ́ɪəl, 로열]
형 충실한, 충성스러운

a loyal supporter 충실한 지지자

previous
[príːviəs, 프리-비어스]
형 이전의

previous **experience** 이전의 경험

praise [préiz, 프레이즈]
명 칭찬 동 칭찬하다

indifferent to the praise 칭찬에 무관심하다

substance
[sʌ́bstəns, 썹스턴스]
명 물질

a radioactive substance 방사성 물질

prohibit
[prəhíbit, 프로히비트]
동 금지하다

prohibit **the sale of alcoholic liquors**
주류 판매를 금지하다

survey [sə́ːrvei, 썰-베이]
명 (설문) 조사 동 조사하다

conduct a survey 조사를 실시하다

portable [pɔ́ːrtəbl, 폴-터블]
형 휴대용의

a portable **TV** 휴대용 TV

peace [piːs, 피-스]
명 평화

war and peace 전쟁과 평화

rescue [réskjuː, 레스큐-]
명 구조 동 구조하다

rescue **a drowning child** 물에 빠진 아이를 구출하다

generous
[dʒénərəs, 제너러스]
형 관대한, 자비로운

very generous **toward the poor**
가난한 사람들에게 매우 관대하다

contribute
[kəntríbjuːt, 컨트리뷰-트]
동 기여하다, ~의 원인이 되다

contribute **to world peace**
세계 평화에 공헌하다
contribute **to global warming**
지구 온난화의 원인이 되다

[contribute to]의 형태
로 기억하세요.

notice [nóutis, 노티스]
명 알림
동 의식하다, 주목하다, 알아차리다

a previous notice 사전 통고
notice **the changes** 차이점들을 알아차리다

hire [háɪə(r), 하이얼]
동 고용하다

hire a clerk 점원을 고용하다

crash [kræʃ, 크래쉬]
명 사고 동 충돌하다

a car/plane crash 자동차 충돌 사고/항공기 추락사고

profit [prɑ́ːfit, 프라―핏]
명 이익, 수익 동 이익을 얻다

profit from exports 수출로부터의 수익
profit from the experience 경험으로부터 이익을 얻다

comfortable
[kʌ́mfətəbl, 컴퍼터블]
형 편안한

a comfortable suburban home
교외에 있는 안락한 집

compete [kəmpíːt, 컴피―트]
동 경쟁하다, 겨루다

compete with others for a prize
상을 타려고 남들과 경쟁하다

Misson! Read My Diary

오늘 배운 단어들의 의미를 생각하면서 아래 일기를 읽어보세요.

어제 뉴스를 통해 ❶ miserable한 소식을 들었다. 동남아 지역에 ❷ terrible한 태풍으로 인해 거대한 쓰나미와 ❸ flood가 발생했다는 소식이었다. 다행히 ❹ previous 대피경보를 거주민들에게 ❺ notice 해서 큰 인명피해는 없었다고 한다. 하지만 일부 마을 주민들이 홍수로 인해 고립되어서 이들에 대한 ❻ rescue 작업을 현재까지도 계속 ❼ attempt하고 있다고 한다. 만약 ❽ late하게 사람들을 대피시켰다면 고립된 사람들이 느꼈을 ❾ horror는 상상도 못할 만큼 컸을 것이다. 역시 이런 자연 재해는 ❿ quick 한 대처가 생명인 것 같다.

Answer ❶ miserable 형 비참한 ❷ terrible 형 끔찍한 ❸ flood 명 홍수 ❹ previous 형 이전의 ❺ notice 동 알리다 ❻ rescue 명 구조 ❼ attempt 동 시도하다 ❽ late 부 늦게 ❾ horror 명 공포 ❿ quick 형 빠른

일상에서 우리는 누가 키가 더 크고, 더 똑똑한지와 같은 '비교'를 많이 합니다. 영어로 비교를 하고 싶을 때는 형용사와 부사의 비교급을 이용하면 됩니다. 또 우리 반에서 가장 키가 크고 가장 똑똑한 학생을 나타내고 싶을 때는 형용사와 부사의 최상급을 활용하면 됩니다.

1. 형용사와 부사의 비교급과 최상급 만들기 규칙변화 1

- 1음절 단어에는 er/est를 붙입니다. 1음절이란 단어에 발음되는 모음이 하나 있는 경우를 말합니다.

  ex) short - shorter - shortest   great - greater – greatest

- e로 끝나는 1음절 단어에는 r/st만 붙입니다.

  ex) large - larger - largest   wise – wiser – wisest

- [단모음+ 단자음]으로 이루어진 단어는 마지막 자음을 한 번 더 쓰고 er/est를 붙입니다.

  ex) big - bigger - biggest   hot - hotter – hottest

- [자음 + y]로 끝나는 1음절 단어는 y를 i로 고치고 er/est를 붙입니다.

  ex) happy - happier - happiest   early - earlier - earliest

2. 형용사와 부사의 비교급과 최상급 만들기 규칙변화 2

- –ful, –less, –ish, –ous, –ly로 끝나는 단어는 앞에 more/most를 붙입니다.

  ex) useful - more useful – most useful   quickly - more quickly – most quickly

- –ly로 끝나더라도 friendly와 같은 형용사의 경우에는 – ier/–iest을 사용합니다.

  ex) friendly - friendlier - friendliest   lovely – lovelier - loveliest

- 대부분의 2음절 이상의 단어 앞에 more/most를 붙입니다.

  ex) difficult - more difficult – most difficult   popular - more popular – most popular

3. 형용사와 부사의 비교급과 최상급 만들기 규칙변화 3

- 2가지 변화가 모두 가능한 경우도 있습니다.

  ex) wise – wiser - wisest / more wise – most wise

  narrow - narrower – narrowest / more narrow – most narrow

4. 형용사와 부사의 비교급과 최상급 만들기 불규칙 변화

- er, est, more, most로 변화하지 않고 비교급과 최상급 단어가 완전히 다른 모습으로 존재합니다.

  ex) good - better – best / bad - worse - worst

  many or much - more – most / little - less - least

  old (나이든, 낡은) - older – oldest / old (연상의, 손위의) - elder – eldest

  late (시간이 늦은) - later (후의) - latest (최근의) /

  late (순서가 나중인) - latter(후자의) - last(마지막)

  far (거리가 먼) - farther – farthest / far (더욱, 한층) - further – furthest

DAY 31

"Success is the ability to go from failure
to failure without losing your enthusiasm."
- *Winston Churchill*

"성공이란 거듭되는 실패에도
열정을 잃지 않고 계속 나아갈 수 있는 능력이다."

한 번 넘어진다고 달리기는 끝나지 않아요. 넘어져도 다시 일어나서 끝까지 달리면 완주
할 수 있습니다. 다시 일어날 수 있게 하는 힘, 다시 여러분을 달리게 하는 힘은 열정입니
다. 열정을 가슴에 품고 오늘도 힘냅시다!

>>> DAY 31 음성 강의

able [éibl, 에이블]
형 ~할 수 있는

The man was able to lift 20kg.
그 남자는 20kg을 들 수 있었다.

wise [waɪz, 와이즈]
형 지혜로운, 현명한

I heard a story of a wise old man.
나는 현명한 노인에 대한 이야기를 들었다.

disabled [dɪséɪbld, 디세이블드]
형 장애를 가진

In my town, there are parking spaces for disabled people. 내가 사는 동네에는 장애를 가진 사람들을 위한 주차공간이 마련되어 있다.

discover [dɪskʌ́və(r), 디스커버]
동 발견하다

Every day at school, I discover new facts.
나는 학교에서 매일 새로운 사실을 발견한다.

another
[ənʌ́ðə(r), 어나더]
형 또 하나의 대 또 다른 것, 사람

I turned on another computer.
나는 또 다른 컴퓨터를 켰다.

The businessman went from one place to another.
회사원은 한 곳에서 다른 곳으로 옮겨갔다.

save [séiv, 쎄이브]
동 구하다, 모으다, 절약하다

The lifeguard saved his life. 안전요원이 그의 생명을 구했다.

Let's take the subway to save time.
시간을 절약하기 위해서 지하철을 타자.

true [tru:, 트루-]
형 사실의, 진짜의, 참인

The movie is based on a true story.
이 영화는 실화를 바탕으로 했다.

Try guessing true or false. 진실 혹은 거짓인지 맞춰봐.

soul [soul, 쏘울]
명 영혼, 정신

Spending time alone can heal the soul.
자신만의 시간을 보내는 것은 영혼을 치유할 수 있다.

height [haɪt, 하이트]
명 높이, 키

The average height of our class is 170cm.
우리 반의 평균 키는 170cm다.

name [neɪm, 네임]
명 이름 동 이름을 지어주다

What's your name? 이름이 뭐니?

They named their cat Kitty.
그들은 그들의 고양이를 Kitty라고 이름 붙였다.

prepare [prɪpér, 프리페어]
동 준비하다

I will prepare for the exam starting from today.
오늘부터 나는 시험을 준비할 것이다.

attention [əténʃn, 어텐션]
명 집중, 관심

Pay attention to the lecture. 강의에 집중해.

strong [strɔːŋ, 스트롱-]
형 튼튼한, 강한

The strong wind messed up my hair.
강한 바람이 내 머리카락을 망쳐놓았다.

blind [blaɪnd, 블라인드]
형 눈이 먼, 맹인인

The sun made him go blind. 태양은 그의 눈을 멀게 했다.

front [frʌnt, 프런트]
명 앞면 형 앞쪽의

Present your assignment in front of the classroom.
교실의 앞쪽에서 과제를 발표하세요.

stair [ster, 스테일]
명 계단

We walked up the high stairs.
우리는 가파른 계단을 걸어올라갔다.

cry [kraɪ, 크라이]
동 울다, 외치다

The sailer heard a cry for help.
선원은 도움을 외치는 소리를 들었다.

believe [bɪliːv, 빌리-브]
동 믿다

Do you believe in God? 당신은 신의 존재를 믿나요?

grow [groʊ, 그로우]
동 자라다, 재배하다, ~하게 되다

My grandfather grows rice in the country.
나의 할아버지는 시골에서 쌀을 재배하신다.
We will all grow old. 우리는 모두 차차 나이가 들 것이다.

youth [juːθ, 유-쓰]
명 어린 시절, 젊음

Today's youth culture is puzzling to me.
오늘날의 젊은이 문화는 나에게 혼란스럽다.

고등학교를 준비하는 학생이 꼭 알아야 할 영단어

associate [əsóusiert, 어쏘씨에이트]
동 연관 짓다

I associate the smell of the ocean with my childhood.
나는 바다냄새를 어린 시절과 연관 짓는다.

democracy
[dɪmɑ́ːkrəsi, 디마-크러씨]
명 민주주의

The people will fight for democracy.
민중은 민주주의를 위해 싸울 것이다.

emergency
[imə́ːrdʒənsi, 이멀-전씨]
명 비상(사태)

The man was rushed to the emergency room.
남자는 응급실로 서둘러 옮겨졌다.

belong [bɪlɔ́ːŋ, 빌렁-]
통 제자리에 있다, ~소유이다

I am where I belong. 나는 제자리에 있다.
This book belongs to him. 이 책은 그의 것이다.

humble [hʌ́mbl, 험블]
형 겸손한, 미천한

Despite his success, he is always humble.
그의 성공에도 불구하고 그는 항상 겸손하다.

hinder [híndə(r), 힌더]
통 방해하다

His love for games hindered his success.
게임에 대한 사랑은 그의 성공을 방해했다.

bold [boʊld, 볼드]
형 용감한, 대담한

The bold explorer jumped down the waterfall.
용감한 탐험가는 폭포 아래로 뛰었다.

temporary
[témpəreri, 템퍼레리]
형 일시적인, 임시의

The cold weather will be temporary.
추운 날씨는 일시적일 것이다.

obey [əbéɪ, 오베이]
통 따르다, 순종하다

A good citizen obeys the law.
선량한 시민은 법을 따른다.

respect [rɪspékt, 리스펙트]
명 존경, 존중 통 존경하다

Koreans have a special respect for elders.
한국인들은 노인들을 특히 존경한다.

subtle [sʌ́tl, 써를]
형 미묘한, 감지하기 힘든

He sensed a subtle differences in the water's taste.
그는 물 맛에서 미묘한 차이를 느꼈다.

immigrate
[ímɪɡreɪt, 이미그레이트]
통 이주해(이민을) 오다

Many families immigrate to the U.S.
많은 사람들이 미국으로 이민을 간다.

cheer [tʃɪr, 치얼]
명 환호성 통 환호성을 지르다

The cheers of the fans made my ears hurt.
팬들의 환호성은 나의 귀를 아프게 했다.

poverty [pɑ́ːvərti, 파-버티]
명 가난, 빈곤

She lived in poverty her whole life.
그녀는 평생 가난 속에 살았다.

highly [hɑ́ɪli, 하일리]
부 대단히, 고도로

Her business is highly successful.
그녀의 사업은 대단히 성공적이다.

The highly educated professor's classes are popular.
고도로 교육된 교수의 강의는 인기가 많다.

essential [isénʃl, 이쎈셜]
형 필수적인, 본질적인

An essential ingredient to my cupcakes is vanilla.
나의 컵케이크의 필수적인 재료는 바닐라다.

account [əkáunt, 어카운트]
명 계좌, 설명

I would like to open a bank account.
은행 계좌를 개설하고 싶습니다.

conscious [kάːnʃəs, 컨–셔스]
형 의식하는, 의식이 있는

She's very conscious of the fact.
그녀는 그 사실을 매우 잘 의식하고 있다.

decrease [dikríːs, 디크리–쓰]
명 감소 동 줄다, 줄이다

The driver decreased the speed of the car due to the snow. 운전수는 눈 때문에 차의 속도를 줄였다.

ruin [rúːin, 루–인]
동 망치다

Her spending habits ruined her life.
그녀의 소비 습관은 그녀의 삶을 망쳤다.

Misson! English Sentence GOGO!!

다음 문장들을 읽고 우리말 의미에 맞게 빈칸을 채우세요.

discover   prepare   able   belong   associate

❶ You must be _____ to speak French for this job.
당신은 이 일을 위해 프랑스어를 할 수 있어야 한다.

❷ You might even _____ you don't like him.
당신은 아마 당신이 그 남자를 좋아하지 않는다는 사실을 발견할지도 모른다.

❸ We need to _____ for this war.
우리는 이 전쟁을 위해 준비해야 한다.

❹ I always _____ the word with an unpleasant memory.
나는 항상 그 말을 불쾌한 기억들과 연관시킨다.

❺ It doesn't _____ to you, either.
그것은 너에게도 속해 있지 않아.

Answer   ❶ able   ❷ discover   ❸ prepare   ❹ associate   ❺ belong

이번 시간부터는 배운 내용을 바탕으로 다양하게 비교하는 방법을 배웁니다. 오늘은 '원급'이라고 하는 **형용사와 부사의 원래 형태**를 이용해서 비교하는 법을 배울 겁니다. 형용사나 부사의 비교급이나 최상급이 아닌 원래 형태 그대로 어떻게 '비교'가 가능한 지 궁금하죠? 바로 알아봅시다.

1. A as 형용사/부사의 원급 as B A는 B만큼 ~하다

ex) A new smart phone is **as expensive as** the table.
새 스마트폰은 테이블만큼 비싸다.

The Lord of the Rings is **as interesting as** the Harry Porter.
〈반지의 제왕〉은 〈해리 포터〉만큼 재미있다.

My sister can run **as fast as** my brother.
나의 언니는 나의 오빠만큼 빠르게 달릴 수 있다.

● 원급이 같은 것만을 나타내지는 않습니다. 'not'을 추가하면 비교하는 표현을 만들 수 있습니다.

ex) A new smart phone is **not as expensive as** the table.
테이블이 새 스마트폰보다 더 비싸다.

The Lord of the Rings is **not as interesting as** the Harry Porter.
〈해리 포터〉가 〈반지의 제왕〉보다 더 재미있다.

2. as 형용사/부사의 원급 as possible 가능한 ~하게

ex) Tom runs **as fast as** possible. Tom은 가능한 빠르게 달린다.
= Tom runs as fast as he can.

3. 배수사 + as 형용사/부사의 원급 as 몇 배만큼 ~하다

ex) I read **twice as many books as** she does. 나는 그녀가 읽는 책보다 두 배의 책을 읽는다.
My brother ate **twice as much as** i did. 나의 오빠는 내가 먹은 것보다 두 배를 먹었다.

● 배수사라는 것은 두 배, 세 배, 네 배를 나타내는 말입니다. 두 배는 주로 twice라고 표현하고, 세 배부터는 three times, four times, five times와 같이 숫자 뒤에 'times'를 붙여서 사용합니다.

학교내신대비 연습문제

다음 괄호 안의 단어들을 바르게 배열해 문장을 완성하세요.

He (as / she / old / is / as).

→ He is _____.

Answer He is as old as she is. 그는 그녀가 나이든 만큼 나이들었다. (그와 그녀의 나이는 같다.)

DAY 32

"Happiness and misery are not fated
but self-sought."

"행복과 불행은 그 운이 정해진 것이 아니라
스스로 개척하는 것이다."

누구는 운이 좋아서 행복하고, 누구는 운이 나빠서 불행한 게 아닙니다. 여러분이 행복을
찾아가면 행복해지는 것이고, 불행을 찾아가면 불행해지는 것이죠. 스스로 행복하고자 노
력하면 행복을 찾을 수 있습니다. 선생님은 확신할 수 있어요. 이만큼 열심히 노력하는 여
러분은 분명 행복을 찾아가고 있다고요!

>> DAY 32 음성 강의

breast [brést, 브레스트]
명 가슴

I decided to breast feed.
나는 모유 수유하기로 결정했다.

floor [flɔ:(r), 플로-어]
명 바닥, 층

The office is on the second floor.
사무실은 2층에 있다.

forest [fɔ́:rɪst, 포-리스트]
명 숲, 삼림

There are many tropical forests in South America.
남아메리카에는 열대림이 많다.

vegetable [védʒtəbl, 베지터블]
명 채소, 야채

My grandparents grow their own vegetables.
나의 조부모님께서는 채소를 직접 키우신다.

continue [kəntínjuː, 컨티뉴-]
통 계속되다, 계속하다

My smart phone made it hard for me to continue studying.
나의 스마트폰은 공부를 계속하는 것을 어렵게 했다.

museum [mjuzíːəm, 뮤지-엄]
명 박물관, 미술관

The Tate Modern Art Museum is in London, England.
테이트 현대 미술 박물관은 영국 런던에 있다.

write [raɪt, 라이트]
통 쓰다

I write a letter each week to my sister in Los Angeles.
나는 매주 LA에 사는 나의 자매에게 편지를 쓴다.

understand
[ʌndərstǽnd, 언덜스탠드]
통 이해하다, 알아듣다

The stewardess can understand French.
그 스튜어디스는 프랑스어를 이해할 수 있다.

fight [faɪt, 파이트]
명 싸움 통 싸우다

The fight against crime is endless.
범죄에 맞선 싸움은 끝이 없다.

cell [sel, 쎌]
명 세포, 감방

Cancer cells were found in the liver.
간에서 암세포들이 발견되었다.

enough [ɪnʌ́f, 이너프]
형 충분한 부 충분히

There is not enough room for all of us in the elevator.
엘리베이터에 우리 모두를 위한 충분한 공간이 없다.
This boat is big enough to carry 20 people.
이 배는 20명을 태울 수 있는 충분히 크기다.

aloud [əláud, 얼라우드]
부 (다른 사람들이 들을 수 있게) 소리 내어, 크게

The teacher read aloud the storybook to her students.
선생님은 이야기책을 학생들에게 소리 내어 읽어주었다.

awful [ɔ́:fl, 어-플]
형 끔찍한, 지독한

Whale watching was an awful experience.
고래 관광은 끔찍한 경험이었다.

lose [lu:z, 루-즈]
동 잃어버리다, 잃다, 지다

We lost our way. 우리는 길을 잃었다.
Nick was afraid of losing face after his mistake.
닉은 그의 실수 후에 체면을 잃는 것을 두려워했다.

amazing [əméɪzɪŋ, 어메이징]
형 (감탄스럽도록) 놀라운

Benjamin Franklin made an amazing discovery.
벤자민 프랭클린은 놀라운 발견을 했다.

want [wɑ:nt, 원-트]
동 원하다

I constantly want to sleep.
나는 끊임없이 자고 싶다.

spend [spénd, 스펜드]
동 소비하다

He spends a lot of his money on books.
그는 많은 돈을 책에 소비한다.

silent [sáɪlənt, 싸일런트]
형 고요한, 조용한

The forest was completely silent.
숲 속은 완전히 고요했다.

examination
[ɪgzæmɪnéɪʃn, 익재미네이션]
명 시험

The freshmen will take final examinations soon.
신입생들은 곧 기말시험을 치를 것이다.

really [ríːəli, 리-얼리]
부 정말로

All sports cars are really fast. 스포츠카는 모두 정말 빠르다.

고등학교를 준비하는 학생이 꼭 알아야 할 영단어

repair [rɪpér, 리페어]
동 수리하다, 고치다

It was very expensive to repair my car.
나의 차를 수리하는 것은 굉장히 비쌌다.

lack [læk, 래크]
명 부족, 결핍 동 부족하다

A lack of money is always an issue for this company.
돈의 부족은 이 회사에서 항상 문제다.

sight [sáɪt, 싸이트]
명 시력

It is said that people from Mongolia have good sight.
몽골에서 온 사람은 시력이 좋다고 한다.

spoil [spɔ́ɪl, 스포일]
동 망치다, 버릇없게 키우다

The rich CEO spoiled his only child.
부유한 CEO는 그의 외아들을 버릇없게 키웠다.

contradict

[kɑ:ntrədíkt, 칸-트러딕트]

통 부정하다, 모순되다

Nobody dared to contradict the leader.
아무도 감히 지도자를 부정하지 않았다.

finance [fáinæns, 파이낸스]

명 재원, 재정, 자금

The assembly decided to increase finance for education. 의회는 교육을 위한 재원을 늘리기로 결정했다.

current [kə́:rənt, 커-런트]

형 현재의 명 흐름, 해류, 기류

Current prices of fresh produce are very high.
현재 신선한 식재료의 물가는 매우 높다.
A current of air from the fan reached my face.
선풍기에서 불어온 바람의 흐름이 나의 얼굴에 닿았다.

contrast

[kɑ́:ntræst, 칸-트래스트]

명 차이, 대조 통 대조하다

There is a strong contrast between the colors black and white. 검은색과 흰색 사이에 강한 대조가 존재한다.
Last month's research results contrast those of this month. 지난달의 연구 결과는 이번 달의 것과 대조된다.

theory [θíri, 띠어리]

명 이론

The theory of relativity was developed by Albert Einstein. 상대성 이론은 알버트 아인슈타인이 개발했다.

incident [ínsɪdənt, 인시던트]

명 사건

The shooting incident in California shocked everyone.
캘리포니아의 총기 사건은 모두에게 충격을 주었다.

impression [ɪmpréʃn, 임프레션]

명 인상

My first impression of her was good.
그녀에 대한 나의 첫 인상은 좋았다.

instruct [ɪnstrʌ́kt, 인스트럭트]

통 지시하다, 알려주다

The police instructed the citizens to stay calm.
경찰관은 시민들에게 침착함을 유지하라고 지시했다.

bill [bɪl, 빌]

명 청구서, 계산서, 법안

The electricity bill this month is overwhelming.
이번 달 전기세는 벅찰 정도로 많이 나왔다.
The assembly decided to reject the bill.
의회는 법안을 부결시키기로 결정했다.

economy [ɪkɑ́:nəmi, 이카-너미]

명 경기, 경제

The market economy collapsed in 2008.
시장 경제는 2008년에 붕괴했다.

order [ɔ́:rdə(r), 올-덜]

명 순서, 질서, 명령, 주문
통 명령하다, 주문하다

Please stand in order of arrival.
도착한 순서대로 줄을 서주십시오.

recall [rikɔ́:l, 리콜-]
圏 회수 통 생각나게 하다, 회수하다

I cannot recall his name.
나는 그의 이름을 생각해낼 수 없다.

export [ékspɔ:rt, 엑스포-트]
[ikspɔ́:rt, 익스포-트]
圏 수출 통 수출하다

Canada and Saudi Arabia export oil to the U.S.
캐나다와 사우디아라비아는 미국에 석유를 수출한다.

extension [iksténʃn, 익스텐션]
圏 확대, 연장

She had to go to the embassy for a visa extension.
그녀는 비자 연장을 위해서 대사관에 가야만 했다.

establish [istǽbliʃ, 이스태블리쉬]
통 설립하다, 확립하다

The committee was established in 1997.
위원회는 1997년에 설립되었다.

exist [igzíst, 이그지스트]
통 존재하다

We will never know about everything that exists in the wild. 우리는 야생에 존재하는 모든 것에 대해 알지 못할 것이다.

Misson! English Sentence GOGO!!

다음 문장들을 읽고 우리말 의미에 맞게 빈칸을 채우세요.

enough   continue   forest   impression   lack

❶ We will now _____ the debate.
우리는 이제 토론을 계속할 것입니다.

❷ I have been eating too much and not exercising _____.
나는 많이 먹기만 하고 운동을 충분히 하지 않았다.

❸ The trees in fruit are standing in the _____.
열매를 맺은 나무가 숲 속에 서 있다.

❹ The only handicap of your business is _____ of capital.
네 사업의 유일한 악조건은 자본의 부족함이다.

❺ What was your first _____ of Europe?
당신은 유럽의 첫인상이 어땠나요?

Answer   ❶ continue   ❷ enough   ❸ forest   ❹ lack   ❺ impression

비교를 위한 다양한 표현이 있다고 했는데, 이번 시간에는 형용사와 부사의 비교급을 이용한 비교 표현에 대해서 배웁니다. 가장 기본적인 비교 표현이기 때문에 반드시 익혀야 합니다.

1. 형용사/부사의 비교급 + than~ ~보다 더 …한

ex) Tom is **stronger than** John. Tom은 John보다 힘이 세다.

Tom drives **more carefully than** me. Tom은 나보다 더 조심스럽게 운전한다.

2. 배수사 + 형용사/부사의 비교급 + than ~보다 몇 배 더 …한

ex) This bag is **twice heavier than** that bag. 이 가방은 그 가방보다 두 배 더 무겁다.

He is **three times older than** I. 그는 나보다 세 배 더 나이가 많다.

Germany is **about four times bigger than** Korea. 독일은 한국보다 약 네 배 더 크다.

- 지난 시간에는 형용사/부사의 원급을 이용해서 다양한 표현들을 만들었어요. 같은 의미라도 다양하게 표현할 수 있답니다. 이런 포인트로 시험 문제가 출제되기도 한답니다. 예를 들어서 아래의 두 문장은 표현 방식은 다르지만 의미는 같답니다.

ex) Tom is **stronger than** John. = John is **not as strong as** Tom.

This bag is **twice heavier than** that bag. = This bag is **twice as heavy as** that bag.

- 같은 의미의 문장을 형용사/부사의 원급, 비교급을 이용해서 자유자재로 바꿀 수 있도록 연습하세요.

학교내신대비 연습문제

다음 우리말 의미에 맞게 빈칸을 완성하세요.

❶ Tom은 John보다 더 나이가 많다.

　　Tom is ＿＿＿＿＿＿ than John.

❷ 너의 가방은 내 것보다 두 배 더 무겁다.

　　Your bag is ＿＿＿＿＿＿ than mine.

Answer　❶ older　❷ twice heavier

DAY 33

"Yesterday is history. Tomorrow is a mystery.
Today is a gift.
That's why we call it 'present'."
- 영화 〈쿵푸팬더(Kung Fu Panda)〉 중에서

"어제는 지나버린 것이고, 내일은 알 수 없는 것이야.
하지만 오늘은 선물이지.
그래서 그것을 'present(선물)'라고 부른단다."

영단어 'present'는 '현재'와 '선물'이라는 뜻을 동시에 가지고 있습니다. 오늘은 여러분에게 주어진 하나의 선물입니다. 선물 포장을 뜯을 때의 설렘을 가득 안고, 하루를 시작해 보세요. 오늘을 감사히 여기며 살아갑시다. 매일 여러분들에게 주어지는 선물을 놓치지 마세요.

>>> DAY 33 음성 강의

cost [kɔ́ːst, 코-스트]
명 값, 비용 동 (비용이) 들다

The cost of housing in major cities is pricey.
대도시의 거주 비용은 비싸다.

subject [sʌ́bdʒɪkt, 써브젝트]
명 주제, 과목 형 ~에 달려 있는
형 ~의 영향을 받기 쉬운

My favorite subject is English.
내가 제일 좋아하는 과목은 영어다.

The policy is subject to criticism.
그 정책은 비판을 받기 쉽다.

coast [kóust, 코스트]
명 해안

We went on a cruise from coast to coast.
우리는 대서양에서 태평양까지 유람선을 타고 여행했다.

bark [bɑːrk, 발-크]
동 (개가) 짖다

That dog always barks at us.
저 개는 늘 우리를 보고 짖는다.

musician [mjuzíʃn, 뮤지션]
명 음악가

Stevie Wonder is a blind musician.
스티비원더는 맹인 음악가다.

already [ɔːlrédi, 얼-레디]
부 이미, 벌써

I already did the assignment.
나는 이미 과제를 했다.

similar [símələ(r), 씨밀럴]
형 유사한, 비슷한

Couples tend to have similar interests.
커플들은 유사한 흥밋거리를 가지고 있는 경향이 있다.

public [pʌ́blɪk, 퍼블릭]
명 대중 형 대중의, 일반인의

Let's go to the public park for a suntan.
선탠을 하러 공공 공원에 가자.

career [kərír, 커리어]
명 직업, 경력

He pursued a career in politics.
그는 정치 분야의 직업을 추구했다.

early [ə́ːrli, 얼-리]
형 이른, 빠른 부 일찍

My brother is an early bird.
나의 형은 일찍 일어나는 사람이다./일찍 일어난다.

On Saturdays, I never get up early.
나는 토요일에 절대로 일찍 일어나지 않는다.

anger [ǽŋgə(r), 앵걸]
명 화, 분노

He was filled with anger.
그는 몹시 화가 나 있었다.

still [stíl, 스틸]
형 고요한, 조용한 부 아직도

I wrote a poem about the still lake.
나는 고요한 호수에 대한 시를 썼다.

He still has not sent me the report.
그는 여전히 나에게 보고서를 보내지 않았다.

piece [piːs, 피-쓰]
명 한 부분, 조각

Please give me a piece of cake.
케이크 한 조각을 주세요.

disaster [dɪzǽstə(r), 디재스털]
명 재난

Natural disasters are occurring more and more often.
자연 재해는 점점 더 자주 일어나고 있다.

anxious
[ǽŋkʃəs, 앵셔쓰]
형 불안해하는, 갈망하는

The students are anxious about the exam.
학생들은 시험에 대해 불안해하고 있다.
Many people today are anxious to get a job.
오늘날 많은 사람들은 직업을 얻기를 열망한다.

foreign [fɔ́ːrən, 포-렌]
형 외국의

Foreign languages are useful in the global market.
외국어는 국제 시장에서 유용하다.

noise [nɔ́ɪz, 노이즈]
명 소음

People living one floor above always make loud noises.
한 층 위에 사는 사람들이 항상 소란을 피운다.

award [əwɔ́ːrd, 어월-드]
명 상 통 수여하다

I won an award for the dance contest.
나는 댄스 대회에서 상을 수상했다.

climb [kláɪm, 클라임]
통 오르다, 올라가다

Not many people have climbed Mount Everest.
많지 않은 사람들이 에베레스트 산을 올랐다.

wish [wíʃ, 위쉬]
명 소망, 바람
통 바라다, 희망하다

I wish to go to the prince's ball.
나는 왕자님의 무도회에 가기를 소망한다.

고등학교를 준비하는 학생이 꼭 알아야 할 영단어

command [kəmǽnd, 커맨드]
명 명령

The general gave the command to attack.
장군은 공격하라는 명령을 내렸다.

raise [réɪz, 레이즈]
통 들어 올리다, 기르다

Knowing the answer, he raised his hand.
답을 안 그는 손을 들었다.
My grandmother raised 6 children.
나의 할머니께서는 6명의 아이들을 기르셨다.

sympathy [símpəθi, 심퍼띠]
명 동정, 연민

I felt sympathy for the homeless man.
나는 노숙자에게 연민을 느꼈다.

plain [pléin, 플레인]
형 분명한, 무늬가 없는, 꾸미지 않은

Her clothes were very plain.
그녀의 옷은 매우 소박했다.

positive [pá:zətɪv, 파-지티브]
형 긍정적인

Always think positive thoughts.
항상 긍정적인 생각을 해라.

surround [səráund, 써라운드]
통 둘러싸다, 포위하다

Zombies were surrounding the house.
좀비들이 집을 둘러싸고 있었다.

depend [dipénd, 디펜드]
통 의지하다

The old man depends on his son.
노인은 그의 아들에게 의지한다.

access [ǽkses, 액서스]
명 접근, 접근권

The internet allows easy access to information.
인터넷은 정보에 대한 쉬운 접근이 가능하다.

appear [əpír, 어피얼]
통 나타나다

The main actress appears on the stage.
주연 여배우가 무대에 나타난다.

since [síns, 씬스]
전 ~부터
접 ~한 이후로, ~때문에

The restaurant has existed since 1987.
식당은 1987년부터 존재했다.

Since she left I've been living in pain.
그녀가 떠난 이후로 나는 고통 속에 살고 있다.

outcome [áutkʌm, 아웃컴]
명 결과

The outcome of the meeting was not satisfactory.
회의의 결과는 만족스럽지 못했다.

liquid [líkwɪd, 리퀴드]
명 액체

Liquid lipstick is the latest trend in makeup.
화장품에서 액체 립스틱이 최신 유행이다.

opportunity
[ɑ:pərtú:nəti, 어-퍼츄니티]
명 기회

It's an opportunity of a lifetime.
그것은 일생일대의 기회다.

consist [kənsíst, 컨시스트]
통 이루어져 있다

Water consists of hydrogen and oxygen.
물은 수소와 산소로 이루어져 있다.

commit [kəmít, 커미트]
통 저지르다, 헌신하다

This was her second time to commit a crime.
이번이 그녀가 두 번째로 범죄를 저지른 것이다.

adapt [ədǽpt, 어댑트]
통 적응하다, 맞추다

Some people adapt well to change.
어떤 사람은 변화에 잘 적응한다.

distance [dístəns, 디스턴스]

명 거리

The post office is within walking distance of my house.
우체국은 우리 집에서 걸어갈 수 있는 거리에 있다.

intelligence
[ɪntélɪdʒəns, 인텔리전스]

명 지능

The beautiful woman's high level of intelligence was her secret weapon.
아름다운 여성의 높은 지능은 그녀의 비밀 무기였다.

arrange [əréɪndʒ, 어레인지]

동 마련하다, 정리하다

He arranged a doctor's appointment for noon.
그는 정오에 병원 약속을 잡았다.

confess [kənfés, 컨페스]

동 자백하다, 고백하다

After 10 years, he finally confessed his love for her.
10년 후에 그는 드디어 그녀에 대한 사랑을 고백했다.

Misson! English Sentence GOGO!!

다음 문장들을 읽고 우리말 의미에 맞게 빈칸을 채우세요.

cost   access   raise   already   bark

❶ How much does this sofa _____ ?
이 소파는 얼마입니까?

❷ I am afraid of dogs when they _____ .
나는 개가 짖을 때 무서워한다.

❸ He has _____ been talking to her for thirty minutes.
그는 그녀와 벌써 30분 동안 이야기하고 있다.

❹ All those who object, _____ your hands, please.
반대하는 분은 손을 들어주십시오.

❺ You'll need a password to _____ the database.
당신은 데이터베이스에 접근하기 위해서 암호가 필요할 것이다.

Answer ❶ cost ❷ bark ❸ already ❹ raise ❺ access

211

오늘은 형용사와 부사의 최상급 형태를 이용해서 비교 표현을 만들어봅시다. 최상급을 이용한 비교급은 원급, 비교급과 바꾸어 쓸 수 있는데요, 이 부분이 학교 시험에서 중요한 포인트이기 때문에 눈여겨봐야 합니다.

1. **의미** 셋 이상의 비교 대상 중에서 가장 ~한

2. **형태** 정관사 the + 형용사/부사의 최상급

　ex) China is the largest country in Asia. 중국은 아시아에서 가장 큰 나라다.
　　　The Nile is the longest river in the world. 나일 강은 세계에서 가장 긴 강이다.
　　　She is the most popular singer in Korea. 그녀는 한국에서 가장 유명한 가수다.

- 최상급을 이용하면 아래와 같은 재미있는 표현도 만들 수 있습니다.
  - one of the + 최상급 + 복수명사 : 가장 ~한 것들 중 하나
    ex) He is one of the greatest writers in Korea.
    　　 그는 한국에서 가장 훌륭한 작가들 중 한 명이다.
    　　 Seoul is one of the busiest cities in the world.
    　　 서울은 세계에서 가장 분주한 도시들 중 하나다.

중학내신 기출 포인트 원급, 비교급, 최상급을 이용한 다양한 표현

- 아래 문장들처럼 지금까지 배운 내용들을 종합해 최상급 문장을 다양하게 바꾸어 쓸 수 있습니다. 이 부분이 학교 시험에서 서술형 문제로 출제됩니다. 꼭 기억하세요.

　ex) Tom is the tallest in the class. = Tom is taller than any one else.
　　　= Tom is taller than any other student. = Tom is taller than all the other students.
　　　= No other student is taller than Tom. = No other student is as tall as Tom.

학교내신대비 연습문제

다음 우리말 의미에 맞게 괄호 안의 단어를 변형해 빈칸을 완성하세요.

❶ I am _____ boy in my class. (tall) 나는 우리 반에서 가장 키가 큰 소년이다.

❷ English is _____ subject for me. (easy) 영어는 나에게 가장 쉬운 과목이다.

❸ This bag is _____ in this store. (expensive)
　　이 가방은 이 가게에서 가장 비싼 가방이다.

Answer　❶ the tallest　❷ the easiest　❸ the most expensive

DAY 34

"It's a miracle that the person who I like likes me."
- 『어린왕자(The Little Prince)』 중에서

"내가 좋아하는 사람이
날 좋아해주는 것은 기적이야."

여러분은 누군가를 좋아해본 적이 있나요? 서로가 서로를 좋아한다는 것은 쉬운 일은 아
닌 것 같아요. 멋지게 영어를 구사하는 여러분들의 모습에 누군가는 매력을 느끼지 않을
까요? 내가 좋아하는 사람이 나를 좋아해주는 기적같은 경험을 기대하며 오늘도 열공!

>>> DAY 34 음성 강의

cancel [kǽnsl, 캔슬]
图 취소하다

We canceled the order at the restaurant.
우리는 식당에서 주문을 취소했다.

average [ǽvəridʒ, 애버리지]
명 평균 형 평균의

The average temperature this week was 14°C.
이번 주의 평균 기온은 섭씨 14도였다.

strange
[stréindʒ, 스트레인지]
형 낯선, 이상한

A strange sound was heard from the basement.
지하에서 이상한 소리가 들렸다.

minute [mínɪt, 미니트]
명 분, 잠깐

I have been in line for 30 minutes.
나는 30분째 줄을 서고 있다.

near [nír, 니얼]
형 가까운, 비슷한 부 가까이

We are thinking of getting married in the near future.
우리는 가까운 미래에 결혼할 생각이다.

climate [kláimət, 클라이밋]
명 기후, 분위기

Some people believe that climate change is fake.
몇몇 사람들은 기후 변화가 가짜라고 믿는다.

recycle [ri:sáikl, 리―싸이클]
图 재활용하다

The recycling system of Korea is excellent.
한국의 재활용 시스템은 우수하다.

toward [tɔ́:rd, 터월―드]
전 ~을 향하여, ~쪽으로

We started to walk toward the mountain.
우리는 산을 향해서 걷기 시작했다.

tired [táiərd, 타이얼드]
형 피곤한, 싫증난

I get black circles when I'm tired.
나는 피곤할 때 다크서클이 생긴다.
I'm tired of my girlfriend.
나는 여자 친구가 싫증난다.

well [wél, 웰]
형 건강한 부 잘, 좋게

She can play basketball very well.
그녀는 농구를 정말 잘한다.

hide [háid, 하이드]
图 감추다, 숨다

I managed to hide my disappointment.
나는 간신히 실망감을 숨겼다.

spring [spríŋ, 스프링]
명 봄 图 튀어오르다

The frog sprang forward.
개구리는 앞으로 튀어올랐다.

bring [briŋ, 브링]
동 가져오다, 데려오다

You can bring a friend to the party.
너는 파티에 너의 친구 한 명을 데리고 올 수 있다.

as [æz, 애즈]
전 ~처럼, ~같이, ~로서
접 ~하는 동안에, ~대로, ~때문에

As she grew older, her hair color changed.
그녀가 나이가 들어가면서 머리카락의 색이 변했다.

grass [græs, 그래쓰]
명 풀, 잔디

He earned five dollars for mowing grass.
그는 잔디를 깎아서 5달러를 벌었다.

guest [gést, 게스트]
명 손님

The wedding guests wrote letters to the bride and
groom. 결혼식 하객들은 신부와 신랑에게 편지를 써주었다.

pale [péil, 페일]
형 창백한

The man coming out of the doctor's office looked pale.
진료실에서 나오는 남자는 창백해 보였다.

sell [sél, 쎌]
동 팔다, 팔리다

All of the sale items were sold out.
모든 세일 상품은 다 팔렸다

giant [dʒáiənt, 자이언트]
명 거인 형 거대한

The giant wrestler scared his opponent.
거대한 레슬링 선수는 그의 상대선수를 겁먹게 했다.

cause [kɔːz, 커-즈]
명 원인 동 ~을 야기하다

I had no cause for complaint. 나는 불평할 이유가 없었다.
Careless driving causes an accident.
부주의한 운전이 사고의 원인이 된다.

고등학교를 준비하는 학생이 꼭 알아야 할 영단어

devote [divóut, 디보트]
동 바치다, 쏟다

Mother Teresa devoted her life to helping the poor.
테레사 수녀는 그녀의 인생을 가난한 사람들을 돕는 데 바쳤다.

happen [hǽpən, 해픈]
동 발생하다, 우연히 ~하다

Nobody understood what was happening.
아무도 무슨 일이 일어나고 있는지 이해하지 못했다.

civilize [sívəlaiz, 씨빌라이즈]
동 개화하다

In the past, people tried to civilize native Americans.
과거에 사람들은 미국 원주민들을 개화하려고 시도했다.

accuse [əkjúːz, 어큐-즈]
동 고발하다, 비난하다

He was accused of murder.
그는 살인죄로 기소를 당했다.

litter [lítə(r), 리털]
명 쓰레기 동 버리다

There is a heavy fine for those who litter in Singapore.
싱가포르에서는 쓰레기를 버리는 사람들에 대한 무거운 벌금이 있다.

literature [lítrətʃə(r), 리터러처]
명 문학

Hemingway is famous for his great works of literature.
헤밍웨이는 그의 위대한 문학 작품들로 유명하다.

modest [mɑ́:dɪst, 마-디스트]
형 보통의, 겸손한

She has a modest character and a bright personality.
그녀는 겸손하고 밝은 성격을 가졌다.

advocate [ǽdvəkeɪt, 애드버킷]
명 변호사 동 옹호하다

Hippies of the 60s and 70s advocated peace.
60년대와 70년대의 히피들은 평화를 옹호했다.

precise [prɪsáɪs, 프리싸이스]
형 정확한

The teacher gave precise instructions on how to solve the math problem.
선생님은 수학문제를 푸는 정확한 방법을 알려주었다.

conservative
[kənsə́:rvətɪv, 컨썰-버티브]
형 보수적인

I had a curfew because of my conservative parents.
나는 보수적인 부모님 때문에 통금 시간이 있었다.

eager [í:gə(r), 이-걸]
형 열렬한, 간절히 바라는

The man was eager to meet his baseball hero.
남자는 그의 야구 영웅을 만나기를 간절히 원했다.

divide [dɪváɪd, 디바이드]
동 나뉘다, 나누다

We divided our pizza into four slices.
우리는 피자를 네 조각으로 나누었다.

embarrass
[ɪmbǽrəs, 임배러쓰]
동 당황스럽게 하다

I was embarrassed when I saw a food stain on my mouth. 나는 나의 입에 음식이 묻은 것을 보고 당황스러웠다.

maintain [meɪntéɪn, 메인테인]
동 유지하다

She maintained her stance on war.
그녀는 전쟁에 대한 그녀의 입장을 유지했다.

imitate [ímɪteɪt, 이미테이트]
동 모방하다, 흉내내다

The student imitated the model's walk.
학생은 모델의 걸음걸이를 흉내냈다.

delay [dɪléɪ, 딜레이]
명 지연, 지체

The committee delayed the decision to build a public park. 위원회는 공공 공원을 설립하는 결정을 지연했다.

contract [ká:ntrækt, 컨-트랙트]
[kəntrǽkt, 컨트랙트]
🅝 계약 🅥 계약하다, 줄어들다

The CEO finally signed the contract.
CEO는 드디어 계약에 서명했다.

adopt [ədá:pt, 어답-트]
🅥 채택하다, 입양하다

In the future, I want to adopt a child.
미래에 나는 아이를 입양하고 싶다.

afford [əfɔ́:rd, 어폴-드]
🅥 ~할 여유(형편)가 되다

My promotion allowed me to afford a new car.
나의 승진은 새 차를 살 여유가 생기도록 했다.

politics [pá:lətiks, 팔-러틱스]
🅝 정치

He is interested in local politics.
그는 지역 정치에 관심이 있다.

다음 문장들을 읽고 우리말 의미에 맞게 빈칸을 채우세요.

devote   strange   toward   modest   cause

❶ Gulliver then visits many _____ lands in the third part.
걸리버는 세 번째 부분에서 이상한 여러 나라들을 방문한다.

❷ Two men are walking _____ the car park.
두 남자는 주차장 쪽으로 걸어가고 있다.

❸ Such hot weather and stress can _____ heart problems.
이런 더운 날씨와 스트레스는 심장에 문제를 일으킬 수 있습니다.

❹ She wants to _____ her full attention to her business.
그녀는 사업에 그녀의 모든 관심을 쏟기를 원한다.

❺ He charged a relatively _____ fee.
그는 상대적으로 비싸지 않은 요금을 청구했다.

Answer   ❶ strange   ❷ toward   ❸ cause   ❹ devote   ❺ modest

우리가 배운 형용사와 부사의 비교급을 응용하면 다양한 표현들을 만들 수 있습니다. 이번 시간에는 '더비더비'라고 불리는 비교급을 이용한 표현을 배웁니다. 독해에도 자주 등장하는 표현이니 잘 기억해둡시다.

1. 해석 ~하면 할수록, 더욱 …하다
2. 형태 The 비교급 S + V ~ , the 비교급 S + V ~

ex) **The more** you read, **the wiser** you become. 네가 더 많이 읽을수록, 너는 더 현명해진다.
(= As you read more, you become wiser.)

● 형용사의 비교급이 명사를 수식할 때는 비교급 다음에 명사를 쓸 수도 있습니다.
ex) **The more money** you have, the more you spend.
네가 더 많은 돈을 가지고 있을수록, 너는 돈을 더 많이 쓴다.

● [주어 + 동사]를 생략하는 경우도 있습니다.
ex) The sooner, the better. 더 빠를수록 더 좋다.
The more, the better. 더 많을수록 더 좋다.

학교내신대비 연습문제

다음 문장들을 해석해보세요.

❶ The more careful you are, the fewer mistakes you make.

❷ The more you exercise, the stronger you become.

다음 문장의 빈칸에 알맞은 것은?

❸ The older he got, _____ he became.

① wise   ② wiser   ③ the wise
④ the wiser   ⑤ the more wiser

Answer ❶ 네가 더 조심할수록, 너는 더 적게 실수한다.
❷ 네가 더 많이 운동할수록, 너는 더 힘이 세진다.
❸ ④   해석 그가 더 나이가 들수록, 그는 더 현명해졌다.

DAY 35

"If you would thoroughly know anything,
teach it to others."
- *Tryon Edwards*

"어떤 것을 완전히 알려거든,
그것을 다른 이에게 가르쳐라."

가장 기억에 많이 남는 효과적인 공부법은 '다른 사람에게 가르쳐주며 공부하는 것'입니다. 자신이 아는 것을 제대로 설명할 수 있어야 비로소 공부했다고 말할 수 있는 것이죠. 지금 바로 친구들에게 배운 내용을 설명해주면서 공부해보세요.

>>> DAY 35 음성 강의

translate
[trǽnsleɪt, 트랜슬레이트]
[동] 번역하다

My job was to translate reports into English.
나의 일은 보고서들을 영어로 번역하는 것이었다.

like [láɪk, 라이크]
[동] 좋아하다 [전] ~처럼, ~같이

Do you like your new car? 당신은 새 차가 마음에 드나요?
He looks like his father when he sleeps.
그는 잠을 잘 때 그의 아빠처럼 보인다.

need [niːd, 니-드]
[명] 욕구, 요구 [동] 필요로 하다

She constantly has a need to eat.
그녀는 끊임없이 먹고 싶은 욕구가 있다.
Let's eat out on the terrace. I need fresh air.
테라스에서 밥을 먹자. 신선한 공기가 필요해.

plant [plǽnt, 플랜트]
[명] 식물, 공장 [동] 심다

My grandma grows plants in her backyard.
나의 할머니는 뒷마당에 식물을 기르신다.
In the spring, people plant seeds.
봄에는 사람들이 씨앗을 심는다.

nervous [nə́ːrvəs, 널-버쓰]
[형] 신경의, 불안해하는

The debate team was nervous about the competition.
토론 팀은 대회에 대해 불안해했다.

blanket [blǽŋkɪt, 블랭킷]
[명] 담요

The steward gave me an extra blanket.
승무원은 나에게 추가로 담요를 주었다.

after [ǽftə(r), 애프터]
[전] 뒤에, 후에 [접] ~한 뒤에

After class, I will go to the library to study.
나는 수업이 끝난 후에 공부하기 위해서 도서관에 갈 것이다.

burn [bɜːrn, 번-]
[동] 타오르다, 태우다

The mountain fire burned down all of the trees.
산불은 나무들을 다 태워버렸다.

without [wɪðáʊt, 위다웃]
[전] ~없이, ~하지 않고

The man bought a tee shirt without collars.
남자는 깃이 없는 티를 샀다.

remember
[rɪmémbə(r), 리멤벌]
[동] 기억하다, 명심하다

Remember to write a letter to your mother.
엄마에게 편지를 쓸 것을 기억해라.
I remember him writing a letter to his professor.
나는 그가 그의 교수님에게 편지를 쓴 것을 기억한다.

let [lét, 렛]
[동] ~하게 하다, 허락하다

Let the girl meet her friends.
여자 아이가 그녀의 친구들을 만나도록 허락해라.

regular [régjələ(r), 레귤러]
형 규칙적인, 주기적인

Regular exercise is my key to health.
규칙적인 운동은 나의 건강 비결이다.

boring [bɔ́ːrɪŋ, 보-링]
형 재미없는, 지루한

I had to read the boring book as an assignment.
나는 과제로 지루한 책을 읽어야 했다.

wrong [rɔːŋ, 륑-]
형 잘못된

The student only had one wrong answer.
학생은 틀린 답이 오직 하나밖에 없었다.

company [kʌ́mpəni, 컴퍼니]
명 회사, 함께 있음, 친구

The largest computer company is recruiting interns.
세계 최대의 컴퓨터 회사가 인턴을 모집하고 있는 중이다.
A man is known by the company he keeps.
친구를 보면 그 사람을 알 수 있다.

before [bɪfɔ́ː(r), 비포-얼]
전 ~전(앞)에 접 ~하기 전에

She had already finished her homework before noon.
그녀는 정오 전에 이미 그녀의 숙제를 마쳤다.
Walk the dog before you forget.
잊기 전에 개를 산책시켜라.

too [tuː, 투-]
부 너무(~한), ~도(또한)

I ate too much. 나는 너무 많이 먹었다.
Carrie wants to go to the park, too.
Carrie도 공원에 가고 싶어한다.

prefer [prɪfɔ́ː(r), 프리펄-]
동 선호하다

My father prefers coffee to water.
나의 아버지는 물보다 커피를 선호하신다.

hurt [hɜːrt, 헐-트]
동 다치게(아프게) 하다, 아프다

Your actions hurt my feelings.
너의 행동들이 나의 감정을 아프게 했어.

travel [trǽvl, 트래블]
명 여행 동 여행하다

It is my lifelong wish to travel around the world.
전 세계를 여행하는 것은 나의 일생의 소원이다.

고등학교를 준비하는 학생이 꼭 알아야 할 영단어

willing [wílɪŋ, 윌링]
형 기꺼이 하는

He was willing to sacrifice his life for her.
그는 그녀를 위해서 그의 목숨을 기꺼이 희생할 수 있었다.

cheat [tʃiːt, 치-트]
명 속임수 동 속이다, 부정행위를 하다

You will get zero points if you cheat on the test.
만약 네가 시험에서 부정행위를 한다면 0점을 받을 것이다.

recover [rɪkʌ́və(r), 리커버]
통 회복하다

This season's flu is hard to recover from.
이번 계절의 감기는 회복이 힘들다.

urgent [ɜ́ːrdʒənt, 얼-전트]
형 긴급한, 시급한

The patient received urgent care.
환자는 긴급한 치료를 받았다.

entire [ɪntáɪə(r), 인타이얼]
형 전체의

The entire house was rebuilt.
집 전체가 재건축되었다.

general [dʒénrəl, 제너럴]
형 일반적인

General opinion is that he made a big mistake.
그가 큰 실수를 저질렀다는 것이 일반적인 의견이다.

female [fíːmeɪl, 피-메일]
명 여성 형 여성인

The new female teacher was very good at teaching Science. 새로 온 여교사는 과학을 정말 잘 가르쳤다.

anniversary
[ænɪvɜ́ːrsəri, 에니벌-서리]
명 기념일

Today is my parents' wedding anniversary.
오늘은 나의 부모님의 결혼기념일이다.

shelter [ʃéltə(r), 셀터]
명 피난처

Shelters for the homeless are often crowded.
노숙자들을 위한 피난처에 대체로 사람이 붐빈다.

terrific [tərífɪk, 터리픽]
형 아주 좋은, 멋진

The student earned a terrific grade on his presentation assignment. 학생은 그의 발표 과제에서 아주 좋은 성적을 받았다.

assume [əsúːm, 어쑴-]
통 추정하다, 가정하다

Don't assume that you will get a job easily.
네가 취직을 쉽게 할 것이라고 추정하지 마라.

moral [mɔ́ːrəl, 모-럴]
형 도덕의 명 교훈

The experience at the restaurant taught the child a moral lesson.
식당에서의 경험은 아이에게 도덕적인 교훈을 가르쳐주었다.

satisfy [sǽtɪsfaɪ, 새티스파이]
통 만족시키다

He ate four slices of bread to satisfy his hunger.
그는 그의 배고픔을 만족시키기 위해서 빵 네 조각을 먹었다.

evidence [évɪdəns, 에비던스]
명 증거

The detective found critical evidence at the crime scene. 탐정은 범죄 현장에서 결정적인 증거를 찾았다.

edge [édʒ, 엣쥐]
명 가장자리

I bumped my arm on the edge of the table.
나는 책상의 가장자리에 팔을 부딪쳤다.

appropriate
[əpróupriət, 어프로프리어트]
형 적절한

This movie is appropriate for children of five years and over. 이 영화는 5살 이상의 아이들에게 적절하다.

judge [dʒʌdʒ, 저지]
명 판사 동 판단하다

I judge him to be an intelligent man.
나는 그를 똑똑한 사람으로 판단한다.

efficient [ɪfíʃnt, 이피션트]
형 효율적인

Plan ahead for the efficient usage of time.
효율적인 시간 사용을 위해서는 미리 계획하라.

investigate
[ɪnvéstɪɡeɪt, 인베스티게이트]
동 조사하다, 연구하다

He investigated climate change's impact on glaciers.
그는 빙하에 끼치는 기후 변화의 영향을 조사했다.

reach [riːtʃ, 리-치]
동 ~에 도달하다

By dawn, the airplane reached Mexico.
새벽이 되기 전에 비행기는 멕시코에 도달했다.

 **Misson! English Sentence GOGO!!**

다음 문장들을 읽고 우리말 의미에 맞게 빈칸을 채우세요.

translate   recover   without   nervous   willing

❶ My job is to _____ English into Korean.
내 일은 영어를 한국어로 번역하는 일이다.

❷ Don't be too _____ about what people say.
남들이 하는 말에 대해 너무 불안해하지 말아라.

❸ I can't start my work _____ the document.
나는 그 서류 없이는 일을 시작할 수 없다.

❹ I'm _____ to risk losing everything.
나는 모든 것을 잃을 위험을 기꺼이 감수하겠다.

❺ There was no hope that she would _____ her health.
그녀가 건강을 회복하리라는 희망은 전혀 없었다.

Answer   ❶ translate   ❷ nervous   ❸ without   ❹ willing   ❺ recover

223

"나는 키가 150cm인데 아빠는 190cm입니다." 이때 아빠가 나보다 키가 '훨씬' 더 크시죠? 이럴 때는 단순히 'taller'라고 표현하면 의미가 충분히 전달되지 않습니다. 이때는 형용사와 부사의 비교급을 강조해야 합니다. 비교급을 강조하는 부사를 형용사와 부사의 비교 앞에 써주면 됩니다. 지금부터 자세한 쓰임을 살펴볼까요?

1. 비교급을 강조하는 부사 **even / much / far / a lot / still**

2. 사용법 **even / much / far / a lot / still** + 형용사/부사의 비교급

3. 해석 훨씬 더 ~하다

　　ex) He is **much** taller than me. 그는 나보다 훨씬 더 크다.

중학내신 기출 포인트

- 강조의 의미를 더한다고 해서 부사를 두 개 이상 쓸 수는 없습니다.
  ex) She is far a lot faster than me. (X)

- very는 비교급을 수식할 수 없습니다. very는 형용사 또는 부사의 원급을 수식합니다.
  ex) We are very angry.　　　　　(O)
  　　We are very angrier than her.　(X)

학교내신대비 연습문제

다음 중 어법상 <u>어색한</u> 것은?

❶　My sister runs far faster than me.

❷　My watch is very cheaper than his.

❸　Dolphins are a lot smarter than you think.

❹　This cell phone is still more useful than mine.

❺　This camera is much more expensive than that one.

Answer ❷ |해설| very는 형용사나 부사의 비교급을 강조할 수 없습니다.

DAY 36

"There is no mistaking a real book
when one meets it.
It is like falling in love."
- *Christopher Morley*

"진정한 책을 만났을 때는 틀림이 없다.
그것은 사랑에 빠지는 것과 같다."

'real book'은 여러분들의 언어로 '인생 책' 정도로 표현할 수 있겠네요. 여러분의 인생 책은 무엇인가요? 책 한 권이 한 사람의 인생을 바꿀 수 있습니다. 여러분의 real book을 꼭 만나기 바랍니다.

≫ DAY 36 음성 강의

audience [ɔ́:diəns, 어-디언스]
명 청중

The audience paid attention to the lecturer.
청중은 강연자에게 주목했다.

asleep [əslí:p, 어슬립-]
형 잠이 든, 자고 있는

I usually fall asleep during car rides.
나는 보통 자동차를 탈 때 잠이 든다.

brave [breɪv, 브레이브]
형 용감한

He was brave enough to volunteer to enter the army.
그는 자원입대할 정도로 용감했다.

useful [júːsfl, 유-스플]
형 유용한

This book has useful information about ancient Greece.
이 책에는 고대 그리스에 대한 유용한 정보가 있다.

absent [ǽbsənt, 앱썬트]
형 결석한, 없는

Points will be deducted if you are absent from school.
만약 네가 학교에 결석을 하면 점수가 깎일 것이다.

appointment
[əpɔ́ɪntmənt, 어포인트먼트]
명 약속, 임명

I made an appointment with my lawyer.
나는 내 변호사와 약속을 잡았다.

polite [pəláɪt, 펄라이트]
형 예의 바른, 공손한

The polite young woman gave up her seat for the elderly man.
예의가 바른 젊은 여성은 노인을 위해서 자리를 내주었다.

begin [bɪgín, 비긴]
통 시작하다

He was 27, and just about to begin his career.
그는 27살이었고, 직장생활을 막 시작하려고 했다.

harm [hɑːrm, 함-]
명 해, 피해 통 해치다

Boat engines harm marine life.
배의 엔진은 해양 생물을 해친다.

learn [lɜːrn, 런-]
통 배우다

I want to learn a musical instrument.
나는 악기를 배우고 싶다.

work [wɜːrk, 월-크]
명 일, 직장, 직업
통 일하다, 효과가 있다

It is important to balance work and leisure.
일과 여가의 균형을 잡는 것은 중요하다.
The plan worked. 그 계획은 효과가 있었다.

assist [əsíst, 어시스트]
통 돕다

The teenage boy assisted the old lady across the road.
10대 소년은 길을 건너는 할머니를 도와주었다.

pretty [príti, 프리티]
형 예쁜 부 꽤, 매우

The pretty girl was in a pink dress.
예쁜 소녀는 분홍색 드레스를 입고 있었다.
That ride looks pretty scary.
저 놀이기구는 꽤 무서워 보인다.

fast [fæst, 패스트]
형 빠른 부 빠르게

Children grow up so fast these days.
요즘에는 아이들이 정말 빨리 큰다.

inside [ɪnsáɪd, 인싸이드]
전 ~의 안에 부 안에

There was still a family inside the burning building.
불타는 빌딩 안에는 아직도 한 가족이 있었다.

full [fʊl, 풀]
형 가득한

Wolves howl at the full moon.
늑대들은 보름달을 보면 운다.

challenge [tʃǽlənd3, 챌린지]
명 도전 동 도전하다

We should face a challenge. 우리는 도전에 직면해야 한다.
We are challenged to accomplish more difficult things.
우리는 더 어려운 것들을 완수하도록 도전받는다.

beyond [bɪjɑ́:nd, 비욘-드]
전 ~저편에, ~이상

There is a pot of gold beyond the rainbow.
무지개 저편에 금이 가득 든 항아리가 있다.

habit [hǽbɪt, 해빗]
명 습관

Biting your nails is a bad habit.
손톱을 물어뜯는 것은 나쁜 습관이다.

grab [græb, 그랩]
동 붙잡다, 움켜잡다

Ruby grabbed my arm tightly.
Ruby는 나의 팔을 단단히 붙잡았다.

고등학교를 준비하는 학생이 꼭 알아야 할 영단어

represent
[reprɪzént, 리프리젠트]
동 대표하다

He was selected to represent Korea at the Winter Olympics.
그는 동계 올림픽에서 한국을 대표하기로 선택되었다.

admire [ədmáɪə(r), 어드마이얼]
동 존경하다, 칭찬하다

I admire the musician's passion.
나는 음악가의 열정을 존경한다.

nearby [nɪrbaɪ, 니얼바이]
형 가까운

You can buy a soda at a nearby convenience store.
너는 가까운 편의점에서 탄산음료를 살 수 있다.

nearly [nírli, 니얼리]
부 거의

Because I woke up late, it is nearly impossible to get to school on time. 내가 늦게 일어났기 때문에 제시간에 학교에 가는 것은 거의 불가능하다.

ignore [ignɔ́:(r), 이그노–얼]
통 무시하다

She ignored her boyfriend's phone calls.
그녀는 그녀의 남자친구의 전화를 무시했다.

common [kɑ́:mən, 카–먼]
형 흔한, 공통의

Sarah is a common name.
Sarah는 흔한 이름이다.

monitor
[mɑ́:nɪtə(r), 마–니털]
통 감시하다

Two teachers monitor one classroom during an examination.
시험을 보는 동안 두 명의 선생님이 하나의 교실을 감독한다.

relieve [rɪlí:v, 릴리–브]
통 없애 주다, 완화하다

He sings to relieve stress.
그는 스트레스를 없애기 위해 노래를 부른다.

lie [laɪ, 라이]
명 거짓말 통 거짓말하다

Your life will be messy if you lie often.
만약 거짓말을 자주 한다면 너의 인생은 복잡해질 것이다.

explore [ɪksplɔ́:(r), 익스플로–얼]
통 탐험하다

We decided to explore the woods behind our house.
우리는 우리 집 뒤에 있는 숲을 탐험하기로 결정했다.

resist [rɪzíst, 리지스트]
통 저항하다

People who have trouble adapting tend to resist change.
적응을 잘하지 못하는 사람들은 변화에 저항하는 경향이 있다.

principle [prínsəpl, 프린서플]
형 원칙, 원리

We should stick to our principles.
우리는 우리의 원칙을 고수해야 한다.

owe [óʊ, 오우]
통 빚지고 있다, 신세를 지고 있다

I will pay back the 3,000 dollars I owe you.
너에게 빚을 진 3천 달러를 갚을게.

mood [mu:d, 무–드]
형 기분

It looks like my sister is finally in a good mood.
마침내 내 언니의 기분이 좋은 것처럼 보인다.

aggressive
[əgrésɪv, 어그레씨브]
형 공격적인

The aggressive dog almost bit me.
공격적인 개는 나를 물 뻔했다.

instrument

[ínstrəmənt, 인스트러먼트]

명 기구, 악기

She can play 6 instruments.
그녀는 6개의 악기를 연주할 수 있다.

length [léŋθ, 랭쓰]

명 길이

The length of the pants were too short for the growing boy. 자라는 소년에게 바지의 길이는 너무 짧았다.

defend [dɪfénd, 디펜드]

동 방어하다

We could successfully defend ourselves.
우리는 우리 스스로를 성공적으로 방어할 수 있었다.

yet [jét, 예트]

부 아직 접 그렇지만

The bus did not arrive yet.
아직 버스가 도착하지 않았다.

competition

[kɑ:mpətíʃn, 컴-퍼티션]

명 경쟁, 대회

There was an ongoing competition between the two girls. 두 소녀 사이에 지속되는 경쟁이 있었다.

Misson! English Sentence GOGO!!

다음 문장들을 읽고 우리말 의미에 맞게 빈칸을 채우세요.

polite   admire   common   absent   resist

❶ We _____ our teacher's personality and learning.
우리는 선생님의 인격과 학문을 존경한다.

❷ It was _____ for children to play in the field.
아이들이 들판에서 노는 것은 일반적이었다.

❸ The residents tried to _____ through legal appeals.
주민들은 법적 항소를 통해 저항을 시도했다.

❹ Please examine how many times he was _____ this term.
그가 이번 학기에 얼마나 결석했는지 조사해주세요.

❺ Please be _____ to the guests.
손님들에게 예의 바르게 대하세요.

Answer ❶ admire ❷ common ❸ resist ❹ absent ❺ polite

8품사 중 하나인 전치사는 바로 뒤에 명사를 써야 합니다. 전치사는 '앞에 위치하는 말'을 의미합니다. 전치사 뒤에는 반드시 명사가 따라오기 때문에 [**전치사 + 명사**]의 형태를 기억해야 하는데, 이를 **전치사구**라고 부릅니다. 전치사의 종류와 쓰임은 매우 다양한데, 각각의 쓰임을 잘 알고 있어야 합니다.

시간

- at + 시간

  at noon 정오에   at present 현재는

  at dawn 새벽에   at 1:00 p.m. 오후 1시에

  ex) She came here **at seven thirty**. 그녀는 여기에 7시 30분에 왔다.

  　　I will meet you **at three o'clock**. 나는 너를 3시에 만날 것이다.

- on + 요일 / 날짜 / 특별한 날

  on May 10th 5월 10일에   on Sunday 일요일에

  on Monday morning 월요일 아침에

  ex) My birthday falls on February. 나의 생일은 2월이다.

  　　She never works on Christmas day. 그녀는 크리스마스에 절대 일하지 않는다.

- in + 달 / 년도 / 계절

  in the morning / afternoon / evening 아침에 / 오후에 / 저녁에

  in January 1월에   in spring 봄에

  in 2015 2015년에   in the 21st century 21세기에

  ex) I go to school in the morning. 나는 아침에 학교에 간다.

  　　I was born in 1999. 나는 1999년에 태어났다.

학교내신대비 연습문제

다음 빈칸에 알맞은 전치사를 쓰세요.

❶ She came here _____ Sunday.

❷ School begins _____ nine.

❸ I go to the beach _____ summer.

Answer　❶ on　❷ at　❸ in

DAY 37

"Creativity is a drug
I cannot live without."
- *Cecil B. DeMile*

"나에게 창의성은 먹지 않고는
살 수 없는 약과 같다."

창의적인 사람이 되기 위해 엄청난 노력과 준비를 해야 하는 게 아니에요. 여러분 마음속
과 머릿속에는 분명히 창의적인 감성과 생각이 들어 있답니다. 꾸준한 노력을 통해서 여
러분들의 창의성을 개발해 보세요. 여러분의 창의성은 언제나 여러분들과 함께하고 있으
니까요.

>>> DAY 37 음성 강의

if [if, 이프]
접 (만약) ~면

If I were rich, I would buy a nice car.
만약 내가 부자라면, 좋은 차를 살 것이다.

patient
[péiʃnt, 페이션트]
명 환자 형 참을성 있는

Patients in the hospitals wore the same gowns.
병원에 있는 환자들은 같은 가운을 입고 있었다.

It is important to be patient with children.
아이들을 대하는 데 참을성을 가지는 것은 중요하다.

create [kriéit, 크리에이트]
동 창조하다

The chef creates new dishes every week.
요리사는 매주 새로운 요리를 창조한다.

ask [ǽsk, 애스크]
동 묻다, 부탁하다

May I ask you a question?
질문 하나 해도 될까요?

address [ǽdres, 애드레쓰]
[ədrés, 어드레쓰]
명 주소 동 연설하다

Please write your name and address in the blanks.
빈칸에 이름과 주소를 쓰시오.

The executive addressed a meeting.
간부는 회의에서 연설했다.

elderly [éldərli, 엘덜리]
형 연세가 드신

An elderly couple went on a cruise.
노부부는 유람선 여행을 떠났다.

add [ǽd, 애드]
동 더하다

Add two cups of flour.
두 컵의 밀가루를 더하세요.

make [méik, 메이크]
동 만들다, (~이 어떻게 되도록) 만들다

My mother always makes a cake on my birthday.
나의 어머니께서는 항상 나의 생일에 케이크를 만들어 주신다.

I wanted to make my mom happy.
나는 엄마를 행복하게 만들고 싶었다.

answer [ǽnsə(r), 앤썰]
동 답하다

She couldn't answer the question.
그녀는 질문에 답하지 못했다.

ashamed [əʃéimd, 어셰임드]
형 부끄러운

The boy was ashamed of the stain on his shirt.
남자 아이는 옷에 있는 얼룩을 부끄러워했다.

feed [fi:d, 피─드]
동 밥을 먹이다, 먹이를 주다

Don't forget to feed the cat.
고양이에게 먹이를 줄 것을 잊지마.

astronaut
[ǽstrənɔːt, 애스트러너–트]
명 우주비행사

The retired astronaut became a professor.
은퇴한 우주비행사는 교수가 되었다.

poor [pɔːr, 포–얼]
형 가난한, 실력 없는

The man was too poor to buy a meal.
남자는 밥을 사기에는 너무 가난했다.

often [ɔ́ːfn, 어–픈]
부 자주, 흔히

Couples often go to the movies.
커플들은 영화관에 자주 간다.

famous [féiməs, 페이머쓰]
형 유명한

The famous singer's concert is next week.
유명한 가수의 공연은 다음 주에 있다.

fact [fǽkt, 팩트]
명 사실

The video was full of interesting facts.
그 동영상은 흥미로운 사실들로 가득했다.

forecast [fɔ́ːrkæst, 포–얼케스트]
명 예측, 예보 동 예측하다

According to the weather forecast, today's weather will be warm. 일기예보에 따르면 오늘의 날씨는 따뜻할 것이다.

month [mʌ́nθ, 먼쓰]
명 월, 달

I'll enter high school next month.
나는 다음 달에 고등학교에 입학한다.

huge [hjuːdʒ, 휴–지]
형 거대한

His product was a huge success in the IT industry.
IT산업에서 그의 제품은 대대적인 성공을 거두었다.

bridge [brídʒ, 브리지]
명 다리 동 다리를 놓다

There was no choice but to blow up the bridge.
다리를 폭파시키는 선택밖에 없었다.

고등학교를 준비하는 학생이 꼭 알아야 할 영단어

deal [diːl, 딜–]
동 다루다, 처리하다

Let's deal with the urgent problems first.
시급한 문제부터 처리하자.

attract [ətrǽkt, 어트랙트]
동 마음을 끌다

The boy band continued to attract admirers.
남성 밴드는 계속해서 팬들을 매혹했다.

cease [siːs, 씨–스]
동 중단되다, 그치다

The soldiers ceased fire.
군인들은 사격을 중단했다.

233

nuclear [núːkliə(r), 누-클리얼]
형 원자력의

This is a nuclear-free zone.
여기는 비(무장)핵지역이다.

improve [imprúːv, 임프루-브]
동 개선되다, 나아지다, 향상시키다

Through this class, I want to improve my English.
이 수업을 통해서 나는 영어 실력을 향상시키고 싶다.

region [ríːdʒən, 리-전]
명 지역

There was an oasis in the desert region.
사막 지역에 오아시스가 있었다.

legal [líːgl, 리-글]
형 법률과 관련된, 합법적인

Your claim has no legal basis.
당신의 주장에는 법적인 근거가 없습니다.

stare [stér, 스테어]
명 빤히 쳐다보기, 응시 동 응시하다

Her friend gave her a blank stare.
그녀의 친구는 그녀를 멍하게 쳐다봤다.

She sat staring into space.
그녀는 허공을 응시하며 앉아 있었다.

own [óun, 오운]
형 자신의 동 소유하다

This invention was my own idea.
이 발명품은 나 자신만의 생각이었다.

We finally own a car.
우리는 드디어 자동차를 소유한다.

incredible
[inkrédəbl, 인크레더블]
형 굉장한

He told us an incredible story about a shark.
그는 우리에게 상어에 대한 굉장한 이야기를 들려주었다.

effect [ifékt, 이펙트]
명 영향, 결과, 효과

We can feel the effects of global warming.
우리는 지구 온난화의 영향을 느낄 수 있다.

prevent [privént, 프리벤트]
동 막다, 예방하다

Wash your hands to prevent viruses.
바이러스를 예방하기 위해서 손을 씻어라.

deny [dinái, 디나이]
동 부인하다, 부정하다

She denied the fact that she broke the vase.
그녀는 그녀가 화병을 깨뜨렸다는 사실을 부정했다.

cruel [krúːəl, 크루-얼]
형 잔인한

Sometimes, my life seems like a cruel twist of fate.
때때로 나의 인생은 가끔 잔인한 운명의 장난같다.

harvest [háːrvist, 하-비스트]
명 수확(기), 수확물 동 추수하다

Harvest time is in the fall.
추수기는 가을에 있다.

capital [kǽpitl, 캐피털]
형 수도, 자본금, 자산, 대문자

Please write your name in capital letters.
이름을 대문자로 써주세요.

persuade [pərswéid, 펄쉐이드]
통 설득하다

He tried to persuade her to come back to the party.
그는 그녀가 파티로 돌아오도록 설득해보았다.

alike [əláik, 얼라이크]
형 (아주) 비슷한 부 (아주) 비슷하게

You and that fish look alike.
너와 저 물고기는 비슷하게 생겼어.

ripe [ráip, 라입]
형 익은

Ripe fruits tend to be sweet.
익은 과일들은 대체로 달다.

material [mətíriəl, 머티리얼]
형 자료, 재료

The teaching material was popular.
그 교육 자료는 인기가 많았다.

 **English Sentence GOGO!!**

다음 문장들을 읽고 우리말 의미에 맞게 빈칸을 채우세요.

ashamed   attract   patient   region   add

❶ I'm here to visit a _____ who is here for a heart problem.
이곳에 있는 심장병 환자를 만나려고 왔습니다.

❷ _____ sweet potatoes and cover pan.
고구마들을 넣고 뚜껑을 덮으세요.

❸ She shouldn't feel _____ just because her family is poor.
그녀는 집이 가난하다고 해서 부끄러워하면 안 된다.

❹ The museum _____ s visitors from all over the world.
그 박물관은 전 세계의 방문객들을 끌어 모은다.

❺ The Province _____ of France is my favorite place.
프랑스의 프로방스 지역은 내가 가장 좋아하는 장소다.

Answer   ❶ patient   ❷ add   ❸ ashamed   ❹ attract   ❺ region

이번 시간에는 위치를 나타내는 전치사들을 알아봅시다. 전치사는 그 종류가 매우 많습니다. 그리고 하나의 전치사가 여러 가지 의미를 가지기도 합니다. 그렇기 때문에 다양한 문장 속에서 전치사의 의미를 경험해야 합니다.

1. 위치를 나타내는 전치사

- in ～ 안에

  ex) The ball is in the box. 그 공은 박스 안에 있다.
- on ～ 위에(표면에 접촉해서)

  ex) The ball is on the box. 그 공은 박스 위에 있다.
- under ～ 아래에

  ex) The ball is under the box. 그 공은 박스 아래에 있다.
- next to(=beside) ～ 옆에

  ex) The ball is next to the box. 그 공은 박스 옆에 있다.
- behind ～ 뒤에

  ex) The ball is behind the box. 그 공은 박스 뒤에 있다.
- in front of ～ 앞에

  ex) The ball is in front of the box. 그 공은 박스 앞에 있다.

2. 장소를 나타내는 전치사 장소를 나타내는 전치사들에는 at과 in은 약간의 의미 차이가 있습니다.

- at + 비교적 좁은 장소

  ex) at the bus stop / at the station / at the airport / at home
- in + 비교적 넓은 장소

  ex) in Seoul / in Korea / in a city

학교내신대비 연습문제

다음 괄호 안에서 알맞은 전치사를 고르세요.

❶ Let's meet (at / on) the bus stop.

❷ There is a picture (at / on) the wall.

Answer ❶ at   ❷ on

DAY 38

"Time is the most valuable thing
a man can spend."
- *Theophrastus*

"시간은 인간이 쓸 수 있는
가장 값진 것이다."

여러분이 하루에 다 써야 하는 용돈으로 86,400원을 받는다고 생각해보세요. 내일이 되면
이 돈은 모두 사라집니다. 돈을 쓸 수 있는 시간이 하루밖에 없는데, 돈을 남기실 건가요?
그렇다면 이렇게 생각해보죠. 여러분은 하루 86,400초를 매일 받습니다. 내일이 되면 모
두 사라지는 86,400초를 여러분들은 어떻게 쓰고 있나요?

>>> DAY 38 음성 강의

careful [kérfl, 케얼플]
형 신중한, 조심하는

My uncle is a careful driver.
나의 삼촌은 신중한 운전자다.

athlete [金θli:t, 애쓰릿―]
명 운동선수

There were thousands of athletes in the arena.
경기장에 수천 명의 운동선수들이 있었다.

choose [tʃuːz, 츄―즈]
동 선택하다

You can choose a leader through election.
너는 선거를 통해서 지도자를 선택할 수 있다.

succeed
[səksíːd, 썩씨―드]
동 성공하다, 물려받다

To succeed, you must fail.
성공하기 위해서는 실패를 해야 한다.

barely [bérli, 베얼리]
부 간신히, 거의 ~아니게

I barely made it to the airport.
나는 공항에 겨우 도착했다.

envy [énvi, 엔비]
명 부러움 동 부러워하다

She felt envy for her friend's cooking skills.
그녀는 친구의 요리 실력을 부러워했다.

boil [bɔ́ɪl, 보일]
동 끓다, 삶다

The kettle is boiling.
주전자가 끓고 있다.

temperature
[témprətʃə(r), 탬퍼러철]
명 온도

The sick boy had a high temperature.
아픈 남자 아이는 열이 있었다.

hope [hóup, 호프]
명 희망 동 희망하다

She has hopes of moving to the city.
그녀는 도시로 이사를 가는 희망을 가지고 있다.

practice [prǽktɪs, 프랙티스]
명 연습, 관행 동 연습하다

To become a skilled musician, you must practice everyday.
실력이 있는 음악가가 되기 위해서는 매일 연습해야 한다.

major [méɪdʒə(r), 메이절]
형 주요한, 중요한

He played a major role in the play.
그는 연극에서 중요한 역할을 맡았다.

lend [lénd, 렌드]
동 빌려주다

It's not easy to lend money.
돈을 빌려주는 것은 쉽지 않다.

238

however
[hauévə(r), 하우에벌]
부 아무리 ~해도 접 그러나

However hard you try, everything will not go as planned. 네가 아무리 열심히 노력해도, 모든 것이 계획대로 되지는 않을 것이다.

hear [hír, 히얼]
통 듣다, 들리다

I hear this word so often.
나는 매우 자주 이 단어를 듣는다.

author [ɔ́:θɔ(r), 오-떨]
명 작가

Fitzgerald is a great author.
피츠제럴드는 위대한 작가다.

badly [bǽdli, 배들리]
부 나쁘게, 몹시

The toddler badly wants to go to sleep.
어린 아이는 몹시 자고 싶어한다.

dozen [dʌ́zn, 더즌]
명 다스(12개)

I bought two dozen eggs at the store.
나는 가게에서 달걀 두 다스를 샀다.

bite [báit, 바이트]
통 물다, 베어 물다

Don't bite your nails!
손톱 물어뜯지마!

cattle [kǽtl, 캐틀]
명 소

A herd of cattle blocked the road.
한 무리의 소가 길을 막았다.

burden [bə́:rdn, 벌-든]
명 부담, 짐

The CEO had to carry the burden of the mistake.
CEO가 실수에 대한 짐을 져야만 했다.

고등학교를 준비하는 학생이 꼭 알아야 할 영단어

beat [bi:t, 비-트]
통 이기다, 때리다

Korea beat Japan 2-0 in the soccer game yesterday.
어제 축구 경기에서 한국이 일본을 2 대 0으로 이겼다.

smooth [smu:ð, 스무-드]
형 매끄러운, 부드러운

The baby has smooth skin.
아기는 부드러운 피부를 가졌다.

independent
[ìndipéndənt, 인디펜던트]
형 독립적인, 남에게 의존하지 않는

My sister is an independent young lady.
나의 언니는 독립적인 젊은 여성이다.

precious [préʃəs, 프레셔쓰]
혱 귀중한

Don't waste your precious time.
너의 귀중한 시간을 낭비하지 마라.

likewise
[láikwaız, 라이크와이즈]
뷔 같이, 마찬가지로, 또한

I swam in the pool and expected my family to do likewise.
나는 풀장에서 수영을 했고 나의 가족도 비슷하게 하기를 기대했다.

leave [liːv, 리-브]
통 떠나다, 남겨주다

This train leaves for Seoul. 이 기차는 서울로 떠난다.
She asked her friends to leave her a donut.
그녀는 친구들에게 그녀를 위한 도넛을 남겨달라고 요청했다.

neglect [nıglékt, 니글렉트]
통 방치하다, 등한시하다

Do not neglect your duty as security of the museum.
박물관 경비로서의 의무를 등한시하지 마세요.

mature [mətʃúr, 머츄얼]
혱 어른스러운, 숙성된

The girl was mature for her age.
여자 아이는 나이에 비해 성숙했다.

laboratory/lab
[lǽbretɔːri, 래버러토-리 / læb, 랩]
몡 실험실

Strange things were happening in the school science laboratory/lab.
학교 과학 실험실에 괴상한 일들이 일어나고 있었다.

revolution
[revəlúːʃn, 레벌루-션]
몡 혁명

The French Revolution occurred in 1789.
프랑스 혁명은 1789년에 일어났다.

pretend [prıténd, 프리텐드]
통 ~인 척하다

As a child, I used to pretend to be asleep when my sister talked to me.
어렸을 때 나는 언니가 나에게 말을 걸면 자는 척을 하곤 했다.

ancestor [ǽnsestə(r), 앤쎄스털]
몡 조상, 선조

Many Asian households worship their ancestors.
많은 아시아 가정들이 그들의 조상을 숭배한다.

sacrifice
[sǽkrıfaıs, 쌔크리파이스]
몡 희생, 희생물 통 희생하다

Many parents are willing to sacrifice everything for their children. 많은 부모들이 그들의 아이들을 위해서 기꺼이 모든 것을 희생한다.

apology [əpúːlədʒi, 어팔-러지]
몡 사과

She went to the manager and demanded an apology.
그녀는 관리인에게 가서 사과를 요구했다.

generate [dʒénəreɪt, 제너레이트]
동 발생시키다, 만들어내다

The solar panel on the roof generates electricity.
지붕에 있는 태양 전지판은 전기를 만들어낸다.

risk [rísk, 리스크]
명 위험, 위험 요소 동 위험을 무릅쓰다

There is a risk of heart attack when you bungee jump.
번지점프를 할 때 심장마비에 걸릴 위험이 있다.

include [ɪnklúːd, 인클루—드]
동 포함하다

This price includes tax.
이 가격은 세금을 포함한 가격입니다.

opposite [ɑ́ːpəzət, 아—퍼지트]
형 다른 편의, 건너편의

I waved at my friend on the opposite side of the road.
나는 길 건너편에 있는 친구에게 손을 흔들었다.

impact [ímpækt, 임팩트]
명 영향, 충격 동 영향을 주다

The environmental impact of hairspray is critical.
헤어스프레이의 환경적 영향은 결정적이다.

religion [rɪlídʒən, 릴리전]
명 종교

Fewer people these days believe in religion.
점점 더 적은 사람들이 종교를 믿는다.

Misson! English Sentence GOGO!!

다음 문장들을 읽고 우리말 의미에 맞게 빈칸을 채우세요.

neglect   temperature   independent   careful   hope

❶ Be _____ not to use bad language to people.
남에게 나쁜 말을 쓰지 않도록 주의해라.

❷ Water boils at a _____ of 100℃.
물은 섭씨 100도의 온도에서 끓는다.

❸ I _____ you and I can be best friends for everlasting.
너와 내가 영원히 단짝 친구로 남기를 바란다.

❹ The colonies became _____ of the mother country.
식민지들은 본국에서 독립하게 되었다.

❺ Don't _____ your duties because of exercise.
운동 때문에 당신의 본분을 소홀히 해서는 안 된다.

Answer ❶ careful ❷ temperature ❸ hope ❹ independent ❺ neglect

드디어 to부정사까지 왔습니다. 지금까지의 문법보다 to부정사는 한 단계 더 높은 수준의 문법이라고 생각하면 됩니다. 지금까지 쌓은 문법 내공을 바탕으로 to부정사를 정복해봅시다. 기본적으로 to부정사는 동사에 to를 붙여서 명사, 형용사, 부사의 역할을 부여한 것입니다.

1. 형태 to + 동사원형
2. 쓰임 문장에서 명사, 형용사, 부사 역할
3. to부정사의 명사적 용법
   - 의미 ～하는 것
   - 쓰임 문장에서 주어, 목적어, 보어 역할
   (주어 역할) To study a foreign language is interesting. 외국어를 배우는 것은 흥미롭다.
   (보어 역할) My hobby is to collect stamps. 나의 취미는 스탬프를 모으는 것이다.
   (목적어 역할) She wants to take a cab. 그녀는 택시를 타고 가기를 원한다.

4. to부정사의 형용사적 용법
   - 의미 ～하는
   - 쓰임 명사 수식
   ex) something to buy 살 무언가   a friend to help 도와줄 친구
       a plan to buy a house 집을 살 계획

중학내신 기출 포인트 to부정사의 형용사적 용법의 전치사
   - 아래 표현들에서는 전치사를 함께 사용해야 합니다.
   ex) I need a friend **to talk with**. 나는 이야기를 나눌 친구가 필요하다.
       She will buy something **to write with**. 그녀는 쓸 무언가를 살 것이다.
       I have many things **to choose from**. 나는 선택할 많은 것들이 있다.
       I need a piece of paper **to write on**. 나는 쓸 종이가 필요하다.

5. to부정사의 부사적 용법
   - 목적
   ex) He went to his house to do his homework. 그는 그의 숙제를 하기 위해 그의 집으로 갔다.
   - 감정의 원인
   ex) I am glad to meet you. 너를 만나서 기쁘다.
   - 결과
   ex) She grew up to be a pianist. 그녀는 자라서 피아니스트가 되었다.
   - 판단의 근거
   ex) You must be cruel to say so. 그렇게 말하다니 너는 잔인한 게 틀림없어.

DAY 39

"Keep your face to the sunshine
and you cannot see the shadow."
- *Helen Keller*

"얼굴이 계속 햇빛을 향하도록 하라.
그러면 당신의 그림자를 볼 수 없을 것이다."

항상 좋은 것만 생각하고 바라보세요. 그러면 여러분의 슬픔도 아픔도 생각나지 않을 겁니다. 힘들고 좌절스러운 일이 있을 때 공부에 집중하면 오히려 마음이 편안해지는 것도 이런 원리 때문입니다. 우리 삶은 좋은 것만 생각하기에도 부족하답니다.

>>> **DAY 39 음성 강의**

중학생이 꼭 알아야 할 영단어

cousin [kʌ́zn, 커즌]
명 사촌

I received a letter from my cousin in Madrid.
나는 마드리드에 사는 사촌으로부터 온 편지를 받았다.

carry [kǽri, 캐리]
동 가지고 있다, 나르다

The suitcase felt heavy as I carried it to my house.
내가 집으로 나르던 여행 가방은 무겁게 느껴졌다.

spell [spél, 스펠]
동 철자를 말하다

People often spell my name wrong.
사람들은 자주 내 이름을 잘못 쓴다.

exit [éksɪt, 엑시트]
명 출구 동 떠나다

The emergency exit is to the left.
왼쪽에 비상 출구가 있습니다.

Shoppers exited the building as the alarm rang.
알람이 울리자 쇼핑객들은 건물 밖으로 나갔다.

past [pǽst, 패스트]
명 과거 형 지나간 전 지나서

The past is the past. 과거는 이미 지나간 것이다.
In the past, I used to like jogging. 과거에 나는 조깅을 즐겨 했다.
The cafe is past the office. 카페는 사무실 지나서 위치해 있다.

join [dʒɔ́ɪn, 조인]
동 가입하다, 함께하다

I've joined an aerobics class.
나는 에어로빅 강습반에 등록했다.

pull [pʊl, 풀]
동 당기다

I pulled my hair out of stress.
나는 스트레스를 받아서 머리카락을 잡아당겼다.

customer [kʌ́stəmə(r), 커스터멀]
명 고객

Lucy is a regular customer.
루시는 단골 고객이다.

use [ju:z, 유-즈] [ju:s, 유-스]
명 사용 동 사용하다

You can use this product by clicking the red button.
빨간색 버튼을 눌러 이 제품을 사용할 수 있다.

Electric blankets use a lot of electricity.
전기 담요는 많은 전기를 사용한다.

reason [ríːzn, 리-즌]
명 이유, 이성

The main reason why I quit is my health.
내가 일을 그만둔 주된 이유는 나의 건강이다.

hate [héɪt, 헤이트]
동 싫어하다

Universally, people hate Monday mornings.
보편적으로, 사람들은 월요일 아침을 싫어한다.

depart [dɪpɑ́ːrt, 디팔-트]
동 출발하다

The plane departs from Incheon for Washington.
그 비행기는 워싱턴을 향해 인천에서 출발한다.

cave [kéɪv. 케이브]
뗭 동굴

There were many bats in the cave.
동굴에는 많은 박쥐가 있었다.

child [tʃáɪld. 챠일드]
뗭 아이, 어린이

The child had rosy cheeks.
아이는 장미처럼 빨간 볼을 가지고 있었다.

again [əgén. 어겐]
뛰 한 번 더, 다시

I practiced the dance routine once again.
나는 정해진 춤 동작을 다시 한 번 연습했다.

damage [dǽmɪdʒ. 대미쥐]
뗭 손상 뙠 손상을 입히다

She dropped her cell phone, but there was minor damage.
그녀는 휴대전화를 떨어트렸지만 경미한 손상만 입었다.

adult [ǽdʌlt. 애덜트]
뗭 어른 뙝 어른의

Act like an adult.
어른처럼 행동해.

tide [táɪd. 타이드]
뗭 조수, 조류

The tide was in and the wind was light.
밀물이었고, 바람은 가벼웠다.

garage [gərɑ́ːʒ. 거라─지]
뗭 차고, 주차장

My car is parked in the garage.
내 차는 차고에 주차되어 있다.

tight [táɪt. 타이트]
뙝 단단한, 꽉 조여 있는

This shirt is too tight on me.
나에게 이 셔츠가 너무 꽉 조인다.

고등학교를 준비하는 학생이 꼭 알아야 할 영단어

earn [ɜːrn. 언─]
뙠 벌다, 얻다

She earned fame through a documentary.
그녀는 다큐멘터리를 통해서 명성을 얻었다.

layer [lér. 레이어]
뗭 층, 막

There are many layers in a cake.
케이크에는 많은 층이 있다.

enable [ɪnéɪbl. 인에이블]
뙠 가능하게 하다

This program will enable people to smell food online.
이 프로그램은 온라인으로 음식 냄새를 맡는 것을 가능하게 할 것이다.

convenient
[kənvíːniənt. 컨비─니언트]
뙝 편리한

It is convenient to pay by credit card.
신용카드로 지불하는 것은 편리하다.

employ [ɪmplɔ́ɪ, 임플로이]
통 고용하다

It is pricy to employ a lawyer.
변호사를 고용하는 것은 비싸다.

faith [feɪθ, 페이쓰]
명 신념, 신뢰

Sometimes I lose faith in humanity.
가끔 나는 인류에 대한 신뢰를 잃는다.

guilty [gílti, 길티]
형 죄책감이 드는, 유죄의

I felt guilty after I lied to my mother.
나는 엄마에게 거짓말을 한 후 죄의식을 느꼈다.

participate
[pɑ:rtísɪpeɪt, 팔-티시페이트]
통 참가(참여)하다

He participated in the debate competition.
그는 토론 대회에 참여했다.

offer [ɔ́:fɚ(r), 오-펄]
통 제의하다, 제안하다

The TV salesman offered me a price.
TV 세일즈맨은 나에게 가격을 제시했다.

vote [vóʊt, 보우트]
명 표 통 투표하다, 선출하다

This year we will vote for a new president.
올해 우리는 새로운 대통령을 선출할 것이다.

degree [dɪgríː, 디그리-]
명 도, 정도, 학위

Some rides at amusement parks spin 360 degrees.
놀이공원의 몇몇 놀이기구는 360도 돈다.
My sister has a master's degree.
나의 언니는 석사 학위를 가지고 있다.

react [riǽkt, 리액트]
통 반응하다, 반응을 보이다

The citizens reacted calmly to the earthquake.
시민들은 지진에 대해 침착한 반응을 보였다.

retire [rɪtáɪɚ(r), 리타이얼]
통 은퇴하다, 퇴직하다

My grandfather retired early.
나의 할아버지는 일찍 퇴직하셨다.

grateful [gréɪtfl, 그레이트풀]
형 고마워하는, 감사하는

He felt grateful to his homeroom teacher.
그는 담임 선생님께 고마움을 느꼈다.

form [fɔ́:rm, 폼-]
통 형성하다, 구성하다

Students started forming groups of four.
학생들은 네 명으로 이루어진 조를 만들기 시작했다.

describe [dɪskráɪb, 디스크라이브]
통 묘사하다

Describe the scene you saw when you went to the beach in Busan.
네가 부산의 바닷가에 갔을 때 본 장면을 묘사해봐.

flow [flóu, 플로우]
명 흐름 동 흐르다

Just go with the flow.
그냥 흐름을 따라서 살아.

declare [dɪklér, 디클레얼]
동 선언하다

The company declared that it was bankrupt.
회사는 파산을 선언했다.

migrate [máɪgreɪt, 마이그레이트]
동 이동하다, 이주하다

Birds migrate south in winter.
새들은 겨울에 남쪽으로 이주한다.

effort [éfərt, 에펄트]
명 노력

I made an effort to become friends with the transfer student.
나는 전학생과 친구가 되려고 노력했다.

Misson! English Sentence GOGO!!

다음 문장들을 읽고 우리말 의미에 맞게 빈칸을 채우세요.

reason   past   enable   customer   convenient

❶ I have been abroad for the _____ few years.
나는 지난 몇 년간 해외에 나가 있었다.

❷ She was complaining about the store's poor _____ service.
그 여자는 가게의 고객 서비스가 형편없다고 불평했다.

❸ This is the _____ why I'm here.
이것이 내가 여기 온 이유다.

❹ Money will _____ you to do anything.
돈은 네가 어떤 일이든 할 수 있게 해준다.

❺ Credit cards are more _____ than cash.
신용카드는 현금보다 편리하다.

Answer ❶ past ❷ customer ❸ reason ❹ enable ❺ convenient

'관용적 표현'이라는 말을 문법책에서 종종 만날 수 있습니다. 습관적으로 사용한다는 뜻입니다. 영어에서의 관용적 표현은 영어를 모국어로 쓰는 사람들이 생활 속에서 습관적으로 사용하는 표현을 말합니다. 따라서 관용적 표현은 문법적인 원리를 따지기보다는 자연스럽게 익히는 것이 핵심입니다.

1. too + 형용사/부사 + to 동사원형   너무 ~해서 …할 수 없다.

   ex) He is too poor to buy clothes. 그는 너무 가난해서 옷을 살 수 없다.

2. 형용사/부사 + enough + to 동사원형   …하기에 충분히 ~한

   ex) I am old enough to drive the car. 나는 차를 운전하기에 충분히 나이 들었다.

3. be + 형용사 + to 동사원형
   - be free to 동사원형   자유롭게 ~하다
   - be sure to 동사원형   틀림없이 ~하다
   - be ready to 동사원형   ~할 준비가 되어 있다
   - be willing to 동사원형   기꺼이 ~하다

4. 그 외 to부정사를 이용한 관용적 표현들
   - strange to say   이상한 이야기지만
   - to be honest   솔직히 말하면
   - to begin with   우선
   - to make a long story short   요약하자면
   - to be frank with you   솔직히 말하면
   - to tell the truth   사실대로 말하자면
   - to make matters worse   설상가상으로
   - so to speak   말하자면

학교내신대비 연습문제

다음 문장을 정확하게 해석해보세요.

❶   This box is too heavy to lift.

❷   I am too busy to talk with you.

Answer   ❶ 이 박스는 너무 무거워서 들 수 없다.   ❷ 나는 너무 바빠서 너와 이야기할 수 없다.

DAY 40

"장애물을 만났다고 반드시 멈춰야 하는 것은 아니다.
벽에 부딪혔다면 돌아서서 포기하지 마라.
어떻게 벽에 오를지, 벽을 뚫고 나갈 수 있을지,
또는 돌아갈 방법이 있는지 생각하라."

장애물이 있다고 여러분이 멈출 필요는 없어요. 끝까지 나아가려는 마음만 있으면, 그 장애물을 통과할 수 있습니다. 여러분은 여러분을 방해하는 졸음, 귀찮음, 지침을 제치고 벌써 이만큼이나 온 걸요! 지금까지 해내온 마음으로 끝까지 가는 거에요! 조금만 더 힘내서 외워봅시다.

≫ DAY 40 음성 강의

warn [wɔ:rn, 워-언]
图 경고하다

I warn you not to go out alone at night.
나는 너에게 밤에 혼자서 나가지 말라고 경고한다.

call [kɔ:l, 콜-]
图 전화, 부름 图 전화하다, 부르다

The couple decided to call their baby Chris.
부부는 그들의 아기를 Chris라고 부르기로 결정했다.

draw [drɔ:, 드로-]
图 그리다, 끌어내다

The teacher drew geometrical shapes on the board.
선생님은 칠판에 기하학적인 형상들을 그렸다.

wet [wet, 웨트]
图 젖은

My wet hair froze out in the cold.
바깥의 추위에 나의 젖은 머리는 얼었다.

flat [flæt, 플랫]
图 평평한

We lay out the papers on a flat surface.
우리는 평평한 표면에 종이들을 놓았다.

second [sékənd, 쎄컨드]
图 초, 잠깐 图 두 번째의

Will you wait for me for just a second?
잠깐만 나를 기다려주겠니?

destination
[destɪnéɪʃn, 데스티네이션]
图 목적지, 도착지

The explorer's final destination was Peru.
모험가의 최종 목적지는 페루였다.

straight [stréɪt, 스트레이트]
图 똑바로, 곧장

Go straight to home.
곧장 집으로 가라.

listen [lísn, 리슨]
图 듣다

He was always listening to music.
그는 항상 음악을 듣고 있었다.

character
[kǽrəktə(r), 캐릭털]
图 성격, 기질

The chef has a very strong character.
요리사는 매우 강한 성격을 가지고 있다.

medium [mí:diəm, 미-디엄]
图 중간의

Cook over a medium heat. 중간 온도 이상에서 익혀라.

diet [dáɪət, 다이어트]
图 식사, 식습관

It is crucial to have a healthy diet.
건강한 식사를 하는 것은 중요하다.

decorate [dékəreit, 데커레이트]
图 장식하다

My mother decorates the table for Christmas.
나의 엄마는 크리스마스를 위해서 테이블을 장식하신다.

several [sévrəl, 쎄버럴]
图 몇몇의, 몇 개의, 몇 사람의

I got several letters from her.
나는 그녀로부터 몇 통의 편지를 받았다.

both [bouθ, 보쓰]
图 둘 다의 때 둘 다

Both his father and his mother have the blood type B.
그의 아빠와 엄마 두 분 모두 혈액형이 B형이다.

other [ʌ́ðə(r), 아덜]
图 다른 때 다른 사람(것)

I ate the other piece of bread.
나는 빵의 다른 조각을 먹었다.

private [práivət, 프라이비트]
图 개인적인

Many celebrities have no private life.
많은 연예인들은 개인적인 삶을 가지고 있지 않다.

language [léŋgwidʒ, 랭귀지]
图 언어

Language education is emphasized in this school.
이 학교에서는 언어교육이 강조된다.

upset [ʌpsét, 업쎗]
图 속상한 图 속상하게 만들다

We all got upset with the result.
우리 모두는 결과에 속상했다.
My newly-dyed hair upset my mother.
내가 새롭게 염색한 머리카락은 엄마를 속상하게 했다.

touch [tʌ́tʃ, 터치]
图 만지다, 감동시키다

She touched the cold metal of the seat.
그녀는 의자의 차가운 쇠를 만졌다.

고등학교를 준비하는 학생이 꼭 알아야 할 영단어

controversy
[káːntrəvɜ̀ːrsi, 칸-트로벌-씨]
图 논란

Violent video games have been causing controversy.
폭력적인 비디오 게임은 논란을 일으켜왔다.

reject [ridʒékt, 리젝트]
图 거절하다

The actor rejected the offer to work with a famous director.
배우는 유명한 감독과 함께 작업하자는 제안을 거절했다.

resolve [rizáːlv, 리졸-브]
图 해결하다, 다짐하다

To resolve a problem, you must first find the cause.
문제를 해결하기 위해서는 첫 번째로 원인을 찾아야 한다.

urban [ə́:rbən, 얼–번]
형 도시의

Urban areas are usually very crowded.
도시 지역은 대체로 사람들이 매우 붐빈다.

statistic [stətístɪk, 스터티스틱]
명 통계

The town's crime statistics show positive results.
마을의 범죄율 통계는 긍정적인 결과를 보여준다.

fold [fóʊld, 포울드]
동 접다

She folded the paper in half and put it in her bag.
그녀는 종이를 반으로 접고 가방 안에 넣었다.

responsible
[rɪspáːnsəbl, 리스판–서블]
형 책임이 있는, 원인이 되는

It was difficult to say who was responsible for the disaster.
누가 그 재난에 대해 책임이 있었는지 이야기하기 어려웠다.

gender [dʒéndə(r), 젠덜]
명 성, 성별

For many people, gender equality is a difficult subject of conversation.
많은 사람에게 양성 평등은 대화하기 불편한 주제다.

communicate
[kəmjúːnɪkeɪt, 커뮤–니케이트]
동 의사소통을 하다

People can communicate with their pen-pals by email.
사람들은 이메일을 통해 펜팔과 의사소통을 할 수 있다.

threat [θrét, 쓰레트]
명 협박, 위협

Sharks are considered as a threat to humans.
상어들은 인간에게 위협으로 여겨진다.

tend [tend, 텐드]
동 ~하는 경향이 있다

Some people tend to sleep in one position all night.
어떤 사람들은 밤새 같은 자세로 자는 경향이 있다.

deliver [dɪlívə(r), 딜리버얼]
동 배달하다

She earns the minimum wage by delivering pizza.
그녀는 피자를 배달해 최저임금을 받는다.

court [kɔ́ːrt, 코–올트]
명 법정, 법원, 코트

The court was disturbingly silent.
법정은 불편할 정도로 조용했다.

consume [kənsúːm, 컨쑴–]
동 소모하다, 소비하다

I consumed all of my energy going up the stairs.
나는 계단을 오르느라 모든 에너지를 소비했다.

element [élɪmənt, 엘러멘트]
명 요소

There is an element of false in what he says.
그가 이야기하는 것 중에 거짓의 요소가 있다.

innocent [ínəsnt, 이너슨트]
형 무죄의

The man was found innocent of any crime.
남자는 아무 죄가 없는 것으로 밝혀졌다.

float [flout, 플로우트]
동 뜨다, 떠가다

Wood floats in water.
나무는 물에 뜬다.

population
[pɑ:pjuléiʃn, 파—퓰레이션]
형 인구

Population growth is a serious modern issue.
인구 증가는 현대의 심각한 문제다.

aim [éim, 에임]
형 목적, 목표 동 목표하다

He wrote the aims of the lesson on the white board.
그는 수업 목표를 화이트보드에 적었다.

swallow [swá:lou, 스왈로우]
동 삼키다

Don't swallow the gum, spit it out.
껌을 삼키지 말고 뱉어라.

Misson! English Sentence GOGO!!

다음 문장들을 읽고 우리말 의미에 맞게 빈칸을 채우세요.

wet   diet   communicate   destination   urban

❶ When it rains, a lot of cars slip on the _____ road.
비가 오면 많은 차들이 젖은 도로에서 미끄러진다.

❷ What is the _____ of Flight NG120?
NG120 항공기의 목적지는 어디인가?

❸ I actually started to pay more attention to my _____.
나는 사실 나의 식단에 좀더 주의를 기울이기 시작했다.

❹ The city council will meet to discuss _____ development.
도시개발 문제를 논의하기 위해 시의회가 열릴 것이다.

❺ You can _____ with many people at the same time.
너는 많은 사람들과 동시에 연락할 수 있다.

Answer   ❶ wet   ❷ destination   ❸ diet   ❹ urban   ❺ communicate

동명사는 동사에 ing를 붙여서 명사처럼 쓰는 문법입니다. 영어에서 명사는 주어, 목적어, 보어 역할을 하죠? 그 역할을 동명사도 할 수 있습니다.

1. 형태 동사원형 + -ing

2. 해석 ~하는 것, ~하기

3. 쓰임 주어, 목적어, 보어

　ex) **Walking** is good for your health. 걷는 것은 너의 건강에 좋다.

　　He finished **writing** the report. 그는 보고서 쓰기를 끝냈다.

　　His job is **teaching** math. 그의 직업은 수학을 가르치는 것이다.

　　I am good **at playing** soccer. 그는 축구를 하는 것에 능하다.

● 영어에서 명사의 역할은 주어, 목적어, 보어 외에 하나 더 있습니다. 전치사 다음에 명사가 와야 했었죠? 이때 명사의 역할을 '**전치사의 목적어**'라고 부릅니다. to부정사는 전치사의 목적어 역할을 할 수 없고, **동명사만 가능**하다는 것을 기억해야 합니다.

　ex) She is proud **of being** rich. 그녀는 부자인 것을 자랑스러워한다.

　　I'm worried **about taking** a driving test. 나는 운전 시험을 치르는 것을 걱정한다.

　　This is a knife **for cutting** meat. 이것은 고기를 자르기 위한 칼이다.

학교내신대비 연습문제

다음 문장에서 동명사를 찾아 동그라미 표시하고, 그 쓰임을 〈보기〉에서 고르세요.

　보기　　주어　　목적어　　보어　　전치사의 목적어

❶ Watching movies is my favorite hobby.

❷ I enjoy watching movies when I'm free.

❸ Thank you for inviting me.

Answer　❶ Watching, 주어 (영화들을 보는 것은 내가 가장 좋아하는 취미다.)
　　　　　❷ watching, 목적어 (나는 한가할 때 영화를 보는 것을 즐긴다.)
　　　　　❸ inviting, 전치사의 목적어 (나를 초대해줘서 고마워.)

DAY 41

"It doesn't get easier.
You just get better."

"더 쉬워지는 게 아니야.
네가 더 나아지는 것뿐이야."

영어 단어 외우는 것에 어느 정도 익숙해지는 요즘! 과연 내가 잘하고 있는지 궁금하시죠? 자신감을 가지셔도 됩니다! 여러분들의 열정과 노력은 결코 여러분들을 배신하지 않을 겁니다. 앞으로 영어가 점점 더 쉽게 느껴질 거예요. 여러분들의 영어 실력이 점점 향상되고 있으니까요!

>>> DAY 41 음성 강의

中학생이 꼭 알아야 할 영단어

most [móʊst, 모우스트]
형 대 최대(의), 대부분(의) 부 가장

Most Korean kids these days have cell phones.
요즘 대부분의 한국 아이들은 휴대전화를 가지고 있다.

The most valuable player got injured.
최우수 선수가 부상을 당했다.

rest [rest, 레스트]
명 나머지, 휴식 동 쉬다

I want to spend the rest of my life with you.
나는 내 인생의 나머지를 너와 함께 보내고 싶다.

Why don't you take a rest?
휴식을 취하는 것은 어떠니?

pray [préɪ, 프레이]
동 기도하다

He went to the temple to pray.
그는 기도하기 위해서 사원으로 갔다.

diligent [dílɪdʒənt, 딜리전트]
형 근면한, 성실한

The diligent student got straight A's.
성실한 학생은 모든 과목에서 A를 받았다.

alone [əlóʊn, 얼론]
형 혼자, 외로운 부 혼자, 외로이

The old man lives alone.
노인은 혼자 산다.

government
[ɡʌ́vərnmənt, 거벌먼트]
명 정부, 정권

The government of New Zealand launched a new program. 뉴질랜드 정부는 새로운 프로그램을 시작했다.

equipment
[ɪkwípmənt, 이큅먼트]
명 장비, 용품

I replaced some office equipment.
나는 사무실 용품을 몇 가지 바꾸었다.

see [siː, 씨-]
동 보다, 이해하다

He wondered if he would see her again.
그는 그녀를 다시 볼 수 있지에 대해서 궁금해했다.

complex
[kɑ́mpleks, 콤플렉스]
형 복잡한 명 복합 건물

Poverty is a complex problem.
빈곤은 복잡한 문제다.

hit [hɪt, 히트]
명 치기 동 치다, 때리다

The archer hit the target.
궁수는 과녁을 맞혔다.

decide [dɪsáɪd, 디싸이드]
동 결정하다

I can't decide what to wear.
나는 무엇을 입을지 결정하지 못하겠다.

graduate
[grǽdʒuət, 그래쥬에이트]
명 대학 졸업자 동 졸업하다

The college graduate got a job.
대학 졸업자는 취업을 했다.

He graduated from Haverford College.
그는 Haverford 대학을 졸업했다.

fair [fer, 페어]
형 공정한, 올바른

The CEO made a fair decision.
CEO는 공정한 결정을 내렸다.

crowd [kráud, 크라우드]
명 군중

There was a crowd surrounding the fight.
싸움을 둘러싸는 군중이 있었다.

deep [di:p, 디-프]
형 깊은 부 깊이

The water was too deep for the child.
아이에게는 물이 너무 깊었다.

cheap [tʃi:p, 치-프]
형 값이 싼

The shoes were cheaper than he thought.
신발은 그가 생각한 것보다 값이 쌌다.

matter [mǽtə(r), 매털]
명 문제 동 중요하다

What's the matter? 무슨 일이야?
It matters that you feel comfortable.
네가 편안한 것이 중요하다.

plan [plæn, 플랜]
명 계획 동 계획하다

We can plan things together without meeting.
우리는 만나지 않고 함께 계획들을 세울 수 있다.

machine [məʃí:n, 머신-]
명 기계

With a kick, I fixed the vending machine.
발길질을 해서, 나는 자판기를 고쳤다.

clerk [klɜ:rk, 클럭-]
명 사무원, 직원

The bank clerk made a mistake in calculation.
은행원은 계산 실수를 했다.

고등학교를 준비하는 학생이 꼭 알아야 할 영단어

punish [pʌ́nɪʃ, 퍼니쉬]
동 처벌하다, 벌주다

She punished her children by taking away their phones.
그녀는 아이들의 휴대전화를 빼앗음으로써 그들에게 벌주었다.

through [θru:, 쓰루-]
전 ~을 통해

There was a lake through the trees.
숲을 통과해서 호수가 있었다.

breathe [bri:ð, 브리-드]
동 호흡하다

I had to breathe deeply before the interview.
면접 전에 나는 깊이 숨을 쉬어야만 했다.

despite [dɪspáɪt, 디스파이트]
전 ~임에도 불구하고

Despite the bad weather, we still had a good time.
나쁜 날씨에도 불구하고 우리는 여전히 좋은 시간을 보냈다.

destroy
[dɪstrɔ́ɪ, 디스트로이]
동 파괴하다

The lightning destroyed the building.
번개는 건물을 파괴했다.

horizon [həráɪzn, 허라이즌]
명 지평선, 수평선

Take me beyond the horizon.
지평선 너머로 나를 데려가줘.

wipe [waɪp, 와이프]
동 닦다

Her job was to wipe the water off the plates.
그녀의 업무는 접시에 있는 물기를 닦는 것이었다.

available [əvéɪləbl, 어베일러블]
형 이용 가능한

This is the only room available tonight.
이 방이 오늘밤 구할 수 있는 유일한 방이다.

dull [dʌl, 덜]
형 지루한, 둔한

They had to sit through a dull show.
그들은 지루한 쇼를 끝까지 보아야만 했다.

solve [sɑːlv, 쏠—브]
동 해결하다

I attempted to solve a problem.
나는 문제를 풀려고 시도했다.

melt [melt, 멜트]
동 녹다, 녹이다

Melt 200 grams of butter.
200그램의 버터를 녹이세요.

accept [əksépt, 억쎕트]
동 받아들이다

Say you accept the apology rather than saying "it's okay.".
"괜찮아."라고 이야기하지 말고 사과를 받아들인다고 말해라.

propose [prəpóʊz, 프로포즈]
동 제안하다, 청혼하다

I proposed a lesson plan to my boss.
나는 나의 상사에게 수업 계획을 제안했다.

distribute
[dɪstríbjuːt, 디스트리뷰—트]
동 나누어 주다

The volunteers distributed food among the poor.
봉사자들은 가난한 이들에게 음식을 나누어 주었다.

fortune [fɔ́ːrtʃuːn, 포—올츈—]
명 운, 돈

He made his fortune through an online clothing store.
그는 인터넷 옷가게를 통해서 큰돈을 벌었다.

encounter
[ɪnkáʊntə(r), 인카운털]
명 (우연히) 만남 동 맞닥뜨리다

I encountered an old enemy at the wedding.
결혼식에서 나는 나의 옛 적과 맞닥뜨렸다.

generation
[dʒenəréɪʃn, 제너레이션]
명 세대

They can't seem to work with the younger generation.
그들은 젊은 세대와 작업을 못하는 것처럼 보인다.

contain [kəntéɪn, 컨테인]
동 포함(함유)하다

These chips contain a lot of fat.
이 과자는 많은 지방을 함유한다.

crime [kráɪm, 크라임]
명 범죄

The crime scene was too clean.
범죄 현장은 너무 깨끗했다.

publish [pʌ́blɪʃ, 퍼블리쉬]
동 출판하다

My dream is to publish a book.
나의 꿈은 책을 출판하는 것이다.

Misson! English Sentence GOGO!!

다음 문장들을 읽고 우리말 의미에 맞게 빈칸을 채우세요.

available   government   despite   decide   diligent

❶ I want to be _____ like my father.
나는 아버지처럼 부지런해지고 싶다.

❷ The _____ should provide security for all people.
정부는 모든 국민들을 위해서 안전을 제공해야 한다.

❸ We _____ what we must do and must not.
우리는 우리가 무엇을 해야 하고 하지 말아야 할지 결정한다.

❹ They enjoyed their day at the zoo, _____ the bad weather.
그들은 나쁜 날씨에도 불구하고 동물원에서 즐거운 하루를 보냈다.

❺ This service is _____ 24-hours a day, 7 days a week.
이 서비스는 24시간, 일주일 내내 이용할 수 있다.

Answer ❶ diligent ❷ government ❸ decide ❹ despite ❺ available

부정사와 마찬가지로 동명사를 이용한 관용적 표현도 다양합니다. 다양한 관용적 표현들을 익히면 독해의 속도도 빨라지고, 영어 내공도 쑥쑥 쌓입니다. 동명사를 이용한 다양한 표현들을 함께 익힙시다.

동명사의 관용적 표현

- prevent / stop / keep + 목적어 + from ~ing 목적어가 ~하는 것을 막다

    ex) Her laziness prevented her from getting a job.
    그녀의 게으름이 그녀가 취직하는 것을 막았다.

- be used to + ~ing ~에 익숙해지다

- be used to + 동사원형 ~하는 데 사용되다

- used to + 동사원형 ~하곤 했다

    ex) He is used to staying up late at night. 그는 밤늦게 깨어 있는 데 익숙해졌다.
    This money is used to help the disabled. 이 돈은 장애인들을 돕는 데 쓰인다.
    I used to live in a very small village. 나는 매우 작은 마을에 살곤 했다.

- can't/couldn't help + ~ing ~하지 않을 수 없다

    ex) I can't/couldn't help laughing at her. 나는 그녀를 비웃지 않을 수 없었다.

- worthless + ~ing ~할 가치가 없다 / worth + ~ing ~할 가치가 있다

    ex) It's worthless seeing that movie. 그 영화를 볼 가치가 없다.
    This book is worth reading twice. 이 책은 두 번 읽을 가치가 있다.

- no use + ~ing ~해봤자 소용없다

    ex) It is no use crying over spilt milk. 엎질러진 우유 앞에서 울어봤자 소용없다.

- look forward to + ~ing ~을 학수고대하다(=간절히 바라다)

    ex) She is looking forward to seeing her father again.
    그녀는 그녀의 아버지를 다시 보기를 학수고대한다.

- on + ~ing ~하자마자 ~함으로써

    ex) On seeing me, he started running toward me.
    나를 보자마자 그는 나를 향해 달리기 시작했다.

- have a hard time + ~ing / have difficulty + ~ing / have trouble (in) + ~ing ~하느라 고생하다

    ex) I had a hard time keeping the students quiet 나는 학생들을 조용히 시키느라 고생했다.

- feel like + ~ing ~하고 싶은 기분이 들다

    ex) I don't feel like having noodles for dinner. 나는 면을 저녁으로 먹고 싶은 기분이 아니다.

- be busy + ~ing ~하느라 바쁘다

    ex) She is busy taking care of her son. 그녀는 그녀의 아들을 돌보느라 바쁘다.

- spend + 목적어 + ~ing ~하는 데 소비하다

    ex) I spent three hours cleaning the whole house.
    나는 집 전체를 청소하는 데 3시간을 소비했다.

DAY 42

"What we dwell on is
who we become."
- *Oprah Winfrey*

"우리가 무슨 생각을 하느냐가
우리가 어떤 사람이 되는지를 결정합니다."

우리는 우리가 생각하는 대로 됩니다. 큰 꿈을 가지면 그 꿈을 이룰 수 있고, 늘 부정적인
생각만 하면 안 좋은 일들만 일어납니다. 행복한 생각으로 꽉 찬 하루하루를 보내기 바랍
니다!

>>> DAY 42 음성 강의

voice [vɔ́ɪs, 보이스]
몡 목소리, 음성

Because of my cold, I lost my voice.
감기 때문에 나는 목소리를 잃었다.

against [əgénst, 어겐스트]
젠 ~에 반대하여

He went against his father's wishes.
그는 그의 아버지의 바람에 반대했다.

record [rékərd, 레컬드]
[rɪkɔ́ːrd, 리콜드]
몡 기록 통 기록하다, 녹음(녹화)하다

Who has the world record for having the longest hair?
가장 긴 머리카락을 가진 세계 기록자는 누구지?
The band recorded their album in Seoul.
밴드는 서울에서 앨범을 녹음했다.

brush [brʌʃ, 브러쉬]
몡 붓, 솔 통 붓질하다

Brush your teeth three times a day.
하루 세 번 이를 닦아라.

custom [kʌ́stəm, 커스텀]
몡 관습, 풍습

It is an old custom to throw rice at weddings.
결혼식에서 쌀을 던지는 것은 오래된 관습이다.

strength [stréŋθ, 스트렝쓰]
몡 힘, 내구력

She didn't have the physical strength to go up the stairs. 그녀는 계단을 오를 신체적인 힘이 없었다.

promise
[prɑ́ːmɪs, 프라―미스]
몡 약속 통 약속하다

I always keep my promises.
나는 항상 약속을 지킨다.

loud [láʊd, 라우드]
혱 시끄러운

The loud sound startled me.
시끄러운 소리가 나를 깜짝 놀라게 했다.

novel [nɑ́ːvl, 나―블]
몡 소설 혱 새로운

The inventor presented a novel design.
발명가는 새로운 디자인을 발표했다.

deaf [def, 데프]
혱 귀가 먹은

Your singing is making me become deaf.
너의 노랫소리가 나의 귀를 먹게 한다.

greedy [gríːdi, 그리―디]
혱 탐욕스러운, 욕심 많은

The greedy businessman didn't know when to stop.
탐욕스러운 비즈니스맨은 멈출 때를 몰랐다.

mean [miːn, 민―]
통 의미하다 혱 비열한

Don't be so mean to your sister.
너의 여동생에게 그렇게 짓궂게 굴지 마라.

purpose [pə́:rpəs, 펄-퍼스]
명 목적

What is your purpose of life?
인생에서 당신의 목적은 무엇입니까?

recommend
[rekəménd, 레커멘드]
통 추천하다

Will you recommend me a movie?
나에게 영화를 추천해주겠니?

kind [káind, 카인드]
명 종류 형 친절한

She listens to various kinds of music.
그녀는 다양한 종류의 음악을 듣는다.

He was always a kind and helpful student.
그는 항상 친절하고 남을 잘 도와주는 학생이었다.

fever [fí:və(r), 피-벌]
명 열, 열기

The patient suffered from a high fever.
환자는 고열로 시달렸다.

congratulate
[kəngrǽtʃuleit, 콩그래츄레이트]
통 축하하다

Everyone started congratulating me.
모든 사람들이 나를 축하하기 시작했다.

fail [féil, 페일]
통 실패하다

The mother failed to keep the promise to her son.
엄마는 아들에게 한 약속을 지키지 못했다.

lone [loun, 론]
형 혼자의, 단독의

A lone traveler went up the mountain.
고독한 여행자는 산을 올랐다.

turn [t3:rn, 턴-]
통 돌다, 변하다

In fall, green leaves turn yellow.
가을에는 푸른 잎들이 노랗게 변한다.

고등학교를 준비하는 학생이 꼭 알아야 할 영단어

death [deθ, 데쓰]
명 죽음

He is against the death penalty.
그는 사형 제도를 반대한다.

determine [ditə́:rmin, 디털-민]
통 결정하다

I can't determine which is right.
나는 어느 쪽이 옳은지를 결정할 수 없다.

mental [méntl, 멘틀]
형 정신적인

Being anxious all the time is bad for your mental health.
계속된 불안은 너의 정신 건강에 나쁘다.

disappear [dɪsəpír, 디써피얼]
图 사라지다

The red car disappeared from view.
빨간색 차는 시야에서 사라졌다.

exclude [ɪksklúːd, 익스클루-드]
图 제외하다, 배제하다

The editors should decide whom to exclude.
편집자들은 누구를 제외할지를 결정해야 한다.

regard [rɪɡáːrd, 리갈-드]
图 ~라고 여기다

The family regard him as a fool.
가족은 그를 바보라고 여긴다.

grain [ɡréɪn, 그레인]
图 곡물, 알갱이

Bread made from whole wheat grain is healthier than plain white bread.
통밀 곡물로 만들어진 빵은 일반 흰 빵보다 건강하다.

superior
[suːpíriə(r), 수-피리어]
图 우수한, 우월한

Her grades were superior to her classmates.
그녀의 성적은 그녀 학우의 것보다 우수했다.

crucial [krúːʃl, 크루-셜]
图 중대한, 결정적인

The crucial problem stressed out everyone.
중대한 문제는 모두에게 스트레스를 주었다.

motive [móʊtɪv, 모티브]
图 동기, 이유

My dream of becoming a lawyer is my motive for studying. 변호사가 되는 꿈은 공부를 위한 나의 동기다.

rate [réɪt, 레이트]
图 비율, 속도

At this rate, everything will be sold out by noon.
이 속도라면 정오까지 모든 것이 팔릴 것이다.

primary [práɪmeri, 프라이머리]
图 주된, 주요한

His primary goal of the lecture was to teach the importance of language.
그의 강의의 주된 목표는 언어의 중요성을 가르치는 것이었다.

candidate
[kǽndɪdət, 캔디데이트]
图 입후보자

The presidential candidates debate will be tonight.
오늘 밤에는 대통령 입후보자들의 토론이 있을 것이다.

prove [pruːv, 프루-브]
图 증명하다

There was no way to prove my innocence.
나의 무죄를 증명할 방법이 없었다.

cooperate
[koʊáːpəreɪt, 코우아-퍼레이트]
图 협력하다

Please cooperate while we check your bags.
우리가 당신의 가방을 검사하는 동안 협조해 주세요.

conduct [kəndʌkt, 컨덕트]
통 하다, 지휘하다, 행동하다

The scientists conducted an experiment to prove global warming.
과학자들은 지구 온난화를 증명하기 위한 실험을 실시했다.

marriage [mǽridʒ, 매리쥐]
명 결혼, 결혼 생활

You're going to have a wonderful marriage.
너는 멋진 결혼 생활을 할 거다.

fundamental
[fʌndəméntl, 펀더멘탈]
형 근본적인

We have to find the fundamental cause to solve the problem.
우리는 문제를 해결하기 위해서는 근본적인 원인을 찾아야 한다.

atmosphere
[ǽtməsfir, 앳머스피어]
명 분위기, 대기

The heavy atmosphere made me sweat.
무거운 분위기는 나를 땀나게 했다.

apply [əplái, 어플라이]
통 지원하다

Today, I applied for a job.
오늘 나는 일자리에 지원했다.

Misson! English Sentence GOGO!!

다음 문장들을 읽고 우리말 의미에 맞게 빈칸을 채우세요.

custom   mental   regard   against   strength

❶ The person is backed _____ the wall.
그 사람은 벽에 등을 기대고 있다.

❷ It is a _____ handed down to us from ancient times.
그것은 옛날부터 우리에게 전해져 내려온 풍습이다.

❸ I envied my friend for her youth and _____.
나는 내 친구의 젊음과 힘을 부러워한다.

❹ He's old, but his _____ abilities are still strong.
그는 늙었지만, 여전히 정신력은 강하다.

❺ I _____ him as a fool.
나는 그를 바보로 여긴다.

Answer ❶ against ❷ custom ❸ strength ❹ mental ❺ regard to부정사와 동명사를 구별하는 것은 영문법에서 매우 중요합니다. 기본적으로 to부정사는 명사, 형용사, 부사의 역할을 하고, 동명사는 명사의 역할을 합니다. 두 개의 문법이 명사로 쓰이는 경우 같은 역할을 할 것 같지만 여기에도 차이가 있습니다.

1. to부정사 또는 동명사만을 목적어로 취하는 동사

● 원래 to부정사와 동명사는 명사의 역할을 하기 때문에 목적어로 쓸 수 있습니다. 그런데 일부 동사들의 경우에는 목적어로 to부정사만 또는 동명사만 취합니다. 이것은 일종의 관습이기 때문에 암기해야 합니다. 아래의 동사들을 암기하세요. 학교 시험에서 굉장히 자주 활용됩니다.

2. 동명사만을 목적어로 취하는 동사들

ex) enjoy, give up, finish, stop, admit, mind, avoid, deny, practice, put off, postpone, delay, forgive, understand, suggest, imagine, consider…

3. to부정사만을 목적어로 취하는 동사들

ex) agree, ask, choose, decide, expect, hope, learn, mean, offer, plan, pretend, promise, refuse, want, wish, afford, manage…

4. 동명사와 to부정사 둘 다를 목적어로 취하는 동사들

● 의미 차이가 확실하게 있는 경우

try	to + 동사	～하려고 노력하다
	동명사	(시험 삼아) ～해보다
remember (forget)	to + 동사	(미래에) ～할 것을 기억하다 (잊다)
	동명사	(과거에) ～했던 것을 기억하다 (잊다)
regret	to + 동사	～하게 되어 유감이다
	동명사	～한 것을 후회하다

ex) He tried writing in pencil. 그는 연필로 쓰기를 시험 삼아 해보았다.
He tried to write in pencil. 그는 연필로 쓰려고 노력했다.

I remember to write a letter. 나는 편지를 쓸 것을 기억하고 있다.
I remember writing a letter. 나는 편지를 썼던 것을 기억하고 있다.

I forgot to bring an umbrella. 나는 우산을 가져오는 것을 잊어버렸다.
I forgot bringing an umbrella. 나는 우산을 가져왔던 것을 잊어버렸다.

I regret to tell you the bad news. 나는 안 좋은 소식을 너에게 전하게 되어 유감이다.
I regret telling her a lie. 나는 그녀에게 거짓말을 한 것을 후회한다.

DAY 43

"Endeavor to understand is the first
and only basis of virtue."
- *Baruch Spinoza*

"이해하려고 노력하는 행동이
미덕의 첫 단계이자 유일한 기본이다."

'이해하다.'라는 말은 참 어려운 것 같아요. 우리 모두는 서로 다르기 때문에 서로에 대해
완벽하게 알 수는 없죠. 하지만 대화하면서 그 사람의 입장이 되어보고, 또 그 사람의 감
정을 느껴보면서 우리는 조금씩 '이해'해 나갑니다. 이해하려고 노력하면서 배려를 배우고
우리는 조금씩 성장해갑니다.

>>> DAY 43 음성 강의

possible [pάːsəbl, 파ー써블]
형 가능한

The worst possible situation actually happened.
가능한 최악의 상황은 정말로 일어났다.

visit [vízɪt, 비지트]
동 방문하다

We visit our grandparents on Christmas.
우리는 크리스마스에 조부모님을 방문한다.

loaf [lóuf, 로프]
명 빵 한 덩이

He got arrested for stealing a loaf of bread.
그는 빵 한 덩이를 훔쳐 체포되었다.

office [ɔ́ːfɪs, 오ー피스]
명 사무실

Office workers filled the restaurants.
사무직 근로자들이 식당을 채웠다.

exciting [ɪksáɪtɪŋ, 익싸이팅]
형 신나는, 흥미진진한

The scientist yelled 'Eureka!' at the exciting discovery.
흥미로운 발견에 과학자는 '유레카!'라고 외쳤다.

client [kláɪənt, 클라이언트]
명 고객, 의뢰인

If you have any questions for my client, please ask through me.
저의 고객에 대한 질문이 있다면 저를 통해서 물어보세요.

remain [rɪméɪn, 리메인]
동 계속 ~이다, 남다

The students remained silent.
학생들은 계속 침묵을 지켰다.

season [síːzn, 시ー즌]
명 계절

The color of leaves change depending on the season.
나뭇잎의 색깔은 계절에 따라 변한다.

evening [íːvnɪŋ, 이ー브닝]
명 저녁

Be back home by nine this evening.
오늘 저녁 9시까지 집으로 돌아와라.

fill [fɪl, 필]
동 채우다

The boy filled the bucket with water.
남자 아이는 양동이를 물로 채웠다.

agree [əgríː, 어그리ー]
동 동의하다

The mother agreed that the daughter needed more privacy. 엄마는 딸이 더 많은 사생활이 필요하다는 것에 동의했다.

laugh [læːf, 래ー프]
동 웃다, 비웃다

It's hard to laugh at his jokes.
그의 농담에 웃는 것은 어렵다.

wall [wɔːl, 월ー]
명 벽

There were drawings on the wall.
벽에는 그림이 그려져 있었다.

honest [á:nɪst, 아-니스트]
형 정직한

I expect an honest answer from everyone.
나는 모두에게 솔직한 대답을 기대한다.

choice [tʃɔ́ɪs, 쵸이스]
명 선택, 선택권

You have to make a choice.
너는 선택을 해야 한다.

stomach [stʌ́mək, 스터먹]
명 위, 배

Eat porridge when you have an upset stomach.
배탈이 났을 때는 죽을 먹어라.

delicious [dɪlíʃəs, 딜리셔스]
형 맛있는

There were many delicious foods at the buffet.
뷔페에는 맛있는 음식이 많았다.

favorite [féɪvərɪt, 페이버리트]
형 가장 좋아하는

My favorite subject is physical education.
내가 가장 좋아하는 과목은 체육이다.

point [pɔ́ɪnt, 포인트]
명 요점, 요지 동 가리키다

You always miss the point of what I say.
너는 항상 내가 말하는 요점을 놓친다.

The principal pointed at the child with a pen.
교장은 펜으로 아이를 가리켰다.

global [glóʊbl, 글로벌]
형 세계적인, 포괄적인

Drought is a global problem.
가뭄은 세계적인 문제다.

고등학교를 준비하는 학생이 꼭 알아야 할 영단어

bush [bʊʃ, 부쉬]
명 관목, 덤불

We need to trim the bushes in our front lawn.
우리는 앞 잔디에 있는 관목을 다듬어야 한다.

fuel [fjú:əl, 퓨-얼]
명 연료
동 연료를 공급하다

Your actions are like adding fuel to the fire.
너의 행동들은 마치 불에 기름을 붓는 것과 같다.

sink [síŋk, 씽크]
동 가라앉다

The toy is sinking to the bottom of the swimming pool.
장난감은 수영장의 바닥으로 가라앉고 있다.

outstanding
[aʊtstǽndɪŋ, 아웃스탠딩]
형 뛰어난, 걸출한

Because he is an outstanding athlete, he will make it to the Olympics.
그는 뛰어난 운동선수이기 때문에 올림픽에 출전할 것이다.

increase [ɪnkríːs, 인크리-스]
동 증가하다

The company will do anything to increase profits.
회사는 이익을 늘리기 위해 무엇이든지 할 것이다.

conclusion
[kənklúː3n, 컨클루-젼]
명 결론

He came to the conclusion that students should not be noisy in the halls.
그는 학생들이 복도에서 떠들면 안 된다는 결론에 도달했다.

potential [pətén∫l, 포텐셜]
명 잠재력 형 잠재적인

We don't want to upset our potential customers.
우리는 우리의 잠재적인 고객들을 기분 상하게 하고 싶지 않다.

sweep [swíːp, 스위-프]
동 쓸다

She is sweeping the broken pieces of the vase.
그녀는 화병의 깨진 조각들을 쓸고 있다.

hang [hæŋ, 행]
동 걸다

The mother will hang her daughter's drawing on the wall. 엄마는 딸의 그림을 벽에 걸 것이다.

due [duː, 듀-]
형 ~로 인한, ~하기로 예정된

The group got an A due to his efforts.
그룹은 그의 노력 덕분에 A를 받았다.

strategy
[strǽtədʒi, 스트래터지]
명 전략

I came up with a brilliant strategy for increasing sales.
내가 매출 증가를 위한 멋진 전략을 내놓았다.

occupation
[ɑːkjupéi∫n, 아-큐페이션]
명 직업, 점령

Please write your name, address, and occupation below. 아래에 이름, 주소, 그리고 직업을 적어주세요.

wander [wɑ́ːndə(r), 완-덜]
동 거닐다, 헤매다

The beggar was wandering around the streets.
거지는 거리를 헤매고 있었다.

male [méɪl, 메일]
명 남성, 수컷 형 남성의, 수컷의

There are more male nurses these days than before.
예전보다 요즘에 남자 간호사가 더 많다.

inferior [ɪnfíriə(r), 인피리얼]
형 열등한, ~보다 못한

Do you believe animals are inferior to humans?
당신은 동물들이 사람들보다 열등하다고 믿습니까?

match [mætʃ, 매치]
명 성냥, 시합 동 어울리다, 일치하다

I matched the names to the faces.
나는 이름들을 얼굴과 일치시켰다.

heritage [hérɪtɪdʒ, 헤리티지]
명 유산

We should protect our cultural heritage.
우리는 우리의 문화유산을 보존해야 한다.

expose [ɪkspóuz, 익스포즈]
통 노출시키다, 드러내다

Try not to expose babies to strong sunlight.
아기들이 강한 햇볕에 노출되지 않도록 노력해라.

significant
[sɪgnífɪkənt, 시그니피컨트]
형 중요한

Your words have a significant impact on the children.
너의 말들은 아이들에게 중요한 영향을 끼친다.

constitute
[kάːnstətuːt, 칸-스티튜-트]
통 ~이 되다, 구성하다

What qualities constitute a leader?
지도자를 구성하는 특징에는 무엇이 있을까?

Misson! English Sentence GOGO!!

다음 문장들을 읽고 우리말 의미에 맞게 빈칸을 채우세요.

remain   sink   possible   outstanding   client

❶ Is it _____ to stay two more days?
이틀 더 머무는 것이 가능할까요?

❷ That _____ is used to receiving prompt attention.
그 고객은 즉각적인 응대를 받는 것이 익숙해졌다.

❸ I just hope that you and I can _____ friends.
나는 그냥 너와 내가 친구로 남기를 바란다.

❹ There have been almost no _____ people in that town.
그 마을에는 아직 뛰어난 사람이 없다.

❺ The boat was about to _____.
배는 침몰할 듯했다.

Answer   ❶ possible   ❷ client   ❸ remain   ❹ outstanding   ❺ sink

분사는 동사의 형태를 바꾸어서 형용사 또는 부사처럼 활용하는 문법입니다. 분사는 현재분사와 과거분사로 나눌 수 있습니다. 분사의 개념도 익히고, 현재분사와 과거분사를 구별하는 방법을 알아봅시다.

1. 현재분사

- 형태 동사원형 + ing (동명사와 생김새는 같습니다.)
- 의미 동작의 진행 또는 능동을 나타냄
- 해석 ~하고 있는
- 쓰임 명사 수식, 주격 보어, 목적격 보어

ex) **swimming** boy 수영하는 소년

He stood **leaning** against a tree. 그는 나무에 기대어 서 있었다.

I saw Sam **lying** on the floor. 나는 Sam이 바닥에 누워 있는 것을 보았다.

2. 과거분사

- 형태 동사의 과거분사(p.p.)
- 의미 동작의 완료 또는 수동을 나타냄
- 해석 ~해버린, ~되어진
- 쓰임 명사 수식, 완료 시제, 수동태

ex) a **broken** window 깨진 창문

I have **finished** my lunch. 나는 점심 식사를 마쳤다.

I was **invited** to the party. 나는 파티에 초대되었다.

학교내신대비 연습문제

다음 문장들을 정확하게 해석해보세요.

❶ I don't want to carry the boiling pot.

❷ The girl eating ice cream is my daughter.

❸ A used car is much cheaper than the new one.

❹ An injured soldier had to get surgery.

Answer ❶ 나는 **끓고 있는** 냄비를 옮기고 싶지 않다. ❷ 아이스크림을 **먹고 있는** 소녀는 내 딸이다.
❸ **사용된** 차(=중고차)는 새 차보다 훨씬 저렴하다. ❹ **상처를 입은** 군인은 수술을 받아야만 했다.

DAY 44

"Study without desire spoils the memory,
and it retains nothing that it takes in."
- *Leonardo da Vinci*

"목적 없는 공부는 기억에 해가 될 뿐이며,
머릿속에 들어온 어떤 것도 간직하지 못한다."

여러분은 무엇을 위해서 공부하고 있나요? 레오나르도 다 빈치는 목적 없는 공부는 기억에 해가 될 뿐이라고 했어요. 누가 시켜서 하는 공부, 목적이 없는 공부는 오래 가지 못합니다. 지금 여러분들은 왜 단어 공부를 하고 있나요? 여러분만의 공부 목적을 꼭 생각해 보세요.

>>> **DAY 44 음성 강의**

중학생이 꼭 알아야 할 영단어

trust [trʌ́st, 트러스트]
명 신뢰 동 신뢰하다

Love and trust are most important in a marriage.
사랑과 신뢰는 결혼에서 가장 중요하다.

relax [rɪlǽks, 릴랙스]
동 휴식을 취하다, 긴장을 풀다

The warm water relaxed my muscles.
따뜻한 물은 나의 근육을 이완시켰다.

slice [sláɪs, 슬라이스]
명 (얇게 썬) 조각 동 (얇게) 썰다

Slice onions to put in the burger.
햄버거에 넣을 양파를 얇게 썰어라.

advance [ədvǽns, 어드밴스]
명 전진, 발전

In the past years we have seen massive technological advance. 우리는 지난 몇 해 동안 엄청난 기술 발전을 봐왔다.

accident [ǽksɪdənt, 액시던트]
명 사건, 사고

Car accidents are more frequent than they seem.
교통사고는 보기보다 자주 일어난다.

right [ráɪt, 라이트]
명 권리 형 오른쪽의, 옳은
부 정확히, 바로, 곧

Many people still live without basic human rights.
많은 사람들은 아직도 기본적인 인권 없이 산다.
Take a right turn. 오른쪽으로 도세요.
Did you get the answer right? 너 그 답을 맞추었니?

reply [rɪpláɪ, 리플라이]
동 응답하다

Stop making excuses and reply to the question.
변명하지 말고 질문에 답해라.

law [lɔ́ː, 로-]
명 법

Your actions are against the law.
너의 행동들은 법에 어긋나는 것들이다.

always [ɔ́ːlweɪz, 얼-웨이즈]
부 항상

I swore I would always love you.
나는 너를 항상 사랑할 것이라고 맹세했다.

waste [wéɪst, 웨이스트]
명 쓰레기 동 낭비하다

They are having trouble dealing with the toxic waste.
그들은 독성 쓰레기를 처리하는 데 어려움을 겪고 있다.
Don't waste your time. 너의 시간을 낭비하지 마라.

empty [émpti, 엠티]
형 비어 있는

The empty house seemed haunted.
빈집은 귀신이 든 것 같았다.

bottom [bá:təm, 바-텀]
명 바닥, 맨 아래

There's a sticker at the bottom of the plate.
접시의 바닥에 스티커가 붙어 있다.

fix [fiks, 픽스]
⑧ 고정하다, 수리하다

I am the one who fixed the problem.
내가 그 문제를 바로잡은 사람이다.

forever [fərévə(r), 포레버얼]
⑤ 영원히

Nothing lasts forever. 아무것도 영원히 지속되지 않는다.

role [roul, 롤]
⑱ 역할

I play the role of the mother in the play.
연극에서 나는 엄마 역할을 연기한다.

low [lou, 로우]
⑱ 낮은

He bought the clothes at a low price.
그는 낮은 가격으로 옷을 샀다.

baggage [bǽgɪdʒ, 배기지]
⑱ (여행) 짐

Let's go load our baggage to the car.
차에 우리 짐을 실으러 가자.

drink [drɪ́ŋk, 드링크]
⑱ 마실 것 ⑧ 마시다

Make sure to drink plenty of water in the summer.
여름에 반드시 충분한 물을 마시도록 해라.

side [sáɪd, 싸이드]
⑱ 측, 측면, 옆

We went to school side by side.
우리는 학교를 나란히 서서 갔다.

wind [wɪ́nd, 윈드]
⑱ 바람

The strong wind almost blew the child off her feet.
강풍이 아이를 들어 올릴 뻔했다.

고등학교를 준비하는 학생이 꼭 알아야 할 영단어

contrary [kɑ́:ntreri, 칸트레리]
⑱ 정반대의

Contrary to popular belief, you make a decision emotionally. 대중적인 믿음과는 반대로, 너는 감정적으로 결정한다.

cliff [klɪ́f, 클리프]
⑱ 절벽

There was a house on the edge of the cliff.
절벽 끝에 집이 있었다.

acknowledge
[əknɑ́:lɪdʒ, 엑날—리지]
⑧ 인정하다

I acknowledge your struggles.
나는 너의 어려움을 인정한다.

protect [prətékt, 프로텍트]
⑧ 보호하다

Always recycle to protect the environment.
환경을 보호하기 위해서 항상 재활용을 해라.

develop [dɪvéləp, 디벨럽]
동 성장하다, 개발하다

He developed his Spanish skills.
그는 그의 스페인어 실력을 발전시켰다.

aspect [ǽspekt, 애스펙트]
명 측면

Focus on the positive aspect of life.
인생의 긍정적인 측면에 집중해라.

unique [juníːk, 유니-크]
형 유일무이한, 독특한

Everyone has a unique talent.
모두가 유일무이한 재능을 한 가지 가지고 있다.

shape [ʃéɪp, 쉐입]
명 모양 동 모양으로 만들다

The table is an oval shape.
책상은 타원형 모양이다.
The child is shaping clay into a ball.
아이는 진흙으로 공을 만들고 있다.

summary [sʌ́məri, 써머리]
명 요약, 개요

A news summary was on the radio.
라디오에 뉴스 개요가 진행되고 있었다.

construct
[kənstrʌ́kt, 컨스트럭트]
동 건설하다, 구성하다

The city will construct a new bridge on the river by this year.
올해가 끝나기 전까지 도시는 강에 새로운 다리를 건설할 것이다.

claim [kléɪm, 클레임]
명 주장 동 주장하다, 청구하다

He claimed that the girl was lying.
그는 소녀가 거짓말을 하고 있었다고 주장했다.

acquire [əkwáɪə(r), 어콰이얼]
동 얻다, 습득하다

You can acquire all kinds of knowledge through the internet. 인터넷을 통해서 모든 종류의 지식을 습득할 수 있다.

within [wɪðín, 위딘]
전 ~이내에

I will finish all of my assignments within this month.
나는 이번 달 이내에 과제를 모두 완성할 것이다.

attribute
[ətríbjuːt, 어트리뷰-트]
동 (~을 …의) 결과로 보다

In her speech, she said that she attributed her success to hard work. 그녀의 연설에서 그녀는 성공을 열심히 일한 결과로 본다고 이야기했다.

injure [índʒə(r), 인저]
동 상처를 입다(입히다)

The man in the accident was seriously injured.
사고를 당한 남자는 심하게 상처를 입었다.

treat [triːt, 트리-트]
동 다루다, 대우하다

My father told me to alway treat people with respect.
아버지는 항상 나에게 사람들을 존경심을 가지고 대하라고 하셨다.

compare [kəmpér, 컴페얼]
동 비교하다

Compare the two countries' economic situations.
두 나라의 경제 사정을 비교해라.

remote [rimóut, 리모트]
형 외진, 외딴

They went to relax at a remote beach.
그들은 휴식을 취하러 외진 해변으로 갔다.

regret [rigrét, 리그레트]
명 후회 동 후회하다

I bitterly regret trusting her.
내가 그녀를 믿은 것을 쓰라리게 후회한다.

aware [əwér, 어웨얼]
형 알고 있는

It is important to be aware of the problem.
그 문제를 알고 있는 것은 중요하다.

Misson! English Sentence GOGO!!

다음 문장들을 읽고 우리말 의미에 맞게 빈칸을 채우세요.

accident   reply   trust   acknowledge   contrary

❶ Don't be too ready to _____ a stranger.
낯선 이를 너무 쉽게 믿지 말라.

❷ His careless driving caused the _____.
그의 부주의한 운전 때문에 사고가 났다.

❸ I asked her what she does, but she didn't _____.
나는 그녀에게 직업을 물어봤지만, 그녀는 대답하지 않았다.

❹ This is _____ to what I expected.
이것은 내가 기대했던 것과 정반대다.

❺ I _____ that I did not fully understand the test.
나는 내가 그 시험을 완전히 이해하지 못했다는 것을 인정한다.

Answer ❶ trust ❷ accident ❸ reply ❹ contrary ❺ acknowledge

현재분사와 과거분사를 구별하는 것은 고등학교 시험에까지 등장하는 필수 개념입니다. 다만 분사가 쓰인 위치와 역할에 따라서 다양한 방법으로 현재분사와 과거분사를 구별해야 합니다.

쓰임에 따른 현재분사와 과거분사의 구별법

- 명사를 수식할 때 수식하는 **명사와 분사의 관계**가 '**능동, 진행**'이면 **현재분사**를 사용하고, '**수동, 완료**'면 **과거분사**를 사용합니다.

  ex) It was an **amusing** story. 그것은 놀라운 이야기였다.
  What a **boring** class it is! 정말 지루한 수업이구나!
  I don't want to carry the **boiling** pot. 나는 끓는 냄비를 옮기기를 원하지 않는다.
  The girl **eating** ice cream is my daughter. 아이스크림을 먹고 있는 소녀는 나의 딸이다.

- 주격 보어로 쓰였을 때 **주어와의 관계**가 '**능동, 진행**'이면 **현재분사**를 사용하고, '**수동, 완료**'면 **과거분사**를 사용합니다.

  ex) He is **laughing**. 그는 웃고 있는 중이다.
  She looked **excited**. 그녀는 신나 보였다.

- 목적격 보어로 쓰였을 때 **목적어와 목적격 보어로 쓰인 분사의 관계**가 '**능동, 진행**'이면 **현재분사**를 사용하고, '**수동, 완료**'면 **과거분사**를 사용합니다.

  ex) She saw me **crossing** the street. 그녀는 내가 길을 건너는 것을 보았다.
  He watched her **carried** out of the building. 그는 그녀가 빌딩 밖으로 옮겨지는 것을 보았다.

학교내신대비 연습문제

다음 괄호 안에서 어법상 알맞은 것을 고르세요.

➊ Safety of the money (kept / keeping) in the bank is important.

➋ There is a car (parked / parking) in front of my house.

➌ The boy (throwing / thrown) a ball is my son.

Answer ➊ kept 해설 돈은 수동적으로 보관되어지는 것이기 때문에 과거분사를 사용합니다.
➋ parked 해설 차는 주차가 완료되었기 때문에 과거분사를 사용합니다.
➌ throwing 해설 소년이 능동적으로 던지기 때문에 현재분사를 사용합니다.

DAY 45

"Loving can hurt, Loving can hurt sometimes.
When it gets hard, you know it can get hard sometimes.
It is the only thing that makes us feel alive."
- *Ed Sheeran 〈Photograph〉 중에서*

"사랑은 아플 수 있어. 그래, 사랑은 가끔 아프지.
힘들 수 있어, 그래, 그게 가끔 힘들지.
하지만 그게 우리가 살아 있다는 것을 알려주는
유일한 것인 걸."

노래 한 곡을 소개합니다. 에드 시런의 〈Photograph〉라는 곡입니다. 가수의 음색이나 멜로디가 너무 좋지만, 특히 이 부분의 가사가 인상적입니다. 비단 사랑 때문만이 아니라 우리가 힘들다는 건 우리가 살아 있다는 것을 알려주는 신호이기도 합니다. 기쁨도 슬픔도 모두 우리 삶의 일부입니다.

≫ DAY 45 음성 강의

restaurant
[réstrɑ:nt, 레스트런-트]
명 음식점

We ate dinner at a fancy restaurant.
우리는 고급 음식점에서 저녁을 먹었다.

document
[dá:kjumənt, 다-큐먼트]
명 서류

She was attaching a document to the email.
그녀는 문서를 이메일에 첨부하고 있는 중이었다.

physical [fízɪkl, 피지컬]
형 육체의, 신체의

Physical fitness is important to athletes.
육체적 건강은 운동선수들에게 중요하다.

market [má:rkɪt, 말-킷]
명 시장

Prices at the antiques market are relatively low.
골동품 시장에서의 가격들은 상대적으로 낮다.

theme [θi:m, 띰-]
명 주제

The main theme of the movie is 'family'.
영화의 주된 주제는 '가족'이다.

buy [bái, 바이]
동 사다

He thinks a lot before buying a product.
그는 상품을 사기 전에 많은 생각을 한다.

feel [fi:l, 필-]
동 (~감정이) 들다, 느끼다

After the big meal, I feel like taking a walk.
양이 많은 식사를 하고 나니 산책을 하고 싶다.

bear [ber, 베어]
명 곰 동 참다, 견디다

A mother bear and her cubs were in the cave.
엄마 곰과 새끼 곰들이 동굴 속에 있었다.

follow [fá:lou, 팔-로우]
동 따르다, 따라가다

The children followed their teacher.
아이들은 그들의 선생님을 따라갔다.

quantity [kwá:ntəti, 퀀-터티]
명 양

There was a large quantity of sugar in the drink.
음료수에 많은 양의 설탕이 들어 있었다.

twice [twáɪs, 트와이쓰]
부 두 번, 두 배로

He is twice as big as his father.
그는 그의 아버지보다 두 배 더 크다.

fall [fɔ:l, 폴-]
명 가을, 떨어짐 동 떨어지다, 빠지다

Be careful not to fall down.
넘어지지 않게 조심해라.

insect [ínsekt, 인쎅트]

뗑 곤충

I think that is an insect bite.
내 생각에 그것은 곤충에게 물린 자국이다.

fasten [fǽsn, 패쓴]

뗑 매다

Please fasten your seat belts for your safety.
안전을 위해서 안전벨트를 매주세요.

throw [θróu, 쓰로우]

뗑 던지다

She was throwing the pillows to the other bed.
그녀는 다른 침대로 베개들을 던지고 있었다.

international

[ìntərnǽʃnəl, 인터내셔널]

뗑 국제적인

We arrived at an international airport in Japan.
우리는 일본에 있는 국제공항에 도착했다.

express [iksprés, 익스프레쓰]

뗑 나타내다, 표현하다

The man expressed his fears through his drawings.
남자는 그림을 통해서 그의 두려움을 나타냈다.

build [bild, 빌드]

뗑 짓다

One day, I will build my own house.
언젠간 나는 나 자신만의 집을 지을 것이다.

bright [bráit, 브라이트]

뗑 밝은, 똑똑한

The bright sunshine tanned my skin.
밝은 햇살은 나의 피부를 타게 했다.

borrow [bá:rou, 바-로우]

뗑 빌리다

She borrowed a pencil from her friend.
그녀는 그녀의 친구에게 연필을 빌렸다.

고등학교를 준비하는 학생이 꼭 알아야 할 영단어

host [hóust, 호스트]

뗑 주인 뗑 주최하다

Korea will host the 2028 Olympics.
한국이 2028년 올림픽을 주최할 것이다.

decline [dikláin, 디클라인]

뗑 감소 뗑 감소하다

The rate of crime declined dramatically.
범죄율은 급격히 감소했다.

overcome [òuvərkám, 오벌컴]

뗑 극복하다

After rehab, he was able to overcome his injury.
재활을 마치고 그는 부상을 극복할 수 있었다.

interrupt [ìntərápt, 인터럽트]

뗑 방해하다

I'm sorry to interrupt you. 방해해서 미안해.

distinguish
[dɪstíŋgwɪʃ, 디스팅귀시]
동 구별하다

It was hard to distinguish one twin from the other.
한 명의 쌍둥이를 다른 한 명과 구별하는 것은 어려웠다.

explain [ɪkspléɪn, 익스플레인]
동 설명하다

She explained the situation to her boss.
그녀는 상사에게 상황을 설명했다.

consequence
[kάːnsəkwens, 칸-써퀜써스]
명 결과

Global influence can have disastrous consequences.
세계화의 영향이 비참한 결과를 초래할 수 있다.

manage [mǽnɪdʒ, 매니지]
동 간신히 ~해내다, 관리하다

I don't know how you managed to persuade my father.
나의 아버지를 네가 어떻게 간신히 설득했는지 모르겠다.

conflict [kάːnflɪkt, 칸-플릭트]
명 갈등

There is a lot of ethnic conflict in the African continent.
아프리카 대륙에는 민족 갈등이 많이 일어난다.

creature [kríːtʃə(r), 크리-처]
명 생물, 생명체

Every living creature is precious.
모든 살아 있는 생명체는 소중하다.

objective [əbdʒéktɪv, 어브젝티브]
명 목적 형 객관적인

The meeting has reached its main objective.
회의는 주된 목적을 달성했다.
A judge needs to be objective.
판사는 객관적이어야 한다.

permit [pərmít, 펄미트]
동 허락하다

My mom permitted me to go out tonight.
엄마는 내가 오늘 밤 나가는 것을 허락하셨다.

opinion [əpínjən, 어피니언]
명 의견

I won't change my opinion on him.
그에 대한 나의 의견을 바꾸지 않을 것이다.

beg [beg, 베그]
동 간청하다, 구걸하다

The child was begging for money.
아이는 돈을 구걸하고 있었다.

bury [béri, 베리]
동 묻다, 매장하다

The pirates buried their treasures in the sand.
해적들은 모래에 그들의 보물을 묻었다.

courage [kάːrɪdʒ, 커-리지]
명 용기

The king showed great courage and determination.
그 왕은 대단한 용기와 결의를 보였다.

eliminate

[ilimineit, 일리미네이트]

[동] 없애다, 제거하다

The medicine eliminated the heart pain.
그 약은 심장의 고통을 제거했다.

firm [fɜ:rm, 펌-]

[명] 회사 [형] 굳은

A design firm in Japan introduced a new method.
일본의 디자인 회사는 새로운 방법을 도입했다.

I cannot sleep on a firm bed.
나는 딱딱한 침대에서 자지 못한다.

substitute

[sʌbstitu:t, 써브스티튜-트]

[명] 대체물 [동] 대신하다

Because our math teacher was sick, we had a substitute teacher.
수학 선생님이 아프셔서 대신해서 다른 선생님이 오셨다.

budget [bʌ́dʒit, 버짓]

[명] 예산

This year's budget is tight.
올해의 예산은 빠듯하다.

Misson! English Sentence GOGO!!

다음 문장들을 읽고 우리말 의미에 맞게 빈칸을 채우세요.

decline   bear   distinguish   document   physical

❶ I can't start my work without the _____.
그 서류 없이는 일을 시작할 수가 없다.

❷ I love to change my _____ appearance.
나는 신체적인 변화를 주는 것을 좋아한다.

❸ The people couldn't _____ the loud noise of the speakers.
사람들은 스피커의 큰 소음을 참을 수 없었다.

❹ We hoped that prices would _____.
우리는 물가가 내려가기를 바랐다.

❺ We can easily _____ our team members with uniform.
우리는 유니폼으로 우리 팀을 쉽게 구별할 수 있다.

Answer ❶ document ❷ physical ❸ bear ❹ decline ❺ distinguish

283

문장에서 중요한 내용보다 중요하지 않은 내용이 더 많으면 전달하고자 하는 내용을 제대로 전달할 수 없겠죠. 중요한 내용을 명료하게 전달하기 위해서는 부가적인 내용을 분사구문을 이용해 줄여야 합니다.

1. 분사구문의 의미
- 분사를 이용해 부가적인 내용은 간결하게 줄이고, 중요한 내용을 강조하기 위해 만든 구문

2. 분사구문 만드는 방법

When she saw me, she smiled at me.
　　　└─ 부사절　　└─ 주절

절은 주어와 동사를 갖춘 하나의 덩어리입니다. 부사절은 시간, 이유, 조건과 같은 부사 역할을 하는 절을 말합니다.

- 1단계 부사절의 접속사 생략 (생략하지 않는 경우도 있습니다.)
  → she saw me, she smiled at me.
- 2단계 부사절과 주절의 주어가 같으면 생략하고, 다르면 생략하지 않음
  → saw me, she smiled at me.
- 3단계 부사절과 주절의 시제를 비교해서 같으면 동사를 [동사원형 + ing] 형태로 바꾸기
  → Seeing me, she smiled at me.

3. 분사구문 해석하는 방법
- 시간, 이유, 조건, 양보, 부대상황(동시동작) 중 문맥에 맞게 해석

  ex) 시간: 접속사 when, as의 의미
  　　이유: 접속사 because, as의 의미
  　　조건: 접속사 if의 의미
  　　양보: 접속사 although, though의 의미
  　　부대상황(동시동작): 접속사 while, when의 의미

학교내신대비 연습문제

다음 문장을 분사구문을 이용해 간결하게 바꾸세요.

When I arrived at the train station, I found her waiting for me.

→ _____.

Answer Arriving at the train station, I found her waiting for me.

DAY 46

"Life is not measured by the number of breaths we take,
but by the moments that take our breath away."
- *Maya Angelou*

"인생은 우리가 숨 쉬는 횟수가 아니라,
숨 막힐 정도로 벅찬 순간들을
얼마나 많이 가지는가로 평가된다."

여러분은 숨이 찰 만큼 힘차게 달려본 적 있나요? 우리는 최선을 다할 때 큰 보람을 느끼게 되고, 힘들지만 희열을 경험하게 됩니다. 최선을 다하는 순간이 모여서 우리 인생을 더욱 빛나게 만들죠. 이 단어장을 완강할 때 숨 막힐 정도로 벅찬 순간을 맞이하게 될 겁니다. 오늘도 화이팅!

>>> DAY 46 음성 강의

lead [li:d, 리-드]
통 안내하다, 이끌다

The guide leads the way to the forest.
가이드는 숲으로 가는 길을 안내한다.

The teacher lead a discussion about culture.
선생님은 문화에 대한 토론을 이끌었다.

leaf [li:f, 리-프]
명 (나뭇)잎

The dead leaves crunched under my shoes.
낙엽들은 나의 신발 밑에서 바스락거렸다.

than [ðən, 덴]
전 접 ~보다

I am consuming less sugar than before.
나는 예전보다 적은 양의 설탕을 섭취하고 있다.

knock [nɑːk, 나-크]
통 두드리다

He heard a knock on the door.
그는 문을 두드리는 소리를 들었다.

example [ɪgzǽmpl, 이그잼플]
명 예, 사례

She explained the concept by giving examples.
그녀는 예를 들며 개념을 설명했다.

walk [wɔːk, 워-크]
명 걷기, 산책 통 걸어가다

They decided to take a walk on the warm spring day.
그들은 따뜻한 봄날에 산책하기로 결정했다.

I walk my dog everyday. 나는 매일 나의 개를 산책시킨다.

stripe [stráɪp, 스트라이프]
명 줄무늬

The stripes on the shirt hurt my eyes.
셔츠에 있는 줄무늬는 나의 눈을 아프게 했다.

price [práɪs, 프라이스]
명 가격

People are worried about rice prices.
사람들은 쌀의 가격에 대해서 걱정한다.

take [téɪk, 테이크]
통 가지고 가다, 데리고 가다

Should we take a picture of the cherry blossoms?
벚꽃 사진을 찍을까?

I wanted to take a shower after I exercise.
나는 운동 후 샤워하고 싶었다.

question [kwéstʃən, 퀘스천]
명 질문

No student in the class answered the question.
반의 학생들 중 아무도 문제에 답하지 않았다.

forget [fərgét, 펄겟]
통 잊다

She always forgets to do her homework.
그녀는 항상 숙제하는 것을 잊는다.

advertise
[ǽdvərtaɪz, 애드벌타이즈]
통 광고하다

We advertised the charity event in the local paper.
우리는 자선 행사를 지역 신문에 광고했다.

select [sɪlékt, 실렉트]
图 선발하다

The child was selected as a representative.
아이는 대표로 선발되었다.

bottle [bɑ:tl, 바—틀]
명 병

He always drinks a bottle of milk every day.
그는 항상 매일 우유 한 병을 마신다.

once [wʌns, 원스]
부 한 번, 언젠가
접 일단 ~하면, ~하자마자

I go to the gym once a week.
나는 일주일에 한 번 헬스장에 간다.

Once I decided to do it, the other problems were solved
naturally. 내가 그것을 하기로 마음을 먹자 나머지 문제들은 자연스
럽게 해결되었다.

function [fʌŋkʃn, 펑션]
명 기능

This television has various functions.
이 TV는 다양한 기능을 가지고 있다.

poem [póʊəm, 포엄]
명 시

Rachel calmly recited the poem.
Rachel은 침착하게 시를 낭송했다.

repeat [rɪpí:t, 리피—트]
图 반복하다

The repeated melody in the song was stuck in my
head. 노래에서 반복되는 멜로디는 나의 머릿속에 박혔다.

from [frʌm, 프럼]
전 ~에서부터, ~부터

My mother says I was talkative from birth.
엄마는 내가 태어날 때부터 말이 많았다고 말씀하신다.

block [blá:k, 블락—]
图 막다

The building blocked the sunlight.
그 건물은 햇빛을 가로막았다.

고등학교를 준비하는 학생이 꼭 알아야 할 영단어

provide [prəváɪd, 프로바이드]
图 주다, 제공하다

We aim to provide you the best quality service.
우리는 여러분에게 최고로 질 높은 서비스를 제공하는 것이 목표입니다.

convince [kənvíns, 컨빈스]
图 납득시키다, 확신시키다

I'll call you back after I convince my client.
나의 고객을 납득시킨 후에 너에게 전화를 다시 하겠다.

artificial [ɑ:rtɪfíʃl, 알—티피셜]
형 인공의, 인위적인

There is a lot of artificial food coloring in the gum.
그 껌에는 많은 양의 인공 색소가 들어가 있다.

identical [aɪdéntɪkl, 아이덴티컬]
형 동일한

Her dress was almost identical to mine.
그녀의 드레스는 거의 내 것과 동일했다.

import [ímpɔːrt, 임폴-트]
[ɪmpɔ́ːrt, 임폴-트]
명 수입품 통 수입하다

Korea has to import over 300,000 tons of rice.
한국은 30만 톤이 넘는 쌀을 수입해야만 한다.

refer [rifə́ːr, 리펄-]
통 참조하다, 언급하다

The professor told the students to refer to the hand
outs. 교수는 학생들에게 유인물을 참고하라고 이야기했다.

vast [væst, 배스트]
형 광대한

The vast ocean was reflecting the sun.
광대한 바다는 태양을 반사하고 있었다.

transportation
[trænspɔːrtéɪʃn, 트랜스폴-테이션]
명 운송, 교통수단

He uses public transportation everyday.
그는 매일 대중교통을 이용한다.

recognize
[rékəɡnaɪz, 레커그나이즈]
통 인식하다, 알아보다

They were failing to recognize the problem.
그들은 문제를 인식하지 못하고 있었다.

quite [kwáɪt, 콰이트]
부 꽤, 상당히

This dish is quite spicy.
이 요리는 꽤 맵다.

insult [ínsʌlt, 인썰트]
명 모욕 통 모욕하다

I didn't mean to insult you.
나는 너를 모욕할 의도가 없었다.

various [vériəs, 베리어쓰]
형 다양한

There are various types of clothing in this store.
이 가게에는 다양한 종류의 옷이 있다.

vary [véri, 베리]
통 서로 다르다

The quality of their presentations vary considerably.
그들의 발표의 질은 상당히 다르다.

sensitive [sénsətɪv, 쎈서티브]
형 민감한

He didn't want to talk about the sensitive issue.
그는 민감한 쟁점에 대해 이야기하고 싶지 않았다.

complain [kəmpléɪn, 컴플레인]
통 불평하다, 항의하다

I would like to complain to the manager.
나는 관리자에게 불평하고 싶다.

infect [ɪnfékt, 인펙트]
통 감염시키다

She stayed home not to infect another person.
그녀는 또 다른 사람을 감염시키지 않기 위해 집에 있었다.

share [ʃer, 셰어]
명 몫 동 공유하다, 나누다

People shared their experiences with each other.
사람들은 서로 그들의 경험을 공유했다.

industry [índəstri, 인더스트리]
명 산업

Silicon Valley is the heart of the IT industry.
실리콘밸리는 IT 산업의 심장이다.

constant [káːnstənt, 칸-스턴트]
형 지속적인

The old man was in constant pain.
노인은 지속적인 고통을 느꼈다.

intend [inténd, 인텐드]
동 의도하다, ~할 생각이다

He intends to quit smoking by this month.
그는 이번 달까지 금연할 생각이다.

Misson! English Sentence GOGO!!

다음 문장들을 읽고 우리말 의미에 맞게 빈칸을 채우세요.

import   forget   price   artificial   leaf

❶ The fallen _____ washed away with the stream.
떨어진 잎사귀는 시냇물을 따라 쓸려 내려갔다.

❷ The man is looking at the _____ on the tag.
남자는 가격표의 가격을 보고 있다.

❸ Don't _____ to write back to me.
나에게 답장하는 것을 잊지 마라.

❹ The product contains no _____ color.
상품은 인공 색소를 포함하지 않는다.

❺ We _____ cars from Italy.
우리는 이탈리아에서 자동차를 수입한다.

Answer   ❶ leaf   ❷ price   ❸ forget   ❹ artificial   ❺ import

동명사와 현재분사는 형태가 똑같습니다. 그래서 문장 속에서 동명사인지 현재분사인지를 구별할 줄 알아야 합니다. 동명사는 명사이고, 현재분사는 형용사 또는 부사이기 때문에 그 쓰임이 전혀 다릅니다. 정확하게 독해하고 문제를 해결하기 위해서도 동명사와 현재분사를 구별하는 것은 매우 중요합니다.

1. 동명사 vs. 현재분사

- 동명사와 현재분사는 형태가 똑같기 때문에 문장의 어떤 자리에서 어떤 역할을 하고 있는지 파악해서 구별합니다. 단, 문장을 볼 줄 알아야 하므로 영문법을 처음 배우는 단계에서는 구별이 어려울 수 있습니다.
- 현재분사는 형용사로서 **명사 수식, 보어 역할**을 하거나 부사로서 **분사구문**을 만듭니다.
- 동명사는 명사로서 **주어, 목적어, 보어, 전치사의 목적어 역할**을 합니다.

2. 동명사 (주어)

ex) **Smoking** is not allowed here. 여기에서 흡연은 허용되지 않는다.

3. 동명사 (목적어)

ex) I like **living** with my roommate. 나는 나의 룸메이트와 사는 것을 좋아한다.

4. 동명사 (주격보어)

ex) My hobby is **playing** a guitar. 나의 취미는 기타를 연주하는 것이다.

5. 동명사 (전치사의 목적어)

ex) She is proud of **having** a son. 그녀는 아들을 가진 것을 자랑스러워한다.

6. 현재분사 (명사 수식)

ex) She helped people **suffering** from cancer. 그녀는 암으로 고통받는 사람들을 도왔다.

7. 현재분사 (목적격 보어)

ex) I saw Sam **walking** in the rain. 나는 Sam이 빗속을 걷는 것을 보았다.

학교내신대비 연습문제

다음 밑줄 친 부분의 쓰임이 <u>다른</u> 것은?

❶ Her job is <u>interesting</u>.
❷ Her hobby is <u>taking</u> a walk.
❸ My bad habit is <u>getting</u> up late.
❹ Her hope is <u>becoming</u> a doctor.
❺ My dream is <u>flying</u> to the moon.

 Answer ❶ [해설] ❶번은 현재분사로 주격보어 역할을 하고 있지만 나머지는 모두 동명사로 주격보어 역할을 하고 있습니다.

DAY 47

"Health is worth more than learning."
- *Thomas Jefferson*

"건강이 배움보다 가치 있다."

공부의 기본은 체력입니다. 체력이 없으면 원하는 공부를 계속할 수 없어요. 건강하지 않으면 매사가 짜증스럽고 불행합니다. 건강한 신체를 유지하는 것이 공부도 잘하고 행복하기 위한 첫걸음이라는 것을 명심하세요.

≫ DAY 47 음성 강의

bowl [bóul, 보울]
명 그릇, 통

The salad bowl has pink flowers on it.
샐러드용 그릇에는 분홍색 꽃들이 그려져 있다.

tall [tɔːl, 톨―]
형 키가 큰, 높은

The tall man could not ride the ride.
키가 큰 남자는 놀이기구를 탈 수 없었다.

stand [stænd, 스탠드]
명 태도 동 서다, 서 있다

She took a firm stand on the issue.
그녀는 그 주제에 대해서 단호한 태도를 취했다.

He was too weak to stand.
그는 너무 힘이 없어서 서 있을 수 없었다.

light [láit, 라이트]
명 빛, 광선 형 가벼운, 밝은, 옅은

This laptop is especially light.
이 노트북은 특히나 가볍다.

doubt [dáut, 다우트]
명 의심 동 의심하다

My mom doubts about everything.
나의 엄마는 무엇이든 의심한다.

break [bréik, 브레이크]
명 휴식 시간 동 깨어지다, 부서지다

We will take a break for 10 minutes.
우리는 10분 동안 휴식을 취할 것이다.

The glass cup will break into pieces.
유리잔은 산산조각이 날 것이다.

wear [wer, 웨어]
동 입다, 입고 있다

I have to wear glasses when I read.
나는 글을 읽을 때 안경을 써야 한다.

tidy [táidi, 타이디]
형 단정한

His room is very neat and tidy.
그의 방은 정말 말끔하다.

steady [stédi, 스테디]
형 꾸준한, 안정된

We are making a steady progress.
우리는 꾸준한 진전을 보고 있다.

push [puʃ, 푸쉬]
동 밀다

Two men pushed the table across the room.
두 명의 남자가 방 건너편으로 테이블을 밀었다.

tear [tɪr, 티어] [ter, 테어]
명 눈물 동 찢다

The mother cried tears of joy when she was reunited with her son.
엄마는 아들과 재회를 했을 때 기쁨의 눈물을 흘렸다.

She was tearing the letter into two.
그녀는 편지를 두 조각으로 찢고 있었다.

college [kɑ:lɪdʒ, 칼-리지]
📙 대학교

That college student works at a cafe.
저 대학생은 카페에서 일한다.

equal [i:kwəl, 이-퀄]
📙 동일한
📗 (수, 양, 가치 등이) 같다

Everyone has an equal right.
모든 사람은 동등한 권리를 가지고 있다.
Four times five equals twenty.
4 곱하기 5는 20과 같다.

teach [ti:tʃ, 티-치]
📗 가르치다

I teach English for a living.
나의 직업은 영어를 가르치는 것이다.

theater [θí:ətər, 씨-어터]
📙 극장

We decided to go to a movie theater.
우리는 영화관에 가기로 결정했다.

until [əntil, 언틸]
📘📗 ~(때)까지

Finish cleaning up until noon.
정오까지 청소를 마쳐라.
I studied until Mom came back home.
나는 엄마가 집으로 돌아올 때까지 공부했다.

there [ðer, 데얼]
📕 거기에

You can see many animals there.
당신은 거기서 많은 동물을 볼 수 있다.

only [óunli, 온리]
📙 유일한 📕 오직

He is an only child.
그는 외동아들이다.

ceremony [sérəmouni, 세러모니]
📙 의식

Don't wear white to a wedding ceremony unless you're the bride. 신부가 아닌 이상 결혼식에 흰색을 입지 마라.

correct [kərékt, 커렉트]
📙 올바른 📗 바로잡다

The correct answer to the question is 87.
문제에 대한 올바른 정답은 87이다.
I corrected my mistakes one by one.
나는 나의 실수들을 하나씩 바로잡았다.

고등학교를 준비하는 학생이 꼭 알아야 할 영단어

neutral [nu:trəl, 뉴-트럴]
📙 중립적인

The teacher keeps a politically neutral stand during his classes.
선생님은 수업 중에 정치에 대해서 중립적인 입장을 유지한다.

although [ɔ:lðóu, 얼-도우]
📘 ~일지라도, ~이지만

Although she is disabled, she loves sports.
그녀는 장애를 가지고 있지만, 운동을 정말 좋아한다.

exact [ɪgzǽkt, 이그잭트]
형 정확한, 정밀한

He gave an exact description of the crime scene.
그는 범죄 현장에 대해 정확한 묘사를 했다.

admit [ədmít, 어드미트]
동 인정하다

In court, the man admitted all his mistakes.
법정에서 남자는 그의 모든 실수를 인정했다.

remedy [rémədi, 레미디]
명 치료, 치료법

Here is a herbal remedy for you.
여기에 너를 위한 약초 치료가 있다.

suppose [səpóuz, 써포즈]
동 가정하다, 추정하다

I supposed he had left for the bathroom.
나는 그가 화장실로 갔다고 추정했다.

absolute [ǽbsəlu:t, 앱쏠루一트]
형 완전한, 완벽한

There is no absolute truth to the situation.
그 상황에는 완벽한 진실이 없다.

factory [fǽktri, 팩토리]
명 공장

The factory worker's legs were asleep.
공장 노동자의 다리가 저렸다.

intermediate
[ìntərmí:diət, 인터미一디어트]
형 중간의

This book is for those in an intermediate stage.
이 책은 중간 단계의 사람들을 위한 것이다.

involve [ɪnvá:lv, 인볼一브]
동 포함하다, 관련시키다

The mission involved a risk.
임무는 위험을 수반했다.

The mistake involved me in a big trouble.
그 잘못은 나를 큰 문제에 빠지게 했다.

invest [ɪnvést, 인베스트]
동 투자하다

She invested money in the product.
그녀는 그 상품에 돈을 투자했다.

simulate [símjuleɪt, 시뮬레이트]
동 모의 실험하다, ～인 체하다

I can simulate the effects of an earthquake for the study. 나는 연구를 위해서 지진의 영향을 모의 실험할 수 있다.

vehicle [ví:əkl, 비一허클]
명 탈 것

The lot was full of parked vehicles ready to be sold.
주차장은 판매될 준비가 되어 있는 주차된 차들로 가득 찼다.

pardon [pɑ:rdn, 팔一든]
명 용서 동 용서하다

Pardon me, but where is the bathroom?
용서를 구합니다/죄송합니다, 화장실이 어디 있습니까?

reduce [rɪdúːs, 리듀-스]
툉 줄이다, 감소하다

I reduced the amount of sugar in my coffee.
나는 나의 커피에 들어가는 설탕의 양을 줄였다.

calm [kɑːm, 캄-]
혱 침착한, 차분한

He kept calm and solved the problem.
그는 침착함을 유지하고 문제를 해결했다.

wave [wéɪv, 웨이브]
몡 파도 툉 흔들다

The huge wave flooded the town.
큰 파도가 마을을 침수시켰다.

rural [rúrəl, 루럴]
혱 시골의

I hope to live the rural life one day.
나는 언젠가 전원 생활을 하기를 희망한다.

combine [kəmbáɪn, 컴바인]
툉 결합하다, 조립하다

The girl combined two colors of paint.
소녀는 2가지 색의 물감을 결합했다.

paste [péɪst, 페이스트]
몡 반죽 툉 붙이다

The teacher pasted the paper flowers to the ceiling.
선생님은 천장에 종이 꽃을 붙였다.

다음 문장들을 읽고 우리말 의미에 맞게 빈칸을 채우세요.

factory   steady   break   neutral   stand

❶ All the people _____ and cheer loudly.
모든 사람들이 일어서서 크게 환호성을 지른다.

❷ We've been studying all day without a _____.
우리는 쉬는 시간 없이 하루 종일 공부했다.

❸ His _____ attack struck down the enemy's guard.
그의 지속적인 공격은 적의 방어 태세를 무너뜨렸다.

❹ The country remained _____ in the war.
그 나라는 전쟁에서 중립을 유지했다.

❺ He works nights at a _____.
그는 공장에서 밤 근무를 한다.

Answer ❶ stand ❷ break ❸ steady ❹ neutral ❺ factory

이번 시간에는 분사를 이용한 관용적 표현들에 대해서 배웁니다. 이제 관용적 표현이라는 말이 익숙하죠? 바로 시작합니다.

1. generally speaking 일반적으로 말하자면

    ex) Generally speaking, the more you pay, the more you get.
    일반적으로 말하자면, 네가 더 많이 지불할수록 너는 더 많이 얻는다.

2. frankly speaking 솔직히 말하자면

    ex) Frankly speaking, I made a mistake. 솔직히 말하자면, 내가 실수했다.

3. strictly speaking 엄격히 말하자면

    ex) Strictly speaking, this sentence is wrong. 엄격히 말하자면, 이 문장은 틀렸다.

4. considering ~을 고려하면

    ex) He looks young considering his age. 그의 나이를 고려하면, 그는 젊어 보인다.

5. judging from ~으로 판단하건대

    ex) Judging from the look of the sky, it will rain tomorrow.
    하늘의 낌새로 판단하건대, 내일 비가 내릴 것이다.

6. provided that S + V (만약) ~라면

    ex) I will go, provided that I am invited. 만약 내가 초대받았다면, 나는 갈 것이다.

학교내신대비 연습문제

다음 괄호 안에서 문맥상 알맞은 표현에 동그라미하세요.

❶ (Generally speaking, Considering), women live longer than men.

❷ (Considering / Provided) his age, he did a good job.

 Answer ❶ Generally speaking 〔해석〕 일반적으로 말하자면, 여자가 남자보다 오래 산다.
❷ Considering 〔해석〕 그의 나이를 고려하면, 그는 잘했다.

DAY 48

"If I only had an hour to chop down a tree,
I would spend the first 45 minutes
sharpening my axe."

"만일 내게 나무를 베기 위해 한 시간만 주어진다면,
우선 내 도끼를 가는 데 45분을 쓸 것이다."

'준비'의 중요성에 대해 생각해본 적이 있나요? 무턱대고 도전하는 무한도전의 정신도 필요하지만, 모든 일을 하기 전에는 그 일을 위한 준비를 해야 합니다. 영어 공부를 하기 위해서 영어 단어를 외우는 여러분처럼요! 지금 여러분들은 나무를 제대로 베기 위한 도끼를 갈고 있습니다. 가장 중요한 일을 하고 있다는 점을 명심하세요.

>>> DAY 48 음성 강의

tradition [trədíʃn, 트래디션]
명 전통

It is tradition to cook this food.
이 음식을 요리하는 것은 전통이다.

connect [kənékt, 커넥트]
동 연결하다

I connected the cable to the battery.
나는 전선을 배터리에 연결했다.

square [skwér, 스퀘어]
명 정사각형, 광장

The child drew circles and squares.
아이는 원과 정사각형들을 그렸다.

The main square was crowded with people.
메인 광장은 사람들로 붐볐다.

pass [pæs, 패쓰]
동 지나가다, 통과하다

I studied hard to pass the exam.
나는 시험에 합격하기 위해서 공부를 열심히 했다.

surprise
[sərpráɪz, 써프라이즈]
명 놀라움 동 놀라게 하다

It was a big surprise to see her mother at school.
학교에서 그녀의 엄마를 만난 것은 큰 놀라움이었다.

We surprised him with a party.
우리는 그를 파티로 놀라게 했다.

fat [fæt, 펫]
명 지방 형 살찐, 뚱뚱한

She exercises to get rid of any excess body fat.
그녀는 과다한 체지방을 없애려고 운동하고 있다.

soil [sɔ́ɪl, 쏘일]
명 흙, 토양

Nothing could grow in the dry soil.
건조한 토양에서는 아무것도 자라지 못했다.

gap [gæp, 갭]
명 차이

The generation gap feels especially big these days.
오늘날 세대 차이는 특히 크게 느껴진다.

nature [néɪtʃə(r), 네이쳐]
명 자연

Preserving nature is the ultimate goal of environmentalists.
자연을 보전하는 것이 환경학자들의 최종 목표다.

attend [əténd, 어텐드]
동 참석하다

I won't be able to attend the meeting today.
나는 오늘 회의에 참석하지 못할 것이다.

sure [ʃʊr, 슈얼]
형 확신하는, 확실한

Are you sure of the results? 너는 결과에 대해 확신하니?

heavy [hévi, 헤비]
형 무거운, 많은, 심한

Avoid heavy drinking to prevent a headache.
두통을 방지하기 위해서 지나친 음주를 피해라.

298

rise [ráiz, 라이즈]
명 증가, 상승 동 떠오르다

There was a worrying rise in crimes and violence.
범죄와 폭력에 걱정스러운 증가가 있었다.

rule [ruːl, 룰—]
명 규칙 동 다스리다, 지배하다

This school's rules are very strict.
이 학교의 규칙은 매우 엄격하다.

start [stάːrt, 스타트]
명 시작 동 시작하다

I made a start on keeping a journal.
나는 일기 쓰기를 시작했다.

We start school this March.
우리는 이번 3월에 개학한다.

situation [sìtʃuéiʃn, 시츄에이션]
명 상황, 처지

The present political situation is very unstable.
현재의 정치적인 상황은 매우 불안하다.

run [rʌn, 런]
동 뛰다, 운영하다

I run the restaurant on weekends.
나는 주말에 식당을 운영한다.

expensive
[ikspénsiv, 익스펜시브]
형 값비싼

He bought his girlfriend expensive jewelry.
그는 그의 여자 친구에게 비싼 보석을 사주었다.

please [pliːz, 플리—즈]
감 제발 동 기쁘게 하다

I learned English to please my parents.
나는 나의 부모님을 기쁘게 해드리기 위해서 영어를 배웠다.

keep [kiːp, 킵—]
동 유지하다, 계속하다

The parents will do anything to keep their children happy. 부모님은 자신들의 아이들을 계속 행복하게 하기 위해서 무엇이든 할 것이다.

고등학교를 준비하는 학생이 꼭 알아야 할 영단어

pause [pɔːz, 퍼—즈]
명 멈춤 동 멈추다

Suddenly, there was a brief pause in the conversation.
갑자기 대화 중에 잠깐의 멈춤이 있었다.

gather [gǽðə(r), 개더얼]
동 모으다

He is gathering information about the situation.
그는 상황에 대한 정보를 모으고 있다.

separate [sépəreit, 세퍼레이트]
형 분리된 동 분리시키다

The garage is separate from the house.
차고는 집에서 분리되어 있다.

The referee separated the two boxers.
심판은 두 명의 권투 선수들을 분리시켰다.

principal [prínsəpl, 프린써플]
명 교장, 장 형 주요한

I had a talk today with my principal.
나는 오늘 교장 선생님과 함께 이야기를 나누었다.

resource [ríːsɔːrs, 리-쏘-스]
명 자원

Korea has excellent human resources.
한국은 훌륭한 인적 자원을 가지고 있다.

fellow [félou, 펠로우]
명 동료 형 동료의

My fellow worker caught the flu.
나의 직장 동료는 독감에 걸렸다.

benefit [bénɪfɪt, 베니피트]
명 이득

There are many health benefits to eating vegetables.
채소를 먹는 것에는 많은 건강상의 이점들이 있다.

discuss [dɪskʌ́s, 디스커스]
통 토론하다

She discussed the plan with several fellow workers.
그녀는 그 계획을 몇몇의 직장 동료들과 토론했다.

ensure [ɪnʃúr, 인슈얼]
통 보장하다

Only population control can ensure our survival.
오직 인구 조절만이 우리의 생존을 보장할 수 있다.

shine [ʃáɪn, 샤인]
통 비추다, 빛나다

The stars shine brightly.
별들은 밝게 빛난다.

crack [kræk, 크래크]
명 금 통 갈라지다, 깨뜨리다

There was a crack in the table.
식탁에 금이 갈라져 있었다.

valuable [vǽljuəbl, 밸류어블]
형 가치 있는

The exchange student program was a valuable experience. 교환학생 프로그램은 가치 있는 경험이었다.

transform [trænsfɔ́ːrm, 트랜스폼-]
통 변형하다, 바꿔 놓다

You transformed my life.
너는 나의 인생을 바꿔 놓았다.

moment [móumənt, 모우먼트]
명 잠깐, 순간

She stopped for a moment and continued studying.
그녀는 잠시 멈추었다가 공부를 계속했다.

rapid [rǽpɪd, 래피드]
형 빠른

The rapid growth in economy startled everyone.
빠른 경제 성장은 모두를 놀라게 했다.

accurate [金kjərət, 애큐러트]
형 정확한

He did an accurate analysis of the graphs.
그는 그래프에 대한 정확한 분석을 했다.

emphasize
[émfəsaız, 엠퍼싸이즈]
통 강조하다

To the students, the teacher emphasized the importance of kindness.
학생들에게 선생님은 친절의 중요성을 강조했다.

senior [síːniə(r), 씨-니얼]
형 상위의 명 어르신

This service is available to senior citizens.
이 서비스는 고령자들이 이용할 수 있습니다.

confuse [kənfjúːz, 컨퓨-즈]
통 혼란스럽게 하다

The geography of the area confused the enemy.
그 지역의 지리는 적을 혼란스럽게 했다.

neat [niːt, 니-트]
형 깔끔한

Her desk is never neat.
그녀의 책상은 한 번도 정돈되지 않았다.

다음 문장들을 읽고 우리말 의미에 맞게 빈칸을 채우세요.

separate   fat   resource   attend   tradition

❶ America has a long _____ of sensitive guys.
미국에는 감수성 예민한 남자들만의 전통이 있다.

❷ I was sandwiched between two _____ men.
나는 뚱뚱한 두 남자 사이에 끼었다.

❸ Please let us know if you are unable to _____.
만약 당신이 참석할 수 없으면 우리에게 알려주세요.

❹ The comma is used to _____ parts of a sentence.
쉼표는 문장의 부분들을 나누기 위해서 사용된다.

❺ Land is also a natural _____.
땅도 천연자원이다.

Answer ❶ tradition ❷ fat ❸ attend ❹ separate ❺ resource

접속사는 말과 말을 이어주는 품사입니다. 단어와 단어처럼 짧은 말을 연결하기도 하지만 문장과 문장을 연결하기도 합니다. 문장과 문장을 연결하는 접속사 that에 대해서 알아봅시다.

1. 접속사 that 접속사 that은 문장과 문장을 연결하는 역할을 합니다. 접속사 that이 이끄는 문장은 주어, 목적어, 보어로 쓰일 수 있습니다.

2. 주어 역할을 하는 접속사 that이 이끄는 문장

   ex) **That she is honest** is true. 그녀가 정직하다는 것은 사실이다.

3. 목적어 역할을 하는 접속사 that이 이끄는 문장

   ex) The picture shows **that we live in a wonderful world**.
   그 그림은 우리가 멋진 세계에 살고 있다는 것을 보여준다.

4. 보어 역할을 하는 접속사 that이 이끄는 문장

   ex) The problem is **that I'm tired**. 문제는 내가 지쳤다는 것이다.

중학내신 기출 포인트

- 접속사 that과 접속사 that이 아닌 것을 비교하는 문제가 자주 출제됩니다. 아직 접속사 that을 제외한 that에 대해서는 배우지 않은 단계이지만, 접속사 that의 특징을 완전히 익혀서 문제를 해결할 수 있습니다. 접속사 that 다음에는 완전한 하나의 문장이 이어진다는 것을 기억해야 합니다.

- 지시대명사 that: '저것'으로 해석됩니다. ex) What is that?

- 지시형용사 that: '저'로 해석되며 뒤에 오는 명사를 수식합니다. ex) That book is mine.

학교내신대비 연습문제

밑줄 친 부분의 성격이 <u>다른</u> 하나는?

❶ I hope <u>that</u> he will get better soon.

❷ I know <u>that</u> boy in the playground.

❸ Mom says <u>that</u> I have to exercise more.

❹ He knows <u>that</u> Jane likes him very much.

❺ This graph shows <u>that</u> it rains a lot in August.

Answer ❷ 해설 ❷번은 지시형용사 that입니다. that boy가 '저 소년'으로 해석됩니다. 나머지는 접속사 that입니다.

DAY 49

"You do not need to slow down
when you see the finishing line in a race."

"경주에서 결승점에 가까이 왔다 해도
속도를 늦추면 안 된다."

영단어 암기도 끝을 향해 달려가고 있네요. 하지만 방심하면 안 됩니다. 결승점에 가까이
왔다고 해도 속도를 늦추면 안 됩니다. 초심을 기억하며 처음 달렸던 그날처럼 오늘도 달
려봅시다!

>>> DAY 49 음성 강의

pure [pjʊr, 퓨얼]
형 순수한

This ring is made out of pure gold.
이 반지는 순금으로 만들어졌다.

receipt [rɪsíːt, 리씨−트]
명 영수증

Make sure to get the receipt.
반드시 영수증을 받도록 해라.

put [pʊt, 풋]
동 두다

The lecture put emphasis on globalization.
강의는 세계화에 강조점을 두었다.

move [muːv, 무−브]
명 움직임 동 이동하다, 이사하다

Next week, my family will move to a new house.
다음 주에 나의 가족은 새집으로 이사갈 것이다.

excellent [éksələnt, 엑썰런트]
형 훌륭한

My car is quite old, but in excellent condition.
나의 자동차는 꽤 낡았지만, 훌륭한 상태에 있다.

tie [táɪ, 타이]
명 유대 동 묶다

My mom tied the ends of the plastic bag together.
나의 엄마는 비닐봉지의 끝들을 서로 묶으셨다.
This poem is about family ties.
이 시는 가족 간의 유대에 대한 내용이다.

because
[bɪkɔ́ːz;, 비커−즈]
접 ~때문에

Many people lost money because of my mistake.
많은 사람들이 나의 실수 때문에 돈을 잃었다.
I had to pay a fine because I made a mistake.
나는 실수를 했기 때문에 벌금을 내야 했다.

ago [əgóʊ, 어고우]
부 ~전에

She went to the hospital a few days ago.
그녀는 며칠 전에 병원에 갔다.

tool [tuːl, 툴−]
명 도구, 연장

Cell phones are a type of tool for communication.
휴대전화는 의사소통을 위한 도구 중 하나다.

garden [gáːrdn, 가−든]
명 정원

He loves the small garden in our backyard.
그는 우리의 뒤뜰에 있는 작은 정원을 정말 좋아한다.

abroad [əbrɔ́ːd, 어브로−드]
부 해외에, 해외로

My family tries to go abroad at least once a year.
나의 가족은 적어도 1년에 한 번은 해외로 가려고 노력한다.

pride [práɪd, 프라이드]
명 자존심

We can see the pride in his face.
우리는 그의 얼굴에서 자신감을 볼 수 있다.

station [stéiʃn, 스테이션]
형 역

The subway station is two blocks from here.
지하철 역은 여기서 두 블록 거리다.

fresh [freʃ, 프레쉬]
형 신선한

The ingredients for the dish are fresh.
요리를 위한 재료들이 신선하다.

collect [kəlékt, 컬렉트]
통 모으다, 수집하다

My sister collects postcards.
나의 언니는 엽서를 수집한다.

find [fáind, 파인드]
통 찾다, 알게 되다

He couldn't find the exit of the mall.
그는 쇼핑몰의 출구를 찾지 못했다.
I found him to be very clever.
나는 그가 똑똑하다는 것을 알게 되었다.

clever [klévə(r), 클레벌]
형 영리한

How clever of you to solve the question!
그 문제를 해결하다니 너는 참 영리하구나!

return [rɪtə́:rn, 리턴-]
명 돌아감, 반납
통 돌아오다, 돌려주다

She forgot to return the books to the library.
그녀는 도서관에 책을 반납하는 것을 까먹었다.

same [séɪm, 쎄임]
형 똑같은

The twins are wearing the same outfit.
쌍둥이는 똑같은 옷을 입고 있다.

something [sʌ́mθɪŋ, 썸씽]
명 무언가

He wants to eat something sweet.
그는 달콤한 무언가를 먹고 싶다.

고등학교를 준비하는 학생이 꼭 알아야 할 영단어

while [wáɪl, 와일]
접 ~하는 동안(사이) 명 잠깐

I slept for a while. 나는 잠시 잠을 잤다.
It started to rain while we were asleep.
우리가 잠든 사이에 비가 오기 시작했다.

elect [ɪlékt, 일렉트]
통 선출하다

This year, we will elect a president.
올해 우리는 대통령을 선출할 것이다.

somewhat [sʌ́mwʌt, 썸왓]
부 다소

This food is somewhat similar to pizza.
이 음식은 피자와 다소 비슷하다.

brief [briːf, 브리-프]
형 간략한

My boss needs a brief summary.
나의 상사는 간략한 개요를 원한다.

witness [wítnəs, 윗네쓰]
명 증인 동 목격하다

Any witnesses to the incident are asked to contact the police.
그 사건에 대한 어떤 목격자라도 경찰에 연락을 할 것이 요청된다.
He witnessed the incident from afar.
그는 멀리서 사건을 목격했다.

obvious [ɑ́:bviəs, 압-비어쓰]
형 명백한

The reason why you have to work there is obvious.
네가 거기서 일해야 하는 이유는 명백하다.

fear [fɪr, 피어]
명 두려움 동 두려워하다

The little boy has a fear of the dark.
어린 소년은 어둠에 대한 두려움이 있다.

discipline [dísəplɪn, 디써플린]
명 규율, 훈육, 학문 분야 동 훈육하다

The father disciplined his children.
아버지는 그의 아이들을 훈육했다.

behave [bɪhéɪv, 비헤이브]
동 행동하다

To behave like a gentleman is to be polite.
신사처럼 행동한다는 것은 예의가 바른 것이다.

breath [breθ, 브레쓰]
명 숨, 호흡

I took a deep breath before I entered the water.
나는 물에 들어가기 전에 심호흡했다.

insurance [ɪnʃúrəns, 인슈런스]
명 보험

She works for an insurance company.
그녀는 보험 회사에서 일한다.

lecture [léktʃə(r), 렉쳐]
명 강의 동 강의하다

The professor delivered a lecture despite his cold.
교수는 감기에 걸렸음에도 불구하고 강의를 했다.

bet [bet, 베트]
명 내기 동 돈을 걸다, 확신하다

I bet that they will get married.
나는 그들이 결혼할 것이라고 확신한다.

likely [láɪkli, 라이클리]
형 ~할 것 같은

It is likely that they will move to the city.
그들이 도시로 이사를 갈 확률이 높다.

random [rǽndəm, 랜덤]
형 무작위의, 임의의

He started a random conversation.
그는 무작위의 대화를 시작했다.

blame [bléɪm, 블레임]
명 비난, 책임 통 비난하다

Don't shift the blame on me!
나에게 비난을 전가하지마!

expand [ɪkspǽnd, 익스팬드]
통 확장하다

The CEO's goal was to expand the company.
CEO의 목적은 회사를 확장시키는 것이었다.

desire [dɪzáɪə(r), 디자이어]
명 욕구, 갈망 통 바라다

That politician has a strong desire for power.
그 정치인은 권력에 대한 강한 욕구를 가지고 있다.

criticism
[krítɪsɪzəm, 크리티시즘]
명 비난

Sometimes, you need to be able to take criticism.
때로는, 너는 비판을 받아들일 필요가 있다.

mention [ménʃn, 멘션]
통 언급하다

Did I mention that I like your shoes?
너의 신발이 이쁘다고 내가 언급했니?

 **Misson! English Sentence GOGO!!**

다음 문장들을 읽고 우리말 의미에 맞게 빈칸을 채우세요.

receipt   witness   tie   ago   elect

❶ Here are your _____ and change.
여기 영수증과 잔돈입니다.

❷ He is helping the kid brother _____ a necktie.
그는 동생이 넥타이 매는 것을 도와주고 있다.

❸ We met for the first time five years _____.
우리는 5년 전에 처음 만났다.

❹ American voters _____ their president every four years.
미국 유권자들은 4년마다 대통령을 뽑는다.

❺ A man presented himself as a _____.
한 남자가 증인으로 출두했다.

Answer ❶ receipt ❷ tie ❸ ago ❹ elect ❺ witness

when은 시간을 나타내는 접속사인 동시에 의문사이기도 합니다. 접속사와 의문사라는 문법 용어가 어렵지만 해석만 제대로 해도 접속사 when과 의문사 when을 어렵지 않게 구분할 수 있습니다.

1. 접속사 when

- 시간을 나타내는 접속사로서, 부사절을 이끕니다. '~할 때'라고 해석합니다.
  ex) When he went out, it was raining. 그가 나갔을 때 비가 내리고 있었다.

중학내신 기출 포인트 1

- 시간이나 조건을 나타내는 접속사가 이끄는 부사절에는 will을 사용할 수 없으며, **현재시제가 미래를 대신합니다.**
  ex) When she comes, we will have dinner.　(O)
  　　When she will come, we will have dinner. (X)

2. 의문사 when

- 궁금한 내용을 물어볼 때 사용하는 의문사 when은 '**언제**'라고 해석합니다.
  ex) When is your birthday? 너의 생일은 언제니?

중학내신 기출 포인트 2

- 접속사와 의문사 when을 비교하는 문제가 자주 출제됩니다. 해석을 해서 구별합니다.
  ex) 접속사 when: ~때 When I was young, I was fat. 내가 어렸을 때, 나는 뚱뚱했다.
  　　의문사 when: 언제 When do you leave? 너는 언제 떠나니?

학교내신대비 연습문제

다음 문장의 when의 쓰임을 접속사, 의문사로 구분하고 문장을 해석하세요.

❶　When she studies English, she always listens to music.
❷　He was sleeping when his mom came.
❸　When is the next concert?
❹　I loved English when I was at school.

Answer ❶ 접속사 / 그녀는 영어를 공부할 때 언제나 음악을 듣는다. ❷ 접속사 / 그의 어머니가 오셨을 때 그는 자고 있었다. ❸ 의문사 / 다음 콘서트가 언제야? ❹ 접속사 / 내가 학교에 있었을 때(=학교에 다닐 때), 나는 영어를 좋아했다.

DAY 50

"Man who has had a dream for a long time
will finally get looked like the dream."
- Andre Malraux

"오랫동안 꿈을 그리는 사람은
마침내 그 꿈을 닮아간다."

하나의 꿈을 오랫동안 간직한 사람들은 그 꿈을 이루기 위해서 오랫동안 노력해왔을 겁니다. 그리고 그 꿈을 점점 닮아가겠죠. 여러분에게도 꿈이 있죠? 여러분은 점점 꿈꾸던 모습을 닮아갈 겁니다.

>>> DAY 50 음성 강의

narrow [nǽrou, 내로우]
형 좁은

The narrow streets were dark as the night.
좁은 길들은 밤처럼 어두웠다.

story [stɔ́:ri, 스토-리]
명 이야기, (건물의) 층

I heard an incredible story about an elephant.
나는 코끼리에 대한 굉장한 이야기를 들었다.

She worked on the third story.
그녀는 3층에서 일했다.

grade [gréid, 그레이드]
명 성적, 등급

I got a good grade on my examination.
나는 시험에서 좋은 성적을 받았다.

know [nóu, 노우]
동 알다

I know exactly what you mean.
나는 네가 무엇을 의미하는지 정확하게 알겠다.

serious [síriəs, 시리어스]
형 심각한, 진지한

If you want to lose weight, you have to make a serious effort. 만약 네가 몸무게를 줄이기를 원한다면, 너는 진지한 노력을 기울여야 한다.

emotion [imóuʃn, 이모션]
명 감정

Jealousy is an uncomfortable emotion.
질투는 불편한 감정이다.

present [préznt, 프레즌트]
명 선물 형 현재의 동 주다, 수여하다

This toy would make a great present for her.
이 장난감은 그녀에게 좋은 선물이 될 것이다.

The present situation is not looking good.
현재의 상황이 좋아 보이지 않는다.

The mayor presented him with a gold medal.
시장은 그에게 금메달을 수여했다.

especial [ispéʃl, 이스페셜]
형 특별한

We have an especial interest in language.
우리는 언어에 특별한 흥미가 있다.

stay [stéi, 스테이]
동 머무르다, 그대로 있다

I stayed at home today. 나는 오늘 집에 머물러 있었다.
Stay alert for any intruders. 침입자를 경계하는 상태를 유지해라.

lazy [léizi, 레이지]
형 게으른

The lazy man stayed on the sofa all day.
게으른 남자는 하루 종일 소파에 있었다.

remind [rimáind, 리마인드]
동 상기시키다

This smell reminds me of my childhood.
이 냄새는 나에게 나의 유년 시절을 상기시킨다.

flesh [fleʃ, 플레쉬]
형 살, 고기

Lions are flesh-eating animals.
사자는 육식 동물이다.

pity [píti, 피티]
명 연민, 동정심 동 동정하다

I pity people who do not see their own talents.
나는 자기 자신의 능력을 보지 못하는 사람들을 동정한다.

native [néɪtɪv, 네이티브]
형 태어난 곳의, 토박이의

She asked the native speaker a question.
그녀는 모국어 사용자에게 질문을 했다.

country [kʌ́ntri, 컨트리]
명 나라, 시골

My father prefers the country to the city.
나의 아버지는 도시보다 시골을 선호하신다.

afraid [əfréɪd, 어프레이드]
형 두려워하는

Are you afraid of heights?
당신은 높은 곳을 두려워하십니까?

treasure [tréʒə(r), 트레절]
명 보물

We found the treasure chest at the bottom of the sea.
우리는 바다 밑에서 보물 상자를 찾았다.

culture [kʌ́ltʃə(r), 컬처얼]
명 문화

I am interested in Korean culture.
나는 한국 문화에 관심이 있다.

conversation
[kɑːnvərséɪʃn, 컨-벌쎄이션]
명 대화

He didn't mean to interrupt our conversation.
그는 우리의 대화를 방해하려는 의도가 없었다.

disease [dɪzíːz, 디지-즈]
명 질병

I got a disease while I was overseas.
내가 해외에 있었을 때 질병에 걸렸다.

고등학교를 준비하는 학생이 꼭 알아야 할 영단어

honor [ánər, 아널]
명 명예 동 존경하다

They were prepared to die for the honor of their country.
그들은 그들 나라의 명예를 위해서 죽을 준비가 되어 있었다.

replace [rɪpléɪs, 리플레이쓰]
동 대체하다

We'll replace all the furniture that was damaged in the flood. 우리는 홍수에 피해를 입은 모든 가구들을 교체할 것이다.

allow [əláʊ, 얼라우]
동 허락하다

The teacher allowed the child to go to the bathroom.
선생님은 아이가 화장실에 갈 수 있도록 허락했다.

perhaps [pərhǽps, 펄햅쓰]
부 아마도

Perhaps you misheard them.
아마도 네가 그들의 말을 잘못 들었나 보다.

plenty [plénti, 플렌티]
대 풍부한 양

We have plenty of time to do the homework.
우리는 숙제를 할 수 있는 풍부한 시간이 있다.

debate [dɪbéɪt, 디베이트]
명 토론, 논쟁 동 토론하다

Thank you for participating in the terrific debate.
훌륭한 토론에 참여해주셔서 감사합니다.

recipe [résəpi, 레서피]
명 요리법

My special recipe is a top secret.
나의 특별한 요리법은 철저한 비밀이다.

fee [fiː, 피-]
명 요금

There are fees to use bathrooms in Europe.
유럽에서는 화장실을 이용하는 데 요금이 있다.

grave [gréɪv, 그레이브]
명 무덤

His grave was empty.
그의 무덤은 비었었다.

measure [méʒə(r), 메져얼]
명 조치 동 측정하다

This morning, I measured my height.
오늘 아침에 나는 나의 키를 측정했다.

affect [əfékt, 어펙트]
동 영향을 미치다

The sun's rays will affect our planet.
태양 광선이 우리의 행성에 영향을 미칠 것이다.

occur [əkɜ́ː(r), 어컬-]
동 일어나다

The storms occur regularly in the summer.
폭풍들은 여름에 규칙적으로 일어난다.

insist [ɪnsíst, 인씨스트]
동 주장하다

I insist you see a doctor immediately.
나는 네가 즉시 병원에 가야 한다고 주장한다.

instead [ɪnstéd, 인스테드]
부 대신에

Instead of this shirt, I will buy those pants.
이 셔츠 대신에 나는 저 바지를 살 것이다.

view [vjuː, 뷰-]
명 견해, 관점 동 ~라고 보다

He has an optimistic view of life.
그는 낙천적인 인생관을 가지고 있다.

freeze [friːz, 프리-즈]
동 얼다, 얼리다

The cold weather froze the water pipes.
추운 날씨가 수도관을 얼렸다.

312

rely [rilái, 릴라이]

통 의존하다

Some countries tend to rely on imports.
어떤 국가들은 수입에 의존하는 경향이 있다.

strict [strikt, 스트릭트]

형 엄격한

The private school in Melbourne was very strict.
멜버른에 있는 사립학교는 매우 엄격했다.

influence

[ínfluəns, 인플루엔쓰]

명 영향 동 영향을 주다

Parents have a strong influence on their children.
부모들은 그들의 아이들에게 큰 영향을 미친다.

The angry crowds could influence the government.
화난 군중들은 정부에 영향을 미칠 수 있다.

enormous

[inɔ́:rməs, 이놀-머스]

형 거대한, 엄청난

The enormous nuclear energy can result in disaster.
엄청난 핵에너지는 재해로 결말이 날 수 있다.

Misson! English Sentence GOGO!!

다음 문장들을 읽고 우리말 의미에 맞게 빈칸을 채우세요.

honor   narrow   allow   remind   present

❶ The room is so _____ that I can't even move.
그 방은 너무 좁아서 나는 움직일 수조차 없다.

❷ I paid by credit card for the _____.
나는 그 선물을 신용카드로 결제했다.

❸ I will _____ you who I am every day.
나는 내가 누구인지 매일 너에게 상기시켜줄 것이다.

❹ Our school basketball team brought _____ to our school.
우리 학교 농구팀은 우리 학교에 명예를 가져왔다.

❺ We should _____ children to watch educational TV.
우리는 아이들이 교육적인 TV를 보는 것을 허락해야 한다.

Answer ❶ narrow ❷ present ❸ remind ❹ honor ❺ allow

313

두 개의 짧은 문장이 있을 때, 두 문장이 공통적인 단어를 가지고 있다면 하나의 문장으로 합칠 수 있습니다. 때로는 두 문장보다 명료한 하나의 문장이 전달력이 강합니다. 두 문장을 한 문장으로 합칠 때 필요한 것이 **관계대명사**입니다. 관계대명사는 두 문장을 이어주는 접속사의 역할과 뒤 문장에 원래 있었던 단어를 대신하는 대명사의 역할을 동시에 하기 때문에 다음과 같이 정리할 수 있습니다.

1. 관계대명사 = 접속사 + 대명사

- 관계대명사는 절과 절을 연결하는 접속사와 명사를 대신하는 대명사 역할을 동시에 하는 말입니다.
- 원래 두 문장이 한 문장으로 합쳐지는 과정을 아래와 같이 생각해보는 것이 중요합니다.
  STEP 1. 두 문장에서 공통 단어를 찾는다.
  STEP 2. 뒤 문장의 공통 단어를 관계대명사로 바꾼다.
  STEP 3. 공통 단어가 사람인지 사물인지, 그리고 뒤 문장에서 어떤 역할을 하고 있는지에 따라서 알맞은 관계대명사를 대신해서 써넣는다. (아래 표 참고)
- 관계대명사는 주격, 소유격, 목적격으로 구별할 수 있습니다.

선행사	주격	소유격	목적격
사람	who	whose	who(m)
사물 · 동물	which	of which / whose	which
사람 · 사물 · 동물	that	-	that

2. 주격 관계대명사 관계대명사가 이끄는 절에서 주어의 역할을 합니다.

ex) I have a friend **who** lives in Seoul. 나는 서울에 사는 친구가 있다.

3. 목적격 관계대명사 관계대명사가 이끄는 절에서 목적어 역할을 합니다.

ex) He is the man **whom** I met yesterday. 그는 내가 어제 만난 남자다.

4. 소유격 관계대명사 관계대명사가 이끄는 절에서 소유격 역할을 합니다.

ex) I met a woman **whose** car was stolen. 나는 차를 도난당한 여자를 만났다.

관계대명사는 두 문장을 이어주면서 뒤 문장의 단어를 대체한 대명사라는 기본 개념을 익히는 것이 제일 중요합니다. 무작정 외우기보다는 관계대명사가 쓰인 문장들을 하나하나 제대로 이해하는 것이 중요하답니다. 고등학교 3학년 때까지 등장하는 고난도의 어법이기 때문에 서두르지 말고 완전히 개념을 이해하고 넘어가기 바랍니다.

DAY 51

"You make me want to be
a better man."
- 영화 〈이보다 더 좋을 순 없다(As Good As It Gets)〉 중에서

"당신 덕분에
난 더 좋은 사람이 되고 싶어졌어요."

1997년에 개봉했던 영화 〈이보다 더 좋을 순 없다〉에 나오는 대사입니다. 이 영화는 강박증이 있는 고약한 심성의 남자 주인공이 사랑하게 된 여주인공으로 인해서 변해가는 과정을 그린 영화입니다. 남자 주인공은 한 여성을 위해서 더 나은 사람이 되고 싶어졌습니다. 여러분들은 누구를 위해서 더 나은 사람이 되고 싶나요? 때로는 누군가를 위한 마음이 큰 자극이 되기도 한답니다.

>>> DAY 51 음성 강의

weather [wéðə(r), 웨더얼]
명 날씨

The weather is nice today.
오늘 날씨가 좋다.

weekend [wí:kend, 위-켄드]
명 주말

Let's go on a weekend journey.
주말에 여행을 떠나자.

seem [si:m, 씸-]
동 ~처럼 보이다

It seems that they don't know what to do.
그들은 무엇을 해야 하는지 모르는 것처럼 보인다.

cure [kjʊr, 큐얼]
명 치유 동 치료하다

He invented the cure for the disease.
그는 병을 위한 치유법을 발명했다.

The infection can be cured with antibiotics.
전염병은 항생제로 치료될 수 있다.

parent [péərənt, 페런트]
명 부모

My parents are going to China this April.
나의 부모님은 이번 4월에 중국으로 가실 것이다.

hurry [hɜ:ri, 허-리]
명 급함 동 서두르다

I ran across the station in a hurry.
나는 급히 역을 건너 뛰어갔다.

There's no need to hurry. 서두를 필요가 없다.

life [láif, 라이프]
명 삶, 생명

The people in her family tend to have long lives.
그녀의 가족 사람들은 오래 사는 경향이 있다.

say [séi, 쎄이]
동 말하다

You can say that again.
정말로 그렇다. (그 말을 다시해도 돼.)

worry [wɜ:ri, 워-리]
명 걱정 동 걱정하다

My greatest worry is money. 나의 가장 큰 걱정은 돈이다.
Don't worry so much about your grade.
너의 성적에 대해서 너무 걱정하지 마라.

environment
[inváirənmənt, 인바이런먼트]
명 환경

What are you doing to protect the environment?
당신은 환경을 보호하기 위해서 무엇을 하고 있습니까?

shout [ʃáut, 샤우트]
명 고함, 외침 동 소리치다

I don't like people who shout.
나는 소리치는 사람을 좋아하지 않는다.

316

drive [dráɪv, 드라이브]
명 드라이브 통 운전하다, 몰아가다

You drive me crazy.
너는 나를 미치게 만든다.

trip [trɪp, 트립]
명 여행

This trip will last for 3 days.
이 여행은 3일 동안 지속될 것이다.

change [tʃéɪndʒ, 체인지]
명 변화 통 바꾸다

She changed the business plans.
그녀는 사업 계획들을 바꾸었다.

quality [kwá:ləti, 퀄-리티]
명 질, 우수함

Goods of a high quality tend to be expensive.
질 높은 상품은 비싼 경향이 있다.

clue [klu:, 클루-]
명 단서

Science gives us clues about the origin of the universe.
과학은 우리에게 우주의 기원에 대한 단서들을 제공한다.

weapon [wépən, 웨펀]
명 무기

Pens are the weapons of authors.
펜은 작가들의 무기다.

delight [dɪláɪt, 딜라이트]
명 기쁨, 즐거움

This guitar is a delight to play.
이 기타는 연주하기 정말 즐겁다.

dry [dráɪ, 드라이]
형 건조한 통 마르다, 말리다

My skin cracks in this dry climate.
이런 건조한 기후에서 나의 피부는 갈라진다.

broad [brɔːd, 브로-드]
형 넓은

He replied with a broad smile.
그는 활짝 웃는 미소로 대답했다.

고등학교를 준비하는 학생이 꼭 알아야 할 영단어

solid [sá:lɪd, 쌀-리드]
명 고체 형 굳은

This decision is solid.
이 결심은 굳은 것이다.

predict [prɪdíkt, 프리딕트]
통 예측하다, 예언하다

You can predict the election results.
너는 선거 결과를 예상할 수 있다.

lift [lɪft, 리프트]
통 들어 올리다

He lifted a bucket of water over his shoulder.
그는 그의 어깨 위로 물 한 통을 들어 올렸다.

necessary [nésəseri, 네써쎄리]
웹 필요한, 필수적인

I have prepared the necessary ingredients for this dish.
나는 이 요리에 필수적인 재료들을 준비해놓았다.

expert [éksp3:rt, 엑스퍼-트]
웹 전문가

We received some advice from a computer expert.
우리는 컴퓨터 전문가로부터 약간의 조언을 받았다.

argue [á:rgju:, 알-규-]
동 주장하다, 언쟁하다

The two men always argue about politics.
두 남자는 항상 정치에 대해서 언쟁한다.

perceive [pərsí:v, 펄시-브]
동 인식하다

You cannot perceive the danger from afar.
너는 멀리서는 위험을 인식할 수 없다.

extreme [ɪkstri:m, 익스트림-]
웹 극단적인

Many people still live in extreme poverty.
많은 사람들이 여전히 극도의 빈곤 속에 살고 있다.

absorb [əbsɔ́:rb, 업솔-브]
동 흡수하다

This material can absorb shock.
이 자재는 충격을 흡수할 수 있다.

haste [héɪst, 헤이스트]
명 서두름, 급함

She hid her money in haste.
그녀는 서둘러 그녀의 돈을 숨겼다

anticipate
[æntísɪpeɪt, 앤티시페이트]
동 예상하다, 기대하다

At this point, I am anticipating the worst.
이 시점에서 나는 최악의 경우를 예상하고 있다.

convention [kənvénʃn, 컨벤션]
명 관습, 관례

That men don't wear skirts is a social convention.
남성들이 치마를 입지 않는 것은 사회적 관습이다.

curious [kjúriəs, 큐리어스]
웹 호기심 많은, 특이한

Children are curious about animals.
아이들은 동물들에 대해서 호기심이 많다.

evolve [ivá:lv, 이볼-브]
동 발달하다, 진화하다

Human beings grow and evolve throughout their lives.
인간들은 그들의 인생 속에서 자라고 진화한다.

escape [ɪskéɪp, 이스케이프]
명 탈출 동 도망치다, 탈출하다

Two criminals have escaped from prison.
두 명의 범죄자가 감옥으로부터 도망쳤다.

individual
[ɪndɪvídʒuəl, 인디**비**주얼]
명 개인 형 개인의

Don't make any individual decisions.
어떤 개인적인 결정도 내리지 마라.

passive [pǽsɪv, 패씨브]
형 수동적인

His passive attitude was disappointing.
그의 수동적인 태도는 실망스러웠다.

fame [féɪm, 페임]
명 명성

The man earned fame through his guitar skills.
남자는 그의 기타 실력을 통해 명성을 얻었다.

brilliant [brɪ́liənt, 브릴리언트]
형 훌륭한, 멋진

My mom is a brilliant school teacher.
나의 엄마는 훌륭한 학교 선생님이시다.

decent [díːsnt, 디-슨트]
형 괜찮은

I'd do anything for a decent job.
나는 괜찮은 직업을 위해 무엇이든 하겠다.

Misson! English Sentence GOGO!!

다음 문장들을 읽고 우리말 의미에 맞게 빈칸을 채우세요.

expert   cure   weekend   predict   environment

❶ My work continues until this _____.
나의 작업은 이번 주말까지 계속된다.

❷ All of the family prayed for a _____ for his deadly disease.
가족 모두는 그의 치명적인 병이 치료되기를 기도했다.

❸ That child is growing up in a bad _____.
저 아이는 나쁜 환경에서 자라고 있다.

❹ I just don't believe anyone can _____ my future.
난 그저 아무도 나의 미래를 예측할 수 있다고 믿지 않는다.

❺ Don't worry, I learned from an _____.
걱정 마, 나는 전문가에게 배웠으니까.

Answer ❶ weekend ❷ cure ❸ environment ❹ predict ❺ expert

관계부사는 관계대명사와 같은 원리로 만들어진 문법입니다. 짧은 두 문장을 하나의 문장으로 만드는 문법이에요. 하지만 이름이 다르죠? 조금만 생각해보면 이 점을 이해할 수 있습니다. 관계대명사는 두 문장을 이어주는 접속사의 역할과 대명사의 역할을 동시에 했습니다. 관계부사는 접속사의 역할과 부사의 역할을 동시에 하는 문법입니다. 정리하면 다음과 같아요.

관계부사 = 접속사 + 부사

- 관계부사는 **절과 절을 연결하는 접속사와 부사 역할을 동시에 하는 말**입니다.
  관계대명사와 차이가 있다면, 관계대명사는 뒤 문장에서 공통 단어가 주어, 목적어 등의 역할을 한다면 관계부사는 부사의 역할을 한다는 점입니다. 그 부사를 관계부사로 바꾸는 거죠.

- 관계부사의 **선행사는 시간, 장소, 이유, 방법** 등을 나타냅니다.

  ex) That was the time **when** we fell in love at first sight.
  그것이 우리가 첫눈에 반했던 때였다.

  I feel nostalgic for the place **where** I grew up.
  나는 내가 자란 장소에 대한 향수를 느낀다.

  I want to ask the reason **why** they made that decision.
  나는 그들이 왜 그러한 결정을 내렸는지 이유를 묻고 싶다.

  I don't like **the way/how** he acts.
  나는 그가 행동하는 방법을 좋아하지 않는다.

- how의 경우 선행사로 the way가 오는데 이 경우 the way와 how 중 **하나만** 씁니다.

관계대명사와 관계부사를 비교하는 문법 문제가 자주 출제됩니다. 학생들이 가장 어려워하는 문법이기도 하고요. 무조건 외우면서 무작정 문제를 풀기 보다는 근본적인 이해가 필요합니다. 관계대명사와 관계부사는 모두 두 문장을 합치는 역할을 하는 문법입니다. 두 문장의 공통 단어가 뒤 문장에 하는 역할이 명사냐 부사냐에 따라서 관계대명사와 관계부사를 사용합니다. 완전히 다른 문법이 아닌 같은 듯 다른 문법이라는 것을 이해하는 것이 핵심입니다.

중학내신 기출 포인트 관계대명사 vs. 관계부사

관계대명사의 경우 뒤 문장이 불완전하고, 관계부사의 경우 뒤 문장이 완전합니다. 불완전한 문장은 3가지 경우입니다. 주어가 없거나 목적어가 없거나 문장이 전치사로 끝난 경우입니다. 완전한 문장은 2가지입니다. 완전한 1형식부터 5형식까지의 문장이거나 수동태 문장은 완전한 문장입니다.

DAY 52

"Concentration comes out of a combination
of confidence and hunger."
- *Arnold Palmer*

"집중력은 자신감과 갈망이
결합하며 생긴다."

자신감만 있다고 해서 성공할 수 없습니다. 성공을 향한 갈망이 있어야 합니다. 반대로 자신감 없이 성공을 원하기만 해서는 원하는 것을 얻을 수 없습니다. 성공을 향한 마음과 자신감이 동시에 있어야 여러분들의 목표를 이룰 수 있습니다. 지금 여러분들에게는 2가지가 모두 있나요?

>>> DAY 52 음성 강의

important
[impɔ́:rtnt, 임포-튼트]
형 중요한

It's important that you remember these instructions.
네가 이 지시들을 기억하는 것은 중요하다.

elementary
[elɪméntri, 엘리멘트리]
형 초보의, 기본적인

My little brother goes to elementary school.
나의 남동생은 초등학교에 다닌다.

complete
[kəmplí:t, 컴플리-트]
형 완벽한 통 완료하다

That woman is a complete stranger to me.
그 여자는 나에게 전혀 모르는 사람이다.

He has finally completed his assignment.
그는 드디어 그의 과제를 완성했다.

cough [kɔːf, 커-프]
명 기침 통 기침하다

Try to cough politely.
점잖게 기침을 하도록 노력해라.

land [lænd, 랜드]
명 육지 통 착륙하다

I could see land from the ship.
나는 선박에서 육지를 볼 수 있었다.

The airplane landed safely in Busan.
비행기는 부산에 안전하게 착륙했다.

funny [fʌ́ni, 퍼니]
형 우스운, 재미있는

My funny friend always makes me laugh.
나의 재미있는 친구는 항상 나를 웃게 한다.

each [i:tʃ, 이-취]
형 각각의, 각자의

Each person gets two chocolates.
각 개인은 두 개의 초콜릿을 갖는다.

popular [pá:pjələ(r), 파-퓰럴]
형 대중적인, 인기 있는

The radio is playing popular songs.
라디오에서 대중가요를 틀어주고 있다.

far [fɑ:(r), 팔-]
형 먼 부 멀리, 훨씬

The convenience store is not far from here.
편의점은 여기서 멀지 않다.

glad [glæd, 글래드]
형 기쁜

The old man was glad to meet his grandchildren.
노인은 그의 손주들을 봐서 기뻤다.

envelope [énvəloup, 엔벌롭]
명 봉투

The envelope is too small to put my letter in.
봉투는 나의 편지를 넣기에 너무 작다.

rich [rɪtʃ, 리치]
명 부유한, 풍부한

Her life goal is to be rich and famous.
그녀의 인생 목표는 부유하고 유명해지는 것이다.

invent [ɪnvént, 인벤트]
통 발명하다

Thomas Edison invented the light bulb.
토마스 에디슨이 전구를 발명했다.

study [stʌ́di, 스터디]
명 학습, 연구 통 공부하다

I'm working on a scientific study right now.
나는 지금 과학적인 연구를 작업하고 있다.

taste [téɪst, 테이스트]
명 맛, 미각 통 ~맛이 나다

The coffee tastes bitter.
커피에서 쓴맛이 난다.

gift [ɡɪft, 기프트]
명 선물, 재능

The songwriter has a great gift for music.
작곡가는 탁월한 음악에 대한 굉장한 재능을 가지고 있다.

origin [ɔ́:rɪdʒɪn, 오-리진]
명 기원, 출신

Have you ever wondered about the origins of life on Earth?
너는 지구에 있는 생명의 기원에 대해서 궁금하게 여겨본 적이 있니?

violence [váɪələns, 바이어런스]
명 폭력

Violence will not be tolerated.
폭력은 용납되지 않을 것이다.

celebrate
[sélɪbreɪt, 쎌리브레이트]
통 기념하다, 축하하다

I celebrated the New Year in New York.
나는 뉴욕에서 새해를 기념했다.

heart [hɑ:rt, 하-트]
명 심장, 가슴, 마음

He fell to the ground with what seemed like a heart attack. 그는 심장마비처럼 보이는 것으로 바닥에 쓰러졌다.

고등학교를 준비하는 학생이 꼭 알아야 할 영단어

village [vílɪdʒ, 빌리지]
명 마을

She grew up in a seashore village.
그녀는 바닷가 마을에서 자랐다.

arrest [ərést, 어레스트]
통 체포하다

The police officers arrested the criminal.
경찰관들은 범인을 체포했다.

rid [rɪd, 리드]
통 없애다

I got rid of my old clothes.
나는 나의 헌옷들을 없앴다.

persist [pərsíst, 펄시스트]
통 지속하다, 고집하다

The pain will persist for a few days.
고통은 며칠 동안 지속될 것이다.

forgive [fərgív, 펄기브]
통 용서하다

I find it hard to forgive an insult.
나는 모욕을 용서하는 것이 어렵다고 느낀다.

extraordinary
[ɪkstrɔ́:rdəneri, 엑스트라올−디네리]
형 기이한, 비범한

His horse-riding is extraordinary.
그가 말을 타는 솜씨는 비범하다.

starve [stɑ:rv, 스타−브]
통 굶주리다

Let's go eat before I starve to death.
내가 굶어 죽기 전에 먹으러 가자.

decade [dékeɪd, 데케이드]
명 10년

Natrium consumption has increased in the past decade. 지난 10년간 나트륨 섭취량이 늘어났다.

contemporary
[kəntémpəreri, 컨템퍼레리]
형 동시대의, 현대의

She can't understand contemporary art.
그녀는 현대 예술을 이해하지 못한다.

sufficient [səfíʃnt, 써피션트]
형 충분한

With sufficient caution, we will be safe.
충분한 주의를 하면, 우리는 안전할 것이다.

trace [tréɪs, 트레이스]
명 흔적 통 추적하다

The hunter was losing trace of the animal.
사냥꾼은 동물의 흔적을 놓치고 있었다.

labor [léibər, 레이벌]
명 노동 형 노동의

Our company has a strong labor force.
우리 회사는 강한 노동력을 가지고 있다.

harbor [hɑ́:rbər, 할−벌]
명 항구 통 숨겨주다

The boat left the crowded harbor.
배는 사람으로 북적이는 항구를 떠났다.
It is illegal to harbor a fugitive in many countries.
많은 나라에서 도망자를 숨겨주는 것은 불법이다.

muscle [mʌsl, 머쓸]
명 근육

I want to increase my muscle mass.
나는 나의 근육량을 늘리고 싶다.

suspect [sʌ́spekt, 써스펙트]
명 용의자 통 의심하다

The suspect had motive to commit the crime.
용의자는 범죄를 저지를 만한 동기를 가지고 있었다.

sore [sɔː(r), 쏘얼-]
형 아픈

She suddenly has a sore throat.
갑자기 그녀의 목이 아프다.

recent [riːsnt, 리-슨트]
형 최근의

Recent events have brought attention to the problem.
최근의 사건들은 그 문제에 관심을 가지고 왔다.

force [fɔːrs, 폴-스]
명 힘 동 강요하다

He forced his friend to lend him money.
그는 그의 친구가 그에게 돈을 빌려주도록 강요했다.

release [rɪliːs, 릴리-스]
동 풀다, 풀어주다

I made a joke to release the tension.
나는 긴장을 풀어주기 위해서 농담을 했다.

discriminate
[dɪskrímɪneɪt, 디스크리미네이트]
동 차별하다

This company discriminates males from females.
이 회사는 남자와 여자를 차별한다.

Misson! **English Sentence GOGO!!**

다음 문장들을 읽고 우리말 의미에 맞게 빈칸을 채우세요.

starve   cough   arrest   elementary   popular

❶ I need books at very _____ levels.
나는 완전히 초급 수준의 책이 필요하다.

❷ Cover your mouth when you sneeze or _____.
재채기나 기침을 할 때는 입을 가려라.

❸ That TV personality has suddenly become _____.
저 탤런트는 갑자기 인기가 많아졌다.

❹ _____ them, they are bank robbers.
저들을 체포해. 그들은 은행 강도들이야.

❺ Billions of people _____ to death.
수십억 명의 사람들이 굶어 죽는다.

Answer ❶ elementary ❷ cough ❸ popular ❹ arrest ❺ starve

관계대명사 중에서 아직 우리가 배우지 않은 것이 하나 있는데 바로 what입니다. what은 **선행사를 포함한
다는 점**에서 그동안 배운 관계대명사들과 큰 차이가 있습니다. 관계대명사 what은 자신 안에 명사를 품고
있다고 생각하면 됩니다. 따라서 what이 이끄는 절은 명사 역할을 하면서 문장에서 명사가 하던 역할을 합
니다.

1. **특징** 관계대명사 what은 선행사를 포함하고 있습니다. 그래서 what의 왼쪽에는 명사가 보이지
   않습니다.
2. **역할** 문장에서 **명사절**을 이끌며 주어, 목적어, 보어, 전치사의 목적어로 사용됩니다.
3. **해석** ~하는 것

   ex) **What** I said is true. = **The thing which** I said is true. 내가 말한 것은 진실이다.
   　　This is **what** I like. = This is **the thing which** I like. 이것이 내가 좋아하는 것이다.

중학내신 기출 포인트 관계대명사 what vs. 다른 관계대명사들

관계대명사 what과 다른 관계대명사들을 구별하는 문제가 자주 출제됩니다. 관계대명사 what과 다른 관
계대명사들의 뒤 문장은 모두 **불완전**하기 때문에 앞 문장에 **선행사가 있는지 없는지**를 살펴보아야 합니
다. 앞 문장에 선행사가 없으면 관계대명사 what입니다.

ex) That's not **what** I was trying to say. 그것은 내가 말하려고 했던 것이 아니다.
　　Please tell me **what** you want. 제발 네가 원하는 것을 나에게 말해줘.
　　What I want to know is her name. 내가 알기 원하는 것은 그녀의 이름이다.

학교내신대비 연습문제

다음 문장의 밑줄 친 부분과 바꾸어 쓸 수 있는 것은?

After listening to <u>the thing which</u> he said, I could understand the situation.

❶ that　　　　　❷ what　　　　　❸ which
❹ whatever　　　❺ whichever

Answer ❷ 그가 말한 것을 들은 뒤, 나는 상황을 이해할 수 있었다.

DAY 53

"Life is like riding a bicycle.
To keep your balance you must keep moving."
- *Albert Einstein*

"인생은 자전거를 타는 것과 같다.
균형을 잡으려면 움직여야 한다."

"아무것도 하지 않으면, 아무 일도 일어나지 않아." 어떤 광고에서 등장했던 말이에요. 우리는 무언가를 간절히 원하면서도 아무것도 하고 있지 않은 때가 많습니다. 넘어지지 않고 앞으로 나아가려면 끊임없이 자전거의 페달을 밟아야 합니다. 그렇게 우리의 인생이 앞으로 나아갑니다.

≫ **DAY 53 음성 강의**

ride [ráɪd, 라이드]
명 타기, 탈 것 동 타다

Let's ride my car to the party.
파티에 나의 차를 타고 가자.

hill [hɪl, 힐]
명 언덕

There was a house at the top of the hill.
언덕 꼭대기에는 집이 있었다.

maybe [méɪbi, 메이비]
부 아마도

Maybe we will be able to go next time.
아마도 우리는 다음에 갈 수 있을 것이다.

people [pi:pl, 피-플]
명 사람들

The colorful lights attracted people.
색색의 조명들은 사람들의 마음을 끌었다.

slow [slóu, 슬로우]
형 느린

His walk is slow.
그의 걸음걸이는 느리다.

exercise [éksərsaɪz, 엑설싸이즈]
명 운동 동 운동하다

I exercise 2 hours every day.
나는 매일 2시간 동안 운동한다.

health [helθ, 헬스]
명 건강

Instant foods are bad for your health.
즉석 식품들은 너의 건강에 좋지 않다.

hour [áuə(r), 아우얼]
명 시간

She will be here in half an hour.
그녀는 30분 후에 여기에 도착할 것이다.

roof [ru:f, 루-프]
명 지붕

The roof of the old barn collapsed.
오래된 헛간의 지붕이 무너졌다.

weak [wi:k, 위-크]
형 약한, 힘이 없는

The child is too weak to lift it.
아이는 너무 약해서 그것을 들어 올리지 못한다.

dear [dɪr, 디얼]
형 사랑하는, 소중한

I wrote a letter to my dear friend.
나는 나의 친애하는 친구에게 편지를 썼다.

almost [ɔ́:lmoust, 올-모스트]
부 거의

He almost fell to the ground.
그는 거의 바닥에 넘어질 뻔했다.

history [histri, 히스토리]
명 역사

I majored in history in college.
나는 대학교에서 역사를 전공했다.

difficult [dífikəlt, 디피컬트]
형 어려운

It is at times difficult to deal with children.
가끔 아이들을 다루는 것은 어렵다.

pay [péi, 페이]
동 지불하다

Are you paying in cash or by credit card?
현금으로 내시겠어요, 신용카드로 지불하시겠어요?

president
[prézidənt, 프레지던트]
명 대통령

The president delivered a speech.
대통령은 연설을 했다.

smell [smel, 스멜]
명 냄새 동 냄새가 나다

Dogs have a keen sense of smell.
개들은 날카로운 후각을 가지고 있다.

sweat [swet, 스웨트]
명 땀 동 땀을 흘리다

She wiped the sweat off her forehead.
그녀는 그녀의 이마에 있는 땀을 닦았다.

He tends to sweat heavily.
그는 땀을 많이 흘리는 경향이 있다.

remove [rimúːv, 리무-브]
동 치우다, 제거하다

I cannot remove this stain from my shirt.
나는 나의 셔츠에 묻은 이 얼룩을 제거할 수 없다.

long [lɔːŋ, 롱-]
형 긴 부 오랫동안 동 간절히 바라다

It's a long time since I saw my mom.
나는 엄마를 본 지 오래 되었다.

고등학교를 준비하는 학생이 꼭 알아야 할 영단어

frequent [fríːkwənt, 프리-퀀트]
형 흔한

There are frequent disasters in this region.
이 지역에는 잦은 재해들이 있다.

transfer
[trǽnsfɜː(r), 트랜스퍼-얼]
동 옮기다, 이동하다, 환승하다

I have to transfer twice to get to work.
나는 직장에 가려면 두 번 환승해야 한다.

gain [géin, 게인]
명 증가, 이득 동 얻다, 획득하다

He gained weight during the winter.
그는 겨울동안 몸무게가 늘었다.

exhibit [ɪgzíbɪt, 익지비트]
图 전시하다, 보이다

Her works were exhibited in the best galleries in Korea.
그녀의 작품들은 한국 최고의 미술관들에 전시되었다.

preserve [prɪzɚ́ːrv, 프리절—브]
图 지키다, 보존하다

He told me to preserve my energy.
그는 나에게 에너지를 보존하라고 말했다.

truth [truːθ, 트루—쓰]
명 진실, 사실

It's obvious that she's hiding the truth.
그녀가 진실을 숨기고 있는 것이 명백하다.

usual [júːʒuəl, 유—주얼]
형 평상시의, 보통의

It's usual for the girl to sleep with a doll.
여자 아이가 인형과 함께 자는 것은 보통의 일이다.

promote [prəmóut, 프러모트]
图 승진시키다, 촉진하다, 증진하다

The government's goal is to promote economic growth.
정부의 목표는 경제 성장을 촉진하는 것이다.

wage [wéidʒ, 웨이쥐]
명 임금

There is a debate about wage increase.
임금 인상에 대한 토론이 있다.

though [ðou, 도우]
접 ~임에도 불구하고

Though it was raining, we went on a picnic.
비가 왔지만, 우리는 소풍을 갔다.

figure [fígjər, 피규얼]
명 수치, 인물 图 생각하다, 중요하다

I cannot figure out the problem with our relationship.
나는 우리 관계에 대한 문제를 알아내지 못하고 있다.

immediate
[ɪmiːdiət, 이미—디어트]
형 즉각적인

There was an immediate response to the loud sound.
큰 소리에 대한 즉각적인 반응이 있었다.

purchase
[pɚ́ːrtʃəs, 펄—처스]
명 구입, 구매 图 구매하다

She purchased the shoes impulsively.
그녀는 충동적으로 신발을 샀다.
Yesterday, the man went to the market and made a purchase. 어제 남자는 시장에 가서 물건을 구매했다.

knowledge [nɑ́ːlidʒ, 날—리지]
명 지식

I have no knowledge on the subject you're talking about. 나는 당신이 이야기하고 있는 주제에 대해서 지식이 없다.

tame [téim, 테임]
형 길들여진 图 길들이다

The lions at the zoo are tame.
동물원에 있는 사자들은 길들여졌다.

dense [dens, 덴스]
형 빽빽한, 밀집한, 짙은

She couldn't breathe in the dense crowd.
그녀는 밀집한 군중 속에서 숨을 쉴 수 없었다.
I can't drive through this dense fog.
나는 이 짙은 안개를 통과해 운전할 수 없다.

jealous [dʒéləs, 젤러스]
형 질투하는

Don't be jealous of his success.
그의 성공을 질투하지 마라.

exchange
[ɪkstʃéɪndʒ, 익스체인지]
명 교환 동 교환하다

We exchanged information through e-mail.
우리는 이메일을 통해서 정보를 교환했다.

structure [strʌ́ktʃə(r), 스트럭철]
명 구조

The structure of the bridge is impressive.
그 다리의 구조는 인상깊다.

achieve [ətʃíːv, 어치-브]
동 이루다, 달성하다

Eventually, she has achieved a high level of skill.
마침내, 그녀는 높은 수준의 기술을 달성했다.

 **English Sentence GOGO!!**

다음 문장들을 읽고 우리말 의미에 맞게 빈칸을 채우세요.

roof   truth   weak   exercise   exhibit

❶ I do _____ for half an hour in the morning.
나는 아침에 30분 동안 운동을 한다.

❷ She lives in that two-story building whose _____ is red.
그녀는 빨간 지붕 집 2층에 살고 있다.

❸ My son was born with _____ lungs.
나의 아들은 허약한 폐를 가지고 태어났다.

❹ Where are you going to _____ next?
당신은 다음에 어디에서 전시를 할 예정인가요?

❺ He tells a joke like a _____.
그는 진담처럼 농담을 한다.

Answer ❶ exercise ❷ roof ❸ weak ❹ exhibit ❺ truth

관계대명사는 2가지 쓰임이 있습니다. 문법 용어로는 한정적 용법과 계속적 용법이라고 합니다. 지금까지 배운 명사를 수식하는 역할을 한정적 용법이라고 합니다. 명사의 의미를 '한정'한다고 해서 그런 이름이 붙었죠. 오늘은 계속적 용법에 대해서 배워봅시다.

1. **역할** 선행사에 대한 추가적인 정보를 제공합니다.

2. **형태** 관계대명사 앞에 콤마(,)를 씁니다.
   - 명사를 수식하는 한정적 용법과 해석의 방향이 반대입니다. 계속적 용법은 읽어나가는 순서대로 자연스럽게 해석하면 됩니다.

   ex) I have two brothers, who go to high school.
   나는 두 명의 남자 형제가 있는데, 고등학생이다.
   We saw a fancy car, which was parked here.
   우리는 멋진 차를 봤는데, 여기에 주차되어 있었다.

3. **주의해야 할 관계대명사의 계속적 용법**
   - 계속적인 용법으로 쓰이는 which는 앞 문장의 **일부분 혹은 전체를 가리키는 경우**도 있습니다. 아래 문장들의 which가 가리키는 것이 무엇인지 생각해보세요. 하나의 단어가 아닌 앞 문장의 내용을 가리키죠.

   ex) I met John, which I didn't expected.
   나는 John을 만났다. 이는 내가 생각하지 못했다.
   He failed the test, which surprised everyone around him.
   그가 시험에 떨어졌다. 이는 그 주변의 모두를 놀라게 했다.

중학내신 기출 포인트

   - 관계대명사의 한정적 용법과 계속적 용법은 해석상에 큰 차이가 없는 경우가 대부분입니다. 시험에는 **관계대명사 that, 관계대명사 what을 계속적 용법으로 사용할 수 없다는 점**이 문제로 출제됩니다.

학교내신대비 연습문제

다음 문장의 빈칸에 들어갈 말로 알맞은 것은?

I have a bike, _____ my father bought me.

❶ what   ❷ which   ❸ that

❹ who   ❺ why

Answer ❷ 나는 자전거가 하나 있는데, 그것은 나의 아버지가 나에게 사주셨다.

DAY 54

"A mind troubled by doubt cannot focus
on the course to victory."
- *Arthur Golden*

"의심으로 가득 찬 마음은
승리로의 여정에 집중할 수 없다."

혹시 여러분은 스스로의 능력을 의심하고 있지 않나요? 자신의 가능성과 능력을 의심하는 사람에게는 큰 성공이 찾아오지 않습니다. 의심 대신 노력을 해야 합니다. 지금 여러분들의 마음속에 있는 자신에 대한 의심을 버리기 바랍니다. 이미 여러분들은 잘하고 있으니까요.

>>> **DAY 54 음성 강의**

many [méni, 메니]
형 많은

Many people go to the beach during vacation.
많은 사람들은 방학 동안 바닷가에 간다.

hold [hóuld, 홀드]
통 잡고 있다, 개최하다

I might hold your hand during the scary movie.
나는 무서운 영화를 보는 동안 네 손을 잡고 있을지도 모른다.

trade [tréid, 트레이드]
명 거래, 무역 통 거래하다

International trade is getting more and more
complicated. 국제 무역은 점점 더 복잡해지고 있다.

weight [wéit, 웨이트]
명 무게

He gained weight after he got married.
그는 결혼한 이후로 몸무게가 늘었다.

send [send, 센드]
통 보내다, 전송하다

She will send a package to her grandmother in Germany.
그녀는 독일에 계신 할머니께 소포를 보낼 것이다.

mayor [méiər, 메이얼]
명 시장

The former mayor gave a speech at the event.
전 시장은 행사에서 연설을 했다.

spread [spred, 스프레드]
통 펼치다, 퍼뜨리다, 펴 바르다

Who spread the rumor about me moving away?
누가 내가 이사를 가는 것에 대해 소문을 퍼뜨렸을까?

guess [ges, 게쓰]
명 추측, 짐작 통 추측하다

Guess what I did yesterday.
내가 어제 무엇을 했는지 추측해봐라.

wake [wéik, 웨이크]
통 깨다, 깨우다

It's hard for her to wake up in the morning.
그녀가 아침에 일찍 잠에서 깨는 것은 힘들다.

enemy [énəmi, 에너미]
명 적

She has a lot of enemies at her school.
그녀는 그녀의 학교에 많은 적들을 가지고 있다.

pick [pik, 피크]
통 고르다, 선택하다, (꽃을) 꺾다

Don't pick the flowers. 꽃을 꺾지 마라.

secret [síːkrət, 시-크릿]
명 비밀

Can you keep a secret? 너는 비밀을 지킬 수 있니?

victim [víktim, 빅팀]
명 희생자

He was a victim of violent crime. 그는 폭력 범죄의 피해자였다.

never [névə(r), 네벌]
图 절대 ~아니다

The teacher never yells at his students.
그 선생님은 그의 학생들에게 절대로 소리치지 않는다.

danger [déɪndʒə(r), 데인절]
명 위험

She was fearless in the face of danger.
그녀는 위험에 직면해서 두려움이 없었다.

ill [ɪl, 일]
형 아픈

We should visit her because she is seriously ill.
그녀가 심하게 아프기 때문에 우리가 그녀를 방문해야 한다.

nothing [nʌθɪŋ, 낫씽]
대 아무것도 (~아니다)

There is nothing in the refrigerator.
냉장고 안에는 아무것도 없다.

experience
[ɪkspíriəns, 익스피리언스]
명 경험 동 경험하다

Working overseas was a valuable experience.
외국에서 일하는 것은 가치 있는 경험이었다.

blow [blóu, 블로우]
명 강타 동 (바람이) 불다, 날려버리다

The wind blows a lot by the shore. 해변에는 바람이 많이 분다.
He won't blow this chance of earning fame.
그는 유명세를 얻을 수 있는 이 기회를 날려버리지 않을 것이다.

article [á:rtɪkl, 알-티클]
명 기사

I spent all of yesterday reading news articles.
나는 어제 하루 종일 뉴스 기사를 읽으면서 보냈다.

고등학교를 준비하는 학생이 꼭 알아야 할 영단어

fond [fɑːnd, 판-드]
형 좋아하는

My father is fond of cooking.
나의 아버지는 요리를 좋아하신다.

justice [dʒʌ́stɪs, 져스티스]
명 정의, 공정성

I saw no justice in the court's decision.
나는 법정의 결정에서 정의를 보지 못했다.

scream [skriːm, 스크림-]
명 비명 동 소리치다

She heard a scream for help.
그녀는 도와달라는 비명을 들었다.

permanent
[pə́ːrmənənt, 펄-머넌트]
형 영구적인

The product did permanent damage to my hair.
그 제품은 나의 머리카락에 영구적인 손상을 입혔다.

policy [pá:ləsi, 팔−러시]
명 정책, 방침

The educational policy helped lift children out of poverty. 그 교육 정책은 아이들이 가난에서 벗어나는 것을 도왔다.

nutrient [nú:triənt, 누−트리언트]
형 영양소, 영양분

Feed your children tasty snacks with lots of nutrients. 당신의 아이들에게 영양분이 많은 맛있는 간식을 먹여라.

ambition [æmbíʃn, 앰비션]
명 야망, 포부

Her lifelong ambition is to become an actress. 그녀의 평생의 야망은 여배우가 되는 것이다.

enthusiastic
[ɪnθú:ziǽstɪk, 인쑤−지애스틱]
형 열성적인

They were enthusiastic supporters of the new president. 그들은 새 대통령의 열성적인 지지자였다.

manufacture
[mænjufǽktʃə(r), 매뉴팩쳐]
명 제조 동 제조하다

This type of metal is used in the manufacture of cars. 이 종류의 철은 자동차의 제조에서 이용된다.

ingredient
[ɪngríːdiənt, 인그리−디언트]
명 재료, 구성 요소

The ingredients for this dish have to be fresh. 이 요리의 재료는 신선해야 한다.

deserve [dɪzə́:rv, 디절−브]
동 ~을 받을 만하다, 자격이 있다

After all that work, he deserves a rest. 그 모든 일을 했으니 그는 쉴 자격이 있다.

concern [kənsə́:rn, 컨썬−]
명 걱정, 관심사
동 관계되다, 걱정하게 하다

My daughter is a constant source of concern. 나의 딸은 지속적인 걱정의 원천이다.

bother [bɑ:ðə(r), 바−덜]
동 신경 쓰다, 귀찮게 하다

Don't bother me anymore. 나를 더이상 귀찮게 하지 마.

rob [rɑ:b, 라−브]
동 털다, 도둑질하다

The masked men robbed the bank. 마스크를 쓴 남자들이 은행을 털었다.

defeat [dɪfíːt, 디피−트]
명 패배 동 물리치다, 패배시키다

The wrestler defeated his opponent. 레슬링 선수는 자신의 상대를 패배시켰다.

process [prá:ses, 프라−쎄스]
명 과정, 절차

She presented the aging process of the animal. 그녀는 그 동물의 노화 과정을 발표했다.

inquiry [inkwáiəri, 인콰이어리]
명 질문, 조사

The politician refused to answer inquiries.
정치인은 질문에 답하기를 거부했다.

experiment
[ıkspérımənt, 익스패리먼트]
명 실험 동 실험을 하다

They presented a proposal to conduct an experiment.
그들은 실험을 실시할 계획안을 발표했다.

deposit [dıpá:zıt, 디파―지트]
명 예금 동 예금하다, 두다

I deposited money into my bank account yesterday.
나는 어제 나의 은행 계좌에 돈을 예금했다.

local [lóʊkl, 로컬]
형 지역의, 현지의

He tries to eat local food products.
그는 지역의 식품을 먹으려고 노력한다.

Misson! English Sentence GOGO!!

다음 문장들을 읽고 우리말 의미에 맞게 빈칸을 채우세요.

policy   spread   justice   trade   mayor

❶ People started to _____ for what they needed.
사람들은 그들이 필요로 하는 것을 위해 물물교환을 시작했다.

❷ She was honored by the _____ with a good citizenship award.
그녀는 시장에서 훌륭한 시민상을 수상했다.

❸ The disease _____s easily.
그 질병은 쉽게 확산된다.

❹ God is on the side of _____.
신은 정의의 편에 서 있다.

❺ The educational _____ helped lift children out of poverty.
그 교육 정책은 아이들을 가난으로부터 벗어나도록 도와주었다.

Answer ❶ trade ❷ mayor ❸ spread ❹ justice ❺ policy

관계대명사와 마찬가지로 관계부사 역시 한정적 용법과 계속적 용법으로 나뉩니다. 이번 시간에는 관계부사의 계속적 용법에 대해서 알아봅시다.

관계부사의 계속적 용법

- 관계부사의 계속적 용법은 when과 where에만 있습니다.
- when은 and then, 그리고 where은 and there로 의미상 바꾸어 쓸 수 있습니다.

  ex) I'll meet her on Tuesday, when I'm free.
  나는 화요일에 그녀를 만날 것인데, 그때 나는 한가하다.
  I went into the restaurant, where I saw her.
  나는 레스토랑에 들어갔는데, 그곳에서 나는 그녀를 보았다.

중학내신 기출 포인트 관계대명사의 계속적 용법 vs. 관계부사의 계속적 용법

- 관계대명사의 계속적 용법을 사용해야 하는 자리인지, 관계부사의 계속적 용법을 사용해야 하는 자리인지에 대한 문제가 출제될 수 있습니다. **선행사가 장소나 시간이라고 해서 무조건 관계부사라고 답하지 말고, 뒤 문장이 완전한지 불완전한지를 따져서 문제를 해결**해야 합니다.

  ex) **Q.** I went to the Mt. Seorak, (which, where) is famous for its unusual rock formations.
  A. which
  |해설| 뒤 문장은 주어가 없는 불완전한 문장입니다. 따라서 관계대명사를 사용해야 합니다.

학교내신대비 연습문제

다음 문장의 빈칸에 들어갈 말로 알맞은 것은?

We're going to get married in September, _____ the weather isn't so hot or cold.

① who   ② which   ③ when

④ with whom   ⑤ for whom

Answer ❸ when 우리는 9월에 결혼할 것이다. 그때 날씨는 아주 덥지도 춥지도 않다.
|해설| 뒤 문장이 완전하기 때문에 관계부사를 적어주는 자리입니다.

DAY 55

"Remember that happiness is
a way of travel - not a destination."
- *Roy Goodman*

"행복은 여정이지, 목적지가
아니라는 점을 기억하라."

우리의 목적지에 거의 다 왔습니다. 하지만 행복이라는 것이 꼭 목적지에만 있는 것은 아닙니다. 목적을 달성하지 못했다 하더라도 과정에서 충분히 행복을 느낄 수 있습니다. 과정에서 느끼는 행복이 진정으로 여러분을 행복하게 할 겁니다. 지금 영단어를 외우는 여러분들은 행복한가요?

>>> DAY 55 음성 강의

win [wɪn, 윈]
통 이기다, 얻다, (상을) 타다

The country finally won independence in 2050.
그 국가는 마침내 2050년에 독립을 얻었다.

pair [per, 페어]
명 쌍, 벌, 켤레

I have a pair of socks with cats on them.
나는 고양이가 그려진 양말 한 켤레를 가지고 있다.

try [traɪ, 트라이]
명 시도 통 시도하다

He is trying to fix his computer.
그는 그의 컴퓨터를 고치려고 시도하고 있다.

sometimes
[sʌ́mtaɪmz, 썸타임즈]
부 때때로

The woman sometimes goes to a cafe to work.
여자는 가끔 일하기 위해 카페로 간다.

gate [géɪt, 게이트]
명 문, 출입문

Dogs were barking at the rear gate.
개들은 뒷문에서 짖고 있었다.

supply [səplái, 써플라이]
명 공급 통 공급하다

We supply the company raw materials.
우리는 그 회사에 원자재를 공급한다.

object [á:bdʒekt, 아—브젝트]
명 물체, 목적, 대상 통 반대하다

There was a protest objecting to the building of the new airport. 새로운 공항의 건설을 반대하는 시위가 있었다.

debt [det, 데트]
명 빚, 부채

He is working hard to pay off the debt.
그는 빚을 갚기 위해서 열심히 일하고 있다.

age [éɪdʒ, 에이쥐]
명 나이, 시대 통 나이가 들다

The pianist mastered Beethoven at the age of 14.
그 피아니스트는 14살의 나이에 베토벤을 숙달했다.

introduce
[ɪntrədú:s, 인트러듀—스]
통 소개하다, 도입하다

The video introduces the latest technology.
그 영상은 최신 기술을 소개한다.

quiet [kwáɪət, 콰이어트]
형 조용한

Keep quiet and follow me.
조용한 상태를 유지하고 나를 따라와라.

idle [áɪdl, 아이들]
형 게으른, 나태한

The idle student sunbathed while listening to music.
게으른 학생은 음악을 들으며 일광욕을 했다.

pain [péin, 페인]
톙 고통, 아픔

This medication will relieve the pain in your leg.
이 약은 당신의 다리에 있는 고통을 덜어줄 것이다.

enjoy [ɪndʒɔ́ɪ, 인조이]
통 즐기다

He enjoys swimming in the ocean.
그는 바다에서 수영하는 것을 즐긴다.

how [háu, 하우]
부 얼마나, 어떻게, 정말(감탄문)

How do you pronounce my name in Korean?
나의 이름을 한국어로 어떻게 발음하나요?
How sweet this drink is! 이 음료가 정말 달군요!

rent [rent, 렌트]
톙 집세 통 빌리다

I worked to pay the rent.
나는 집세를 내기 위해서 일했다.

warm [wɔːrm, 웜–]
형 따뜻한

The room had a lively and warm atmosphere.
그 방은 활기차고 따뜻한 분위기였다.

tell [tel, 텔]
통 말하다

Please don't lie this time, tell me the truth.
제발 이번에는 거짓말하지 말고 나에게 진실을 말해줘.

support [səpɔ́ːrt, 써폴–트]
톙 지지, 지원 통 지지하다, 부양하다

She has to support her family by herself.
그녀는 혼자서 가족을 부양해야 한다.

catch [kætʃ, 캐치]
통 잡다, (병에) 걸리다

You'll catch a cold if you don't wear a jacket.
너는 재킷을 입지 않으면 감기에 걸릴 것이다.

고등학교를 준비하는 학생이 꼭 알아야 할 영단어

voluntary
[vá:lənteri, 발–런테리]
형 자발적인

In her spare time, she does voluntary work.
여가 시간에 그녀는 자발적인 일을 한다.

criticize [krítɪsaɪz, 크리티싸이즈]
통 비난(비판)하다

The professor strongly criticized her paper.
교수는 그녀의 논문을 강력하게 비판했다.

landscape
[lǽndskeɪp, 랜드스케이프]
톙 풍경

I stood at the top of hill to admire the landscape.
나는 언덕의 정상에 서서 풍경에 감탄했다.

appreciate
[əpríːʃieɪt, 어프리-시에이트]
동 감사하다, 감상하다, 진가를 알아보다

I really appreciate your help.
나는 너의 도움에 정말 감사한다.

particular
[pərtíkjələ(r), 파티-큘러]
형 특별한

He paid particular attention to the event.
그는 그 사건에 특별한 관심을 기울였다.

observe [əbzə́ːrv, 업절-브]
동 관찰하다, 준수하다

As an intern, I observed the process of film production.
나는 인턴으로서 영화 제작 과정을 관찰했다.

avoid [əvɔ́ɪd, 어보이드]
동 피하다

Don't avoid eye contact with me.
나의 눈을 피하지 마라.

reasonable [ríːznəbl, 리-즌어블]
형 합리적인

The food is sold at a reasonable price.
음식은 합리적인 가격으로 팔린다.

worth [wə́ːrθ, 워-얼쓰]
형 ~할 가치가 있는

It's worth buying.
그것은 살 만한 가치가 있다.

status [stéɪtəs, 스테이터스]
명 지위

The man suddenly became aware of his new status.
그 남자는 갑자기 그의 새로운 지위에 대해서 인식하게 되었다.

struggle [strʌ́gl, 스트러글]
명 투쟁 동 투쟁하다

Their struggle for independence will not be forgotten.
독립을 위한 그들의 투쟁은 잊혀지지 않을 것이다.

estimate [éstɪmət, 에스티머트]
명 추정치 동 추정하다

I estimated the distance between my house and the library. 나는 나의 집과 도서관 사이의 거리를 추정했다.

pupil [pjúːpl, 퓨-플]
명 학생, 문하생

This pupil is especially talented in modern dance.
이 학생은 특히 현대 무용에 재능이 있다.

result [rɪzʌ́lt, 리절트]
명 결과 동 발생하다, (~결과로) 끝나다

As a result, the business failed.
그 결과로 기업은 망했다.

complicated
[ká:mplɪkeɪtɪd, 컴-플리케이티드]
형 복잡한

The game's rules are so complicated that I can barely understand.
그 게임의 규칙들은 너무 복잡해서 나는 이해할 수 없다.

alter [ɔ́ːltə(r), 얼-터]
图 변하다, 바꾸다

His jokes altered the atmosphere of the room.
그의 농담들은 방의 분위기를 바꾸었다.

prejudice
[prédʒudɪs, 프레쥬디스]
명 편견

There is a racial prejudice against Asians.
아시아인들에 대한 인종 편견이 있다.

comprehensive
[kɑːmprɪhénsɪv, 컴-프리헨시브]
형 종합적인, 포괄적인

From a comprehensive view, your opinion is ineffective.
종합적인 측면에서, 당신의 의견은 효과적이지 못하다.

sudden [sʌ́dn, 서든]
형 갑작스러운

The mother's sudden change in mood shocked the children. 엄마의 갑작스러운 기분 변화는 아이들을 놀라게 했다.

require [rɪkwáɪə(r), 리콰이어]
图 요구하다, 필요로 하다

It requires much effort to get a six-pack.
복근을 얻기 위해서는 많은 노력이 요구된다.

다음 문장들을 읽고 우리말 의미에 맞게 빈칸을 채우세요.

landscape   supply   voluntary   debt   introduce

❶ Aquarium fish need a constant _____ of oxygen.
수족관의 물고기는 계속적인 산소 공급이 필요하다.

❷ The country suffers from a huge _____.
나라는 큰 빚으로 고통받고 있다.

❸ I'd like to _____ some members of our team.
우리 팀의 몇몇 멤버들을 소개하겠습니다.

❹ Many _____ helpers were active in the Olympic Games.
많은 자원봉사자들이 올림픽 경기에서 활약했다.

❺ Europe has a very scenic _____.
유럽은 매우 아름다운 풍경을 지니고 있다.

Answer   ❶ supply   ❷ debt   ❸ introduce   ❹ voluntary   ❺ landscape

형용사에서 **수를 나타내는 형용사를 수량형용사**라고 부릅니다. 이름 그대로 수와 양을 나타낼 때 사용하는 형용사입니다. 이번 시간에는 중학교 과정에서 시험에 자주 출제되는 수량형용사들을 배워봅니다.

1. many

- many는 수가 많음을 나타낼 때 쓰는 형용사로 **셀 수 있는 복수명사**와 함께 씁니다.

  ex) There are **many birds** on the tree. 나무 위에 많은 새들이 있다.

2. much

- much는 양이 많음을 나타낼 때 쓰는 형용사로 **셀 수 없는 명사**와 함께 씁니다. 이때 much와 함께 쓰인 셀 수 없는 명사는 **단수 취급**한다는 점에 유의해야 합니다.

  ex) We can see **much snow** in winter. 우리는 겨울에 많은 눈을 볼 수 있다.

3. a lot of

- a lot of는 수나 양이 많음을 나타낼 때 쓰며 **many와 much의 뜻을 모두 포함**하는 형용사입니다.
- a lot of 뒤에는 **셀 수 있는 명사와 셀 수 없는 명사가 모두 올 수 있으며** lots of 또는 plenty of로 바꾸어 쓸 수 있습니다.

  ex) He met **a lot of people** yesterday. 그는 어제 많은 사람들을 만났다.

  I need **a lot of coffee**. 나는 커피가 많이 필요하다.

중학내신 기출 포인트 many vs. much

- 셀 수 있는 명사와는 many를, 셀 수 없는 명사와는 much를 쓴다는 문법 포인트가 시험에 자주 활용됩니다. 하지만 셀 수 있는 명사의 복수형은 명사 뒤에 -s 또는 -es가 붙는다는 점을 이용하면 쉽게 문제를 해결할 수 있습니다.

학교내신대비 연습문제

다음 괄호에서 어법상 알맞은 것을 고르세요.

❶ There were (many / much) people in the square.

❷ Don't drink too (many / much) soda at the party.

Answer ❶ many 해설 people은 셀 수 있는 명사인 person의 복수형입니다.
❷ much 해설 soda는 액체로서 셀 수 없는 명사에 해당합니다.

DAY 56

"Rather be dead than cool."
- *Kurt Cobain*

"열정 없이 사느니
차라리 죽고 말지."

여기까지 오신 여러분들의 마음에는 열정이 있을 겁니다. 공부를 잘하고 싶은 열정, 성공하고 싶은 열정, 그 열정을 잃지 마세요. 그 뜨거운 마음이 여러분들의 앞길을 밝게 비출겁니다.

>>> DAY 56 음성 강의

specific [spəsífik, 스퍼시픽]
형 구체적인

He came up with a specific plan.
그는 구체적인 계획을 내놓았다.

flight [fláɪt, 플라이트]
명 비행

It's amazing that we're booked on the same flight.
우리가 같은 항공편에 예약되어 있다니 놀랍다.

place [pléɪs, 플레이스]
명 장소 동 위치시키다

This cafe is a comfortable place to rest in.
이 카페는 쉬기에 편안한 장소다.
He placed his hand on my shoulder.
그가 그의 손을 내 어깨에 두었다.

wide [wáɪd, 와이드]
형 넓은, 너른

The wide river overflowed.
넓은 강이 넘쳐흘렀다.

gentleman [dʒéntlmən, 젠틀맨]
명 신사

The gentleman opened the door for the lady.
신사는 숙녀를 위해서 문을 열었다.

interesting [íntrəstɪŋ, 인터레스팅]
형 흥미로운

I saw an interesting movie last week.
나는 지난주에 재미있는 영화를 보았다.

cook [kʊk, 쿡]
명 요리사 동 요리하다

Can you cook lunch today?
오늘은 네가 점심을 요리할 수 있겠니?

consider [kənsídə(r), 컨시덜]
동 고려하다, 여기다

Make sure to consider the current situation before making a decision.
결정을 내리기 전에 반드시 현재 상황을 고려해라.

bitter [bítə(r), 비털]
형 쓴, 혹독한

The bitter cold froze my fingertips.
혹독한 추위는 나의 손가락 끝을 얼게 했다.

flour [fláʊə(r), 플라월]
명 밀가루

Add more flour to the water.
물에 밀가루를 더 넣어라.

receive [rɪsíːv, 리시－브]
동 받다

Did you receive a phone call while I was gone?
내가 없는 동안에 전화를 받았니?

photograph [fóʊtəɡræf, 포토그래프]
명 사진

She takes photographs wherever she goes.
그녀는 어디를 가든지 사진을 찍는다.

thin [θɪn, 씬]
형 얇은

The thin pen broke in half.
얇은 볼펜은 반으로 쪼개졌다.

blood [blʌd, 블러드]
명 피

The patient lost a lot of blood.
환자는 많은 양의 피를 잃었다.

over [óuvə(r), 오버]
부 너머, 끝이 난 전 ~위에, 너머로

I see a butterfly over your head.
너의 머리 위로 나비가 보인다.

next [nekst, 넥스트]
형 다음의

Let's make a clean Earth for the next generation.
다음 세대를 위해서 깨끗한 지구를 만들자.

focus [fóukəs, 포커스]
명 초점, 주목 동 집중하다

At the moment, let's focus on development.
바로 지금, 발전에 집중합시다.

greet [griːt, 그리ー트]
동 인사하다, 맞다, 환영하다

The student politely greeted his teacher.
학생은 그의 선생님에게 예의 바르게 인사했다.

last [læst, 래스트]
형 마지막 부 마지막에 동 지속되다

This is your last opportunity to hand in your homework.
지금이 숙제를 제출할 수 있는 마지막 기회다.

The wedding lasted for an hour.
결혼식은 한 시간 동안 지속되었다.

get [get, 겟]
동 얻다, 받다, ~되다

You can get a coupon online.
너는 온라인상에서 할인권을 받을 수 있다.

고등학교를 준비하는 학생이 꼭 알아야 할 영단어

agriculture
[ǽgrikʌltʃə(r), 애그리컬철]
명 농업

My grandparents work in agriculture.
나의 조부모님은 농업에 종사하신다.

weigh [wéɪ, 웨이]
동 무게를 재다, 무게가 나가다

You must weigh at least 30 kg to ride this ride.
이 놀이기구를 타기 위해서는 적어도 몸무게가 30kg이여야 합니다.

negative [négətɪv, 네거티브]
형 부정적인

There are some negative aspects of every life.
모든 인생에는 몇몇의 부정적인 측면들이 있다.

feature [fíːtʃə(r), 피-처]
명 특징, 특색 동 특징으로 삼다

A notable feature about her is her round, green eyes.
그녀에 대한 현저한 특징은 그녀의 동그랗고 초록색인 눈이다.

confident [kάːnfidənt, 컨-피던트]
형 자신감 있는

He was in a very confident mood after winning the contest. 그는 대회를 이기고 나서 자신감 있는 분위기였다.

community
[kəmjúːnəti, 커뮤-니티]
명 공동체

I volunteer each week for the local community.
나는 매주 지역 공동체를 위해서 봉사한다.

demand [dɪmǽnd, 디맨드]
명 수요 동 요구하다

The manager demanded an immediate explanation of the mistake. 관리자는 실수에 대한 즉각적인 설명을 요구했다.

occupy [άːkjupaɪ, 아-큐파이]
동 차지하다, 점령하다

Currently, another tribe is occupying the territory.
현재에는 다른 부족이 영토를 점령하고 있다.

chief [tʃiːf, 치-프]
명 (단체의) 최고위자 형 주요한

The chief reason why the company underwent change is still unknown.
회사가 변화를 겪은 주된 이유는 여전히 알려지지 않았다.

tragedy [trǽdʒədi, 트래쥐디]
명 비극

Her family's story is a tragedy.
그녀의 가족의 이야기는 비극이다.

excess [ékses, 엑세스]
형 과도함, 과잉

The man's hair started falling out due to an excess amount of stress.
과도한 양의 스트레스 때문에 남자의 머리카락이 빠지기 시작했다.

hardly [hάːrdli, 할-들리]
부 거의 ~않다

It is hardly possible for you to work in that company.
네가 그 회사에서 일을 하는 것은 거의 가능하지 않다.

surface [sə́ːrfis, 썰-피스]
명 표면

The desk's surface is smooth.
책상의 표면은 부드럽다.

rude [ruːd, 루-드]
형 무례한

She answered her mother's question in a rude manner.
그녀는 그녀의 엄마의 질문에 무례한 태도로 대답했다.

method [méθəd, 메써드]
명 방법

My method of teaching is widely recognized.
내가 가르치는 방법은 널리 알려져 있다.

pursue [pərsúː, 펄쑤-]
동 추구하다

He pursues happiness.
그는 행복을 추구한다.

pollution [pəlúːʃn, 펄루-션]
명 오염

The level of air pollution these days is serious.
요즘 공기 오염의 정도는 심각하다.

vital [váitl, 바이틀]
형 필수적인, 생명 유지에 필요한

It is vital that you turn the gas off before you leave.
네가 떠나기 전에 가스를 끄는 것은 필수적이다.

ban [bæn, 밴]
동 금지하다

This building bans smoking.
이 건물은 흡연을 금지한다.

found [fáund, 파운드]
동 설립하다

He founded a company in Long Island.
그는 롱아일랜드에 회사를 설립했다.

Misson! English Sentence GOGO!!

다음 문장들을 읽고 우리말 의미에 맞게 빈칸을 채우세요.

agriculture   focus   feature   photograph   flight

❶ The _____ from Seoul to Busan took about 30 minutes.
서울에서 부산까지의 비행은 약 30분이 걸렸다.

❷ They say that a _____ is just a copy of the real world.
그들은 사진은 단지 현실 세계의 복사본이라고 말한다.

❸ I think it's more important to _____ on the future.
나는 미래에 집중하는 것이 더 중요하다고 생각한다.

❹ Every province had its own market for _____.
모든 지방은 그들 자신의 농업을 위한 시장을 가지고 있다.

❺ This is a unique _____ of our time.
이것은 우리 시대의 독특한 특징이다.

Answer ❶ flight ❷ photograph ❸ focus ❹ agriculture ❺ feature

가주어라는 말을 들어보셨나요? 이름에서 느껴지는 것은 진짜 주어가 아닌 가짜 주어라는 뜻입니다. 진짜 주어가 너무 길 때 우리는 가주어 it을 사용합니다. 독해에서도 매우 자주 등장하는 문법이기 때문에 확실하게 익혀야 합니다.

1. 가주어 it

- to부정사처럼 긴 주어가 쓰인 경우, 주어 자리에는 가주어 it을 사용하고 진짜 주어는 뒤로 보낼 수 있습니다. 이때 it은 형식상의 주어이기 때문에 아무런 의미가 없습니다. 따라서 it의 의미를 생각하지 않고 진짜 주어를 찾아서 해석을 하는 것이 핵심입니다.

2. 가주어 it을 이용한 문장 만들기

ex) To find a good restaurant is hard. 좋은 음식점을 찾기는 어렵다.
→ It is hard to find a good restaurant.

3. 중학교 과정에서 자주 활용되는 가주어 it 구문

- It is 형용사(easy, difficult, important, possible, impossible, necessary, usual, hard, interesting, boring) + to 동사
ex) It is important to exercise regularly. 규칙적으로 운동하는 것은 중요하다.
It was fun to read this book. 이 책을 읽는 것은 재미있었다.
It is difficult to get up early. 일찍 일어나는 것은 어렵다.
It isn't good to eat fast food. 패스트푸드를 먹는 것은 좋지 않다.

학교내신대비 연습문제

다음 괄호 안에서 알맞은 단어를 고르세요.

❶ (It, That) is not easy to have meals in space.

❷ It is difficult (sleep, to sleep) on the space shuttle.

Answer ❶ It 우주에서 식사를 하는 것은 쉽지 않다.
❷ to sleep 우주 왕복선에서 잠을 자는 것은 어렵다.

DAY 57

"Success usually comes to those
who are too busy to be looking for it."
- *Henry David Thoreau*

"성공은 대개 그를 좇을 겨를도 없이
바쁜 사람에게 온다."

성공을 위해서는 남들 이상의 노력을 해야 합니다. 공부를 잘하는 학생들은 분명 남들보다 더 노력을 하는 겁니다. 성공하고 싶다면 노력하세요. 너무 바빠서 성공이라는 생각을 할 틈도 없게 만드세요. 그러면 성공은 금방 찾아올 겁니다.

>>> DAY 57 음성 강의

중학생이 꼭 알아야 할 영단어

cut [kʌt, 커트]
통 자르다, 베다

I cut my hair short.
나는 나의 머리카락을 짧게 잘랐다.

expect [ɪkspékt, 익스펙트]
통 기대하다

Because of his love for children, we expect him to be a teacher. 그의 아이들에 대한 사랑 때문에 우리는 그가 교사가 되기를 기대한다.

noon [nu:n, 눈―]
명 정오, 낮 12시

Let's meet by the statue at noon for lunch.
점심을 먹기 위해 정오에 동상 옆에서 만나자.

speak [spi:k, 스피―크]
통 말하다

Many people speak well of Marla.
많은 사람들이 Marla에 대해서 좋게 이야기한다.

talk [tɔ:k, 토―크]
통 말하다

I love listening to people talk about football.
나는 사람들이 축구에 대해서 이야기하는 것을 듣는 걸 좋아한다.

care [ker, 케얼]
명 돌봄, 보살핌
통 상관하다, 관심가지다

She cares a lot about her reputation.
그녀는 그녀의 명성에 대해서 많은 관심을 가진다.

different [difrənt, 디퍼런트]
형 다른

People of many different races go to this school.
많은 다른 인종들의 사람들이 이 학교에 다닌다.

swim [swɪm, 스윔]
통 수영하다

I cannot swim across the lake as fast as my brother.
나는 나의 남동생만큼 빠르게 호수를 가로질러 수영할 수 없다.

yesterday [jéstərdeɪ, 예스터데이]
명 어제

We had an amazing time yesterday at the beach.
우리는 어제 바닷가에서 멋진 시간을 보냈다.

minor [máɪnə(r), 마이널]
형 사소한, 중요하지 않은

Don't worry about it. It's a minor problem.
그것에 대해서 걱정하지 마. 그것은 중요하지 않은 문제야.

earth [ɜ:rθ, 얼―쓰]
명 지구, 땅

We only have one Earth.
우리에게는 지구가 하나뿐이다.

familiar [fəmíliə(r), 퍼밀리어]
형 친숙한

A familiar voice called the girl's name.
익숙한 목소리가 여자 아이의 이름을 불렀다.

palace [pǽləs, 팰러스]
명 궁전

She was invited to the royal palace for a ball.
그녀는 무도회를 위해 왕궁에 초대되었다.

invite [ɪnváɪt, 인바이트]
동 초대하다

I'd like to invite all of you to my Christmas party.
나는 너희 모두를 나의 크리스마스 파티에 초대하고 싶어.

during [dúrɪŋ, 듀링]
전 ~동안에

During the summer vacation, the family went to a cabin by a lake. 여름방학 동안에 가족은 호수 근처의 통나무집으로 갔다.

sit [sɪt, 시트]
동 앉다

They were all sitting around the campfire, singing.
그들은 모두 노래를 부르며 캠프파이어 주변에 앉아 있었다.

together [təɡéðə(r), 투게덜]
부 함께, 같이

Let's go to the concert together.
우리 함께 콘서트에 가자.

anything [éniθɪŋ, 에니씽]
대 무엇, 아무것

She didn't want to eat anything for dinner.
그녀는 저녁 식사로 아무것도 먹고 싶지 않았다.

problem [práːbləm, 플라블럼]
명 문제

Getting angry won't solve the problem.
화를 내는 것은 문제를 해결하지 않을 것이다.

drop [drɑːp, 드랍ㅡ]
명 방울 동 떨어뜨리다, 떨어지다

The baby spilled a drop of water. 그 아기는 물을 한 방울 흘렸다.
The child dropped the fruit to the ground.
아이는 바닥으로 과일을 떨어뜨렸다.

고등학교를 준비하는 학생이 꼭 알아야 할 영단어

reputation
[repjutéɪʃn, 레퓨테이션]
명 명성

He is working hard to build a good reputation.
그는 좋은 명성을 쌓기 위해 열심히 일을 하고 있다.

annual [ǽnjuəl, 애뉴얼]
형 매년의, 연례의

The annual report was a mess. 연례 보고서는 엉망이었다.

fault [fɔːlt, 폴ㅡ트]
명 결점, 잘못

It's not your fault that you lost the game.
경기를 진 것은 너의 잘못이 아니야.

charity [tʃǽrəti, 채러티]
명 자선, 자선단체

The friends attended a charity concert.
친구들은 자선 콘서트에 참석했다.

reward [rɪwɔ́ːrd, 리워-드]
명 보상 동 보상하다

The financial reward will be substantial if you do this work. 만약 당신이 이 작업을 한다면 금전적인 보상은 상당할 거예요.

respond
[rɪspáːnd, 리스판-드]
동 대답하다, 답장을 보내다

The public responded immediately to the system.
대중은 시스템에 즉시 응답했다.

loose [luːs, 루-스]
형 느슨한, 헐거운

I tied a loose knot to tie my hair.
나의 머리카락을 묶기 위해 느슨한 매듭을 지었다.

seek [siːk, 씨-크]
동 구하다, 찾다

The student is seeking advice about friends.
학생은 친구에 대한 조언을 구하고 있다.

whole [hóʊl, 호울]
형 전체적인

You didn't do anything during the whole day!
너는 하루 종일 아무것도 안 했다.

wonder [wʌ́ndə(r), 원덜]
명 경이, 경탄 동 궁금하다

The beautiful view filled my heart with wonder.
아름다운 경관은 나의 마음을 경이로움으로 가득 채웠다.

imagine [ɪmǽdʒɪn, 이매진]
동 상상하다

Try to imagine that you are in a bus.
당신이 버스 안에 있다고 상상해 보세요.

capable [kéɪpəbl, 케이퍼블]
형 ~할 수 있는, 유능한

All of the children in this school are capable of speaking English. 이 학교에 있는 모든 아이들은 영어를 말할 능력이 있다.

crisis [kráɪsɪs, 크라이시쓰]
명 위기

The latest economic crisis had a large impact on citizens' lives. 최근의 경제 위기는 시민들의 삶에 큰 영향을 주었다.

ancient [éɪnʃənt, 에인션트]
형 고대의

They recovered weapons from an ancient civilization.
그들은 고대 문명의 무기를 복원했다.

tiny [táɪni, 타이니]
형 작은

There is a tiny dot where the needle poked through.
바늘이 통과했던 지점에는 작은 점이 있다.

content
[káːntent, 칸-텐트] [kəntént, 컨텐트]
명 내용 형 만족한

She emptied the contents of her bag,
그녀는 그녀 가방의 내용물을 비웠다.

The group of athletes was content with their results.
운동선수의 단체는 그들의 결과에 만족하고 있었다.

institute [ínstitu:t, 인스티튜-트]
명 기관, 협회

He works in a government research institute.
그는 정부 연구 기관에서 일한다.

instant [ínstənt, 인스턴트]
형 즉각적인

Instant food is not good for your body.
즉석 식품은 너의 몸에 좋지 않다.

abstract [ǽbstrækt, 앱스트랙트]
형 추상적인

The abstract painting was hard to understand.
추상적인 그림은 이해하기 힘들었다.

chase [tʃéis, 체이쓰]
통 뒤쫓다, 추적하다

Two policemen started to chase after the burglar.
두 명의 경찰관은 도둑을 뒤쫓기 시작했다.

Misson! English Sentence GOGO!!

다음 문장들을 읽고 우리말 의미에 맞게 빈칸을 채우세요.

charity   different   minor   reputation   expect

❶ Parents always _____ better of their children.
부모들은 항상 아이들이 뛰어나기를 바란다.

❷ The door is a _____ color from the rest of the car.
자동차 문 색깔이 다른 부분과 다르다.

❸ It's so _____, it doesn't even matter.
그것은 너무 사소해서 중요하지 않다.

❹ He had a good _____ in his home town.
그는 그의 고향에서 좋은 명성을 가지고 있었다.

❺ The young musician donated the prize money to _____.
젊은 음악가는 상금을 자선단체에 기부했다.

Answer ❶ expect ❷ different ❸ minor ❹ reputation ❺ charity

여러분은 평소에 어떤 말을 자주 쓰나요? **"~했더라면 ~했을 텐데"**라고 말하며 소망 또는 아쉬움을 표현하지 않나요? 영어는 가정법을 통해 이러한 표현을 합니다. 가정법은 정해진 법칙에 맞게 표현을 하는 것이 중요합니다. 조금 암기할 부분이 있는 문법입니다. 집중 부탁해요!

1. 의미

- 가정법 과거라고 불리는 이유는 **동사의 과거형**을 이용하기 때문입니다. 그러나 **현재 사실의 반대 사실을 가정한다**는 점을 잊으면 안 됩니다.

2. 형태   If + 주어 + 동사의 과거형 ~, 주어 + would/should/could/might + 동사원형 ~

- 가정법 과거를 만드는 if절의 be동사는 주어의 인칭이나 수에 관계없이 were을 씁니다!

  ex) If it were sunny, we could go on the field trip.
     만약에 날씨가 맑다면, 우리가 현장 학습을 갈 수 있을 텐데.
     (→ 현재 맑지 않아서 현장 학습을 갈 수 없을 때 사용하는 표현)

     If I traveled in space, it would be so fantastic.
     만약에 내가 우주를 여행한다면, 정말 환상적일 텐데.
     (→ 현재 우주를 여행할 수 없을 때 사용하는 표현)

가정법 과거는 현재 실현 불가능한 일이나 상황을 가정할 때 사용합니다. 실현 가능성이 충분한 일을 나타낼 때는 가정법의 공식을 따르지 않습니다. 가정법은 정말 있을 수 없는 일들을 소망하거나 가정할 때 사용한다는 것을 명심하세요.

학교내신대비 연습문제

다음 괄호 안에서 알맞은 단어를 고르세요.

❶ If I (am, were) you, I wouldn't say so.

❷ If he lived near his school, he (wouldn't, won't) be late for class.

Answer
❶ were 내가 너라면, 나는 그렇게 말하지 않을 것이다.
❷ wouldn't 그가 그의 학교 근처에 산다면, 그는 수업에 늦지 않을 것이다.

DAY 58

"There are a lot of things
to be happy about."
- 영화 〈인사이드 아웃(Inside Out)〉 중에서

"행복해해야 할 것들이
너무 많다고!"

우리 주변에는 크고 작은 행복한 일들이 너무나 많습니다. 맛있는 음식들, 재밌는 책들, 그리고 나를 사랑하는 가족들. 우리는 이 행복을 미처 다 깨닫지 못하고 누리지 못합니다. 우리 주변에 있는 행복한 일들을 놓치지 마세요. 아, 하나 더 늘었네요! 이제 단어 암기가 곧 끝난답니다!

>>> DAY 58 음성 강의

die [dáɪ, 다이]
통 죽다

It is common these days to die from cancer.
요즘 암으로 사망하는 것은 흔하다.

enter [éntə(r), 엔털]
통 들어가다, 참가하다

He studied hard to enter university.
그는 대학에 들어가기 위해서 공부를 열심히 했다.

wash [wɑːʃ, 워-쉬]
통 씻다

Will you wash the dishes for me?
나를 위해서 설거지를 해주겠니?

become [bɪkʌ́m, 비컴]
통 되다

She has become a significant figure in his life.
그녀는 그의 인생에서 중요한 인물이 되었다.

journey [dʒɜ́ːrni, 절-니]
명 여행

One day, I will go on a long journey across the country.
언젠가 나는 나라를 횡단하는 긴 여행을 떠날 것이다.

impossible
[ɪmpɑ́ːsəbl, 임파-써블]
형 불가능한

Nothing is absolutely impossible.
절대적으로 불가능한 것은 없다.

flavor [fléɪvər, 플레이벌]
명 향, 맛

There are too many artificial flavors in this soup.
이 수프에는 인공 조미료가 너무 많이 들어 있다.

look [lʊk, 룩]
통 보다, ~처럼 보이다

She looks pale as a ghost.
그는 마치 귀신처럼 창백해 보인다.

away [əwéɪ, 어웨이]
부 떨어져

The kids washed away the dirt from their hands.
아이들은 그들의 손에서 먼지를 씻어냈다.

traffic [træfik, 트래픽]
명 교통

The traffic jam is worse on weekends.
교통 체증은 주말에 더 심하다.

arrive [əráɪv, 어라이브]
통 도착하다

After four hours of driving, we arrived at the destination.
4시간 동안 운전한 후에 우리는 목적지에 도착했다.

dangerous
[déɪndʒərəs, 데인저러스]
형 위험한

Sometimes his job as a policeman is dangerous.
가끔 그가 가진 경찰관이라는 직업은 위험하다.

sound [sáʊnd, 사운드]
명 소리 동 ~처럼 들리다
형 건강한, 합리적인

Your opinion sounds good. 너의 의견이 좋게 들린다.
My grandmother always gives me sound advice.
나의 할머님은 항상 나에게 합리적인 충고를 주신다.
The children living in the country had sound minds.
시골에 사는 아이들은 건강한 마음을 가졌었다.

relationship
[rɪléɪʃnʃɪp, 릴레이션쉽]
명 관계

The relationship between the two countries is unstable.
두 나라 사이의 관계는 불안정하다.

settle [sétl, 세틀]
동 정착하다, 해결하다

The two men settled a dispute through a sword fight.
두 남자는 분쟁을 칼싸움으로 해결했다.

cover [kʌ́və(r), 커벌]
명 덮개, 표지 동 씌우다, 덮다

Don't judge a book by its cover. 책을 표지로 판단하지 마라.
I covered my eyes a lot during the scary movie.
나는 무서운 영화를 보는 중에 눈을 자주 가렸다.

watch [wɑ́ːtʃ, 워-치]
명 시계 동 보다, 지켜보다

Her mother loves to watch her daughter sing.
엄마는 그녀의 딸이 노래하는 모습을 보는 것을 좋아한다.

vacation [vəkéɪʃn, 베케이션]
명 휴가, 방학

My family will go to the mountains this winter vacation.
나의 가족은 이번 겨울 휴가 때 산으로 갈 것이다.

survive [sərváɪv, 써바이브]
동 살아남다

Very few people survived the earthquake.
매우 적은 사람들이 지진에서 살아남았다.

few [fjuː, 퓨-]
형 많지 않은

Few people are ambidextrous.
적은 사람들이 양손잡이다.

고등학교를 준비하는 학생이 꼭 알아야 할 영단어

reserve [rɪzɜ́ːrv, 리저-브]
동 예약하다

I'd like to reserve a room for July 16th.
7월 16일에 방을 예약하고 싶습니다.

isolate [áɪsəleɪt, 아이쏠레이트]
동 격리하다, 고립하다

The man was isolated on the island.
남자는 그 섬에 고립되었다.

ceiling [síːlɪŋ, 씰-링]
명 천장

The balloon floated up to the high ceiling.
풍선은 높은 천장을 향해 떠올랐다.

flexible [fléksəbl, 플렉서블]
형 유연한, 융통성 있는

The rules in this workplace are flexible.
이 직장의 규칙들은 융통성을 가지고 있다.

merchant [mɜ́ːrtʃənt, 멀-천트]
명 상인

The merchant traded the spices for gold.
상인은 향신료를 금으로 교환했다.

evaluate [ɪvǽljueɪt, 이밸류에이트]
통 평가하다

The test will evaluate the effectiveness of this teaching program. 이 시험은 학습 프로그램의 효과를 평가할 것이다.

passenger
[pǽsɪndʒə(r), 패씬절]
명 승객

All passengers aboard, please buckle your seat belts.
탑승한 모든 승객께서는 벨트를 매주세요.

interfere [ɪntərfir, 인털피얼]
통 간섭하다, 방해하다

Don't interfere in my family problems.
나의 가족 문제에 간섭하지 마라.

fit [fɪt, 피트]
형 건강한, 적합한 통 적합하다

It's hard to find clothes that fit me.
나에게 맞는 옷을 찾기 어렵다.
He tries to keep fit, no matter what age.
그는 어떤 나이에도 건강을 유지하려고 노력한다.

limit [límɪt, 리미트]
명 한계 통 제한하다

The law will limit carbon dioxide emissions from cars.
법은 자동차의 이산화탄소 배출량을 제한할 것이다.

suffer [sʌ́fə(r), 싸펄]
통 고통받다

Many people suffered from the disease Cholera.
많은 사람들이 콜레라 질병으로 고통받았다.

medicine [médsn, 메디슨]
명 의학, 의술, 약

I take medicine for my ear infection.
나는 귀의 염증 때문에 약을 복용한다.

interact [ɪntərǽkt, 인터랙트]
통 소통하다

The dogs started to interact with each other.
개들은 서로 교감하기 시작했다.

depress [dɪprés, 디프레스]
통 우울하게 만들다, 부진하게 만들다

Don't depress the morale of the child.
그 아이의 사기를 떨어뜨리지 마라.

leap [liːp, 리-프]
통 뛰다, 뛰어오르다

The frog leaped from the ground.
개구리는 땅으로부터 뛰어올랐다.

disappoint

[dɪsəpɔ́ɪnt, 디써포인트]

图 실망시키다

He disappointed his parents.
그는 그의 부모를 실망시켰다.

mercy [mɔ́ːrsi, 멀ー시]

图 자비

Her plea for mercy was ignored.
자비를 구하는 그녀의 간청은 무시되었다.

adequate [ǽdɪkwət, 애디쿼트]

图 충분한

The garden hasn't been getting adequate water.
정원은 충분한 물을 얻지 못해왔다.

either [íːðə(r), 이ー덜]

데 어느 하나 图 어느 한 쪽의, 양쪽의
甲 (부정문) ~도 역시 그렇다

Either way, you will lose money.
어느 쪽이든, 너는 돈을 잃을 것이다.
Me, either. 나도 그래.

encourage

[ɪnkɔ́ːrɪdʒ, 인커ー리쥐]

图 격려(고무)하다, 권장하다

I encourage you to pursue higher education.
나는 네가 높은 학력을 추구하기를 권장한다.

Misson! English Sentence GOGO!!

다음 문장들을 읽고 우리말 의미에 맞게 빈칸을 채우세요.

flexible   journey   isolate   flavor   traffic

❶ Love is beginning a _____ together.
사랑은 함께하는 여행이다.

❷ It's _____ of the month. Why don't you try it?
이 달의 맛입니다. 한 번 시식해 보세요.

❸ This man witnessed the _____ accident.
이 남자가 교통사고를 목격했습니다.

❹ We need to _____ the area.
우리는 이 지역을 고립시킬 필요가 있다.

❺ You are not _____ in your thinking.
당신은 사고가 유연하지 않군요.

Answer ❶ journey ❷ flavor ❸ traffic ❹ isolate ❺ flexible

지난 시간에 현재 사실의 반대를 가정하는 가정법 과거에 대해 배웠습니다. 이번 시간에 배울 가정법 과거완료는 이름은 과거완료이지만 과거 사실의 반대를 가정합니다. 지난 일들에 대한 후회를 나타낼 때 활용할 수 있는 표현입니다. 역시 개념을 이해한 후 가정법 과거완료를 표현하는 공식을 익히는 것이 핵심입니다.

1. 의미
   - 가정법 과거완료라고 불리는 이유는 동사의 과거완료형을 쓰기 때문입니다. 하지만 과거 사실의 반대를 나타내는 표현이라는 점을 기억해야 합니다.

2. 형태   If + 주어 + had 과거분사 ~, 주어 + would/should/could/might + have 과거분사 ~

   ex) If I had studied hard, I could have passed the test.
       내가 열심히 공부했더라면, 그 시험을 통과할 수 있었을 텐데.
       (→ 과거에 열심히 공부하지 않았기 때문에 시험을 통과할 수 없었음)

       If we had gone by car, we would have arrived there on time.
       만약에 우리가 자동차로 갔더라면, 그 곳에 제때 도착했을 텐데.
       (→ 자동차로 가지 않았기 때문에 제때 도착하지 못했음)

학교내신대비 연습문제

다음 우리말을 영어로 바르게 옮긴 것은?

만일 날씨가 좋았다면, 나는 수영을 하러 갔을 텐데.

① If the weather were fine, I would go swimming.

② If the weather had been fine, I would go swimming.

③ If the weather were fine, I would have gone swimming.

④ If the weather would have been fine, I had gone swimming.

⑤ If the weather had been fine, I would have gone swimming.

Answer   ⑤ If it had been fine, I would have gone swimming.
   해설 과거 사실에 대한 반대 상황을 가정하고 있기 때문에 가정법 과거 완료를 사용합니다.

DAY 59

"Act as if it were impossible to fail."
- *Dorothea Brand*

"반드시 성공한다는
각오로 임해라."

성공을 위해서는 굳은 각오가 필요합니다. 공부를 잘하는 친구들의 특징은 묵묵히 될 때까지 한다는 겁니다. 실패하는 친구들은 작은 좌절에도 포기를 해버립니다. 반드시 해낸다는 각오로 앞으로 계속 나아가시기 바랍니다.

>>> **DAY 59 음성 강의**

planet [plǽnɪt, 플래니트]
명 행성

The child has memorized the planets of our solar system. 그 아이는 우리 태양계의 행성들을 외웠다.

wonderful [wʌ́ndərfl, 원덜플]
형 아주 멋진

The view from the balcony is wonderful.
발코니에서 보는 전망은 아주 멋지다.

lake [léɪk, 레이크]
명 호수

The lake in front of our school is artificial.
우리 학교 앞에 있는 호수는 인공 호수다.

hunger [hʌ́ŋgə(r), 헝걸]
명 배고픔

I am so hungry that I might die of hunger.
나는 너무 배고파서 배고픔으로 죽을 수도 있다.

afterward
[ǽftərwərd, 애프터월드]
부 그 후에

The lady told me she would help me shortly afterward.
여자는 나에게 그녀가 잠시 후에 나를 도와줄 것이라고 말했다.

species [spíːʃiːz, 스피-씨즈]
명 종(생물 분류의 기초 단위)

Many species are going extinct every day.
매일 많은 종들이 멸종되고 있다.

advice [ədváɪs, 어드바이쓰]
명 조언, 충고

Her grandfather always gives her useful advice.
그녀의 할아버지는 항상 그녀에게 유용한 조언들을 준다.

among [əmʌ́ŋ, 어망]
전 ~에 둘러싸인, ~의 가운데에

This toy is popular among children.
이 장난감은 아이들 사이에서 인기가 많다.

easy [íːzi, 이-지]
형 쉬운

Although it is an easy solution, it is not the best.
그것은 쉬운 해결책이지만 최선은 아니다.

anyway [éniwèi, 애니웨이]
부 어쨌든, 하여간

Anyway, I ended up going to the hospital.
하여간, 나는 결국 병원으로 갔어.

excuse [ɪkskjúːz, 익스큐-즈]
명 변명, 이유 동 용서하다

Will you excuse me for being late?
제가 늦은 것을 용서해주시겠습니까?

hobby [hɑ́ːbi, 하-비]
명 취미

A popular hobby these days is photography.
요즘 대중적인 취미는 사진 찍기다.

foolish [fúːlɪʃ, 풀―리쉬]
형 어리석은

Breaking up with her was a foolish mistake.
그녀와 헤어지는 것은 어리석은 실수였다.

sleep [sliːp, 슬립―]
명 잠 동 잠을 자다

The girl couldn't have a good sleep because of her nightmares.
여자 아이는 그녀의 무서운 꿈 때문에 잠을 잘 자지 못했다.

clothes [klóuðz, 클로즈]
명 옷, 의복

I don't have any decent clothes.
나에게는 괜찮은 옷이 하나도 없다.

live [lɪv, 리브]
동 살다, 거주하다

Most of my family live in the city.
나의 가족 대부분은 도시에서 산다.

trouble [trʌ́bl, 트러블]
명 문제

He has trouble making new friends in his new school.
그는 그의 새로운 학교에서 새 친구들을 사귀는 데 문제가 있다.

certain [sə́ːrtn, 썰―튼]
형 확실한, 특정한

It's certain that she stole my wallet.
그녀가 나의 지갑을 훔쳐간 것이 확실하다.

society [səsáɪəti, 소싸이어티]
명 사회, 집단

We need to help the poorer members of our society.
우리는 우리 사회의 더 가난한 구성원들을 도울 필요가 있다.

sour [sáuə(r), 싸워]
형 (맛이) 신

Unripe oranges are sour.
익지 않은 오렌지들은 시다.

고등학교를 준비하는 학생이 꼭 알아야 할 영단어

conscience [kɑ́ːnʃəns, 컨―션스]
명 양심

Only one with no conscience would do that.
양심이 없는 사람만이 그것을 할 것이다.

contact [kɑ́ːntækt, 컨―택트]
명 연락, 접촉 동 연락하다

She still keeps in contact with her old friend in Canada.
그녀는 캐나다에 사는 오래된 친구와 여전히 연락하고 지낸다.

consult [kənsʌ́lt, 컨썰트]
동 상담하다

Today we will go to consult a lawyer about our case.
오늘 우리는 우리의 사건에 대해서 변호사와 상담할 것이다.

modern [mɑ́ːdərn, 마―던]
형 현대의

I really want to visit the Museum of Modern Art in New York. 나는 뉴욕에 있는 현대 미술 박물관을 정말 방문하고 싶다.

duty [djúːti, 듀-티]
명 의무, 세금

He went home at 10 p.m. after his night duty.
그는 야간 근무를 마치고 집에 밤 10시에 갔다.
The lady bought perfume at a duty-free store.
여자는 면세점에서 향수를 구입했다.

foundation
[faundéiʃn, 파운데이션]
명 토대, 기초, 재단, 설립

They are starting to build the foundation of the new apartment. 그들은 새로운 아파트의 토대를 짓기를 시작했다.

frustrate
[frʌ́streit, 프러스트레이트]
동 좌절시키다

What frustrates me is that you never listen to me.
나를 좌절시키는 것은 네가 내 말을 절대 듣지 않는다는 것이다.

suggest [səgdʒést, 써제스트]
동 제안하다

I suggest that you go home and have a long rest.
나는 네가 집에 가서 오랫동안 쉴 것을 제안한다.

typical [típikl, 티피컬]
형 전형적인

It is typical for babies to drool a little bit.
아기들이 조금의 침을 흘리는 것은 전형적이다.

shift [ʃift, 쉬프트]
명 변화 동 이동하다

He always shifts the blame to someone else.
그는 항상 다른 사람에게 책임을 전가한다.

refuse [rifjúːz, 리퓨-즈]
동 거절하다, 거부하다

The girl refused to eat her vegetables.
여자 아이는 채소를 먹는 것을 거부했다.

annoy [ənɔ́i, 어노이]
동 짜증나게 하다

I know many ways to annoy my big sister.
나는 나의 언니를 짜증나게 하는 많은 방법들을 알고 있다.

symptom [símptəm, 심텀]
명 증상

He has all of the symptoms of the flu.
그는 독감의 모든 증상을 가지고 있다.

income [ínkʌm, 인컴]
명 소득, 수입

There was a rise in national income recently.
최근에 국민 소득 증가가 있었다.

infant [ínfənt, 인펀트]
명 유아 형 유아의

The infant mortality rate has decreased compared to the past. 과거와 비교할 때 유아 사망률은 낮아졌다.

except [iksépt, 익셉트]
전 제외하고

I'm free everyday except for Sunday.
나는 일요일을 제외하고 매일 한가하다.

attitude [ǽtitu:d, 애티튜-드]
명 태도, 자세

He always has a positive attitude towards life.
그는 인생에 대해 항상 긍정적인 태도를 가진다.

pour [pɔ́:(r), 포-얼]
통 붓다, 쏟아지다

I poured the milk onto my cereal.
나는 시리얼 위로 우유를 부었다.

interpret
[intə́:rprit, 인털-프리트]
통 해석하다, 통역하다

In English literature class, we interpreted a poem by Robert Frost.
영문학 시간에 우리는 로버트 프로스트의 시를 해석했다.

concentrate
[kά:nsntreit, 컨-센트레이트]
통 집중하다

The boy has difficulty concentrating in class.
남자 아이는 수업시간에 집중하는 데 어려움을 겪는다.

다음 문장들을 읽고 우리말 의미에 맞게 빈칸을 채우세요.

duty   advice   conscience   planet   hunger

❶ Venus is called the mother _____.
금성은 어머니 행성이라고 불린다.

❷ A lot of people are dying of _____ in the Third World.
제3세계에서는 많은 사람들이 굶주림으로 죽어간다.

❸ I ask my father's _____ on everything.
나는 모든 일에 대해서 아버지의 충고를 구한다.

❹ Students give a few pounds to charity in order to ease their _____.
학생들은 그들의 양심을 편하게 하기 위해서 자선단체에 약간의 파운드를 준다.

❺ I hold it my _____ to pay the tax.
나는 세금을 내는 것이 나의 의무라고 생각한다.

Answer ❶ planet ❷ hunger ❸ advice ❹ conscience ❺ duty

이번 시간에는 중학교 과정에서 배우는 대표적인 접속사인 if를 배웁니다. 지난 시간에 가정법을 배울 때 많이 등장했었죠? 과거나 현재의 실제 사실과 반대 내용의 내용을 가정해보는 가정법과 달리 접속사 if는 실현 가능성이 있는 내용을 표현하고 싶을 때 사용합니다.

접속사 if

- if는 조건을 나타내는 부사절을 이끕니다. 접속사 if 뒤에는 주어와 동사를 가진 완전한 문장이 오며, if절과 주절의 순서는 바뀔 수 있습니다. if절이 앞에 나오면 if절이 끝날 때 콤마(,)를 사용합니다.

   ex) If you go to the market, buy some vegetables. 만약 네가 시장에 간다면, 야채를 좀 사라.

   ex) She can buy a bike if she borrows some money. 만약 그녀가 돈을 좀 빌리면, 자전거를 살 수 있다.

중학내신 기출 포인트

- 시간이나 조건을 나타내는 접속사가 이끄는 부사절에는 will을 사용할 수 없으며, 현재시제가 미래를 대신합니다.

   ex) If it rains tomorrow, we will stay home.   (O)

   If it will rain tomorrow, we will stay home. (X)

가정법에서 사용하는 if와 실현 가능성이 있는 일을 표현할 때 사용하는 if를 구별해서 익히기 바랍니다. 가정법은 가정법의 공식을 외우는 것이 중요하고, 접속사 if는 위의 기출 포인트 정도를 기억하면 됩니다.

학교내신대비 연습문제

다음 우리말에 맞게 빈칸을 채워 문장을 완성하세요.

= _____, he will be taller.

   (만약 그가 우유를 매일 아침 마시면, 그는 키가 더 커질 것이다.)

Answer   If he drinks milk every morning

DAY 60

"Hard work beats talent
when talent doesn't work hard."
- Tim Notke

"열심히 노력하면 열심히 노력하지 않는
재능을 이길 수 있다."

마지막까지 온 여러분들을 위한 명언입니다. 공부라는 영역에서 노력은 재능을 이길 수
있습니다. 열정을 가지고 노력하면 어떤 일도 해낼 수 있습니다. 항상 기억하세요. 노력은
재능을 이길 수 있습니다. 이 단어 책을 완강하면서 보여준 열정을 꼭 기억하세요.

>>> DAY 60 음성 강의

shy [ʃái, 샤이]
형 부끄러워하는

The shy boy didn't want to sing in front of the class.
부끄러워하는 소년은 교실 앞에서 노래를 부르기 싫었다.

terrible [térəbl, 테러블]
형 끔찍한

The service at the restaurant was terrible.
그 식당의 서비스는 끔찍했다.

count [káunt, 카운트]
명 셈, 계산
동 수를 세다, 중요하다

Hide while I count up to ten.
내가 10까지 셀 동안 숨어라.

flood [flʌd, 플러드]
명 홍수 동 범람하다

The heavy rain has caused the floods in many areas.
폭우는 많은 지역에 홍수를 일으켰다.
When the river floods, it causes considerable damage.
강이 범람하면 상당한 피해를 초래한다.

finish [fíniʃ, 피니쉬]
명 마지막 부분 동 끝내다

He is yet to finish the homework.
그는 숙제를 마치려면 아직 멀었다.

soon [su:n, 쑨―]
부 곧, 머지않아

The bus will be arriving soon.
버스는 곧 도착할 것이다.

proud [práud, 프라우드]
형 자랑스러운

The woman was proud of her son who won a prize.
여자는 상을 탄 그녀의 아들이 자랑스러웠다.

horror [hɔ́:rə(r), 호―러]
명 공포

I cannot watch horror films.
나는 공포 영화를 못 본다.

better [bétə(r), 베―털]
형 더 나은

He became a better person after his experience overseas. 그는 해외에서의 경험 후에 더 나은 사람이 되었다.

person [pə́:rsn, 펄―슨]
명 사람

My best friend is a fascinating person.
나의 가장 친한 친구는 매력적인 사람이다.

think [θɪŋk, 씽크]
동 생각하다

She thinks she could have done better on the exam.
그녀는 그녀가 시험에서 더 잘할 수 있었을 것이라고 생각한다.

thirsty [θə́:rsti, 떨―스티]
형 목마른, 갈증이 나는

After two hours of playing, the children were hungry and thirsty. 아이들은 2시간 동안 논 후에 배고프고 목말랐다.

shock [ʃɑːk, 샤一크]
圐 충격 图 충격을 주다

The earthquake brought a terrible shock to my family.
지진은 나의 가족에게 끔찍한 충격을 주었다.

neighbor [néibər, 네이벌]
圐 이웃 사람

My next-door neighbor has a beautiful garden.
나의 옆집 사람은 아름다운 정원을 가지고 있다.

about [əbáut, 어바우트]
圖 약, 거의 圙 ~에 대해서

You're always about 10 minutes late.
너는 항상 거의 10분씩 늦는다.

They watched a movie about superheroes.
그들은 슈퍼히어로에 대한 영화를 보았다.

below [bɪlóu, 빌로우]
圙 圖 ~아래의

The eraser fell below the desk.
지우개는 책상 아래로 떨어졌다.

quick [kwɪk, 퀵]
圐 빠른

Because she is young, she will have a quick recovery.
그녀는 어리기 때문에 빠른 회복을 할 것이다.

marry [mǽri, 매리]
图 결혼하다

I will marry my fiance in October.
나는 10월에 나의 약혼자와 결혼할 것이다.

anxiety [æŋzáɪəti, 앵자이어티]
圐 불안감

The anxiety was building up as time passed by.
시간이 지나면서 불안감은 커져갔다.

late [léɪt, 레이트]
圐 늦은 圖 늦게

Late in the afternoon, we went swimming.
늦은 오후에 우리는 수영하러 갔다.

고등학교를 준비하는 학생이 꼭 알아야 할 영단어

miserable [mízrəbl, 미저러블]
圐 비참한

The miserable man never goes outside.
비참한 남자는 절대로 밖으로 나가지 않는다.

approach [əpróutʃ, 어프로취]
圐 접근(법) 图 접근하다

The dog approached the baby cautiously.
개가 아기에게 조심스럽게 접근했다.

We are approaching our destination.
우리는 우리의 목적지에 접근하고 있는 중이다.

attempt [ətémpt, 어템트]
圐 시도 图 시도하다

There were many attempts to solve this problem, but all failed. 이 문제를 풀어보려는 시도가 많았지만 모두 실패했다.

loyal [lɔ́iəl, 로열]
형 충실한, 충성스러운

She is a loyal supporter of her politician uncle.
그녀는 정치인인 삼촌의 충실한 지지자다.

previous [príːviəs, 프리-비어스]
형 이전의

I have previous experience working with children.
나는 아이들과 함께 일을 한 이전의 경험이 있다.

praise [préiz, 프레이즈]
명 칭찬 통 칭찬하다

The student received praise from his teacher.
학생은 그의 선생님으로부터 칭찬을 받았다.

substance
[sʌ́bstəns, 썹스턴스]
명 물질

Please follow the instructions for dealing with radioactive substances.
방사성 물질을 다루기 위한 지침을 따라주세요.

prohibit [prəhíbit, 프로히비트]
통 금지하다

We prohibit the sale of alcoholic liquor to minors.
우리는 미성년자에게 주류 판매를 금지합니다.

survey [sə́ːrvei, 썰-베이]
명 (설문) 조사 통 조사하다

They conducted a survey of 100 people.
그들은 100명의 사람들로 조사를 실시했다.

portable [pɔ́ːrtəbl, 폴-더블]
형 휴대용의

There is a portable TV in the truck.
트럭에 휴대용 TV가 있다.

peace [piːs, 피-스]
명 평화

The president signed a peace treaty.
대통령은 평화 협약을 맺었다.

rescue [réskjuː, 레스큐-]
명 구조 통 구조하다

The man rescued a drowning child.
남자는 물에 빠진 아이를 구출했다.

generous [dʒénərəs, 제너러스]
형 관대한, 자비로운

The volunteer is very generous and polite toward the poor. 그 자원봉사자는 가난한 사람들에게 매우 관대하고 예의바르다.

contribute
[kəntríbjuːt, 컨트리뷰-트]
통 기여하다, ~의 원인이 되다

The new international law will contribute to world peace. 새로운 국제법은 세계 평화에 기여할 것이다.

notice [nóutis, 노티스]
명 알림
통 의식하다, 주목하다, 알아차리다

I noticed that he wore new shoes.
나는 그가 새로운 신발을 신은 것을 알아차렸다.

hire [háɪə(r), 하이얼]
통 고용하다

We hired someone to take care of our child.
우리는 우리의 아이를 돌봐줄 누군가를 고용했다.

crash [kræʃ, 크래쉬]
명 사고 통 충돌하다

The two cars crashed with a bang.
두 차는 쿵 소리를 내며 충돌했다.

profit [práːfit, 프라ー핏]
명 이익, 수익 통 이익을 얻다

Corporations' first goal is earning profit.
기업들의 첫 번째 목적은 수익을 얻는 것이다.

comfortable
[kʌ́mfətəbl, 컴퍼터블]
형 편안한

This goose-feather pillow is comfortable.
이 거위 털 베개는 편안하다.

compete [kəmpíːt, 컴피ー트]
통 경쟁하다, 겨루다

The students competed with each other for a good grade. 학생들은 좋은 성적을 위해서 서로 경쟁했다.

Misson! English Sentence GOGO!!

다음 문장들을 읽고 우리말 의미에 맞게 빈칸을 채우세요.

loyal   thirsty   flood   attempt   proud

❶ As many as 3,000 people lost their houses by the _____.
3천 명의 사람들이 홍수로 인해 집을 잃었다.

❷ I'm already _____ of what you've achieved so far.
나는 이미 네가 지금까지 해온 일들이 자랑스럽다.

❸ After finishing the exercise, I was very _____.
운동을 끝낸 뒤에, 나는 너무 목이 말랐다.

❹ But in any case, I shouldn't _____ to persuade him.
하지만 어떤 일이 있어도 그를 설득하려 시도해서는 안 된다.

❺ She is _____ to her family.
그녀는 그녀의 가족에게 충성스럽다.

Answer ❶ flood ❷ proud ❸ thirsty ❹ attempt ❺ loyal

우리는 자신이 한 말이나 행동에 대한 근거 또는 이유에 대해 이야기하곤 합니다. 이때 사용하는 말이 '**왜냐하면~**'인데요, 영어로는 because를 이용해서 표현할 수 있습니다. 특히 because와 because of를 비교하는 포인트는 문법 문제에서 종종 활용됩니다. 둘의 차이를 지금부터 확인합니다.

1. because   because는 접속사이므로 다음에 주어와 동사를 갖춘 문장을 써야 합니다.

- 형태   because + 주어 + 동사 ~

    ex) I couldn't go on a picnic because it rained heavily.
    비가 많이 내렸기 때문에 나는 소풍을 갈 수 없었다.

2. because of   because of는 of라는 전치사로 끝나기 때문에 문장이 아닌 명사 또는 명사구를 이어서 써야 합니다.

- 형태   because of + 명사구

    ex) I couldn't go on a picnic because of heavy rain.
    많은 비 때문에 나는 소풍을 갈 수 없었다.

학교내신대비 연습문제

다음 문장들을 해석해보세요.

❶ James gained weight because he ate too much instant food.

❷ I didn't go out because of the bad weather.

❸ He stayed home from work because of flu.

다음 괄호 안에서 알맞은 표현을 고르세요.

❹ Sabrina didn't go to school (because, because of) a headache.

❺ (Because, Because of) it was very cold, I couldn't play soccer outside.

Answer
❶ James는 너무 많은 인스턴트 푸드를 먹어서 살이 쪘다.
❷ 나는 나쁜 날씨 때문에 밖에 나가지 않았다.
❸ 그는 독감 때문에 출근하지 않고 집에 머물러 있었다.
❹ because of   Sabrina는 두통 때문에 학교에 가지 않았다.
❺ Because   날씨가 매우 추웠기 때문에 나는 밖에서 축구를 할 수 없었다.

단어를 외우면서 비슷한 수준의 독해를 함께 하면
굳이 7번을 외우지 않아도
단어를 제대로 외울 수 있습니다.

『60일 만에 마스터하는 중학 필수 영단어 1200』
저자와의 인터뷰

Q 『60일 만에 마스터하는 중학 필수 영단어 1200』을 소개해주시고, 이 책을 통해 독자들에게 전하고 싶은 메시지는 무엇인지 말씀해주세요.

A 이 단어 책은 중학생 또는 중학생 수준의 단어 수준을 가지고 있는 분들이 혼자서 단어를 외울 수 있도록 도와주는 책입니다. 단어는 결국 혼자서 외워야 하기 때문에 이 책은 혼자서 단어를 잘 외울 수 있도록 여러 가지 도움을 제공합니다. 단어를 외우는 과정은 상당히 힘들고 외롭습니다.

누구나 단어책 외우기를 한 번쯤은 시도해보지만 끝까지 외우는 경우는 드물지요. 주변에서 이러한 경우들을 너무 많이 봐왔기 때문에 아무리 좋은 단어장이 있어도 학습자가 끝까지 외우게 할 수 없다면 무용지물이라고 생각했어요. 그래서 외우는 부담을 줄이면서도 자연스럽게 반복할 수 있고, 또 힘내라고 격려도 해주는 단어 책을 만들게 되었습니다. 지금까지 단어 책 한 권을 제대로 다 외워본 적이 없는 분들이 꼭 이 책을 통해서 한 권을 모두 암기하는 성취감을 맛보시면 좋겠습니다.

Q 『60일 만에 마스터하는 중학 필수 영단어 1200』, 이 책의 활용법이 있다면 무엇인가요?

A 이 책은 60일 동안 매일매일 단어 책을 통해서 저랑 만나는 것이 핵심입니다. 따로 책을 2~3번 정독하지 않고 단 한 번만 끝까지 읽어도 1,200개의 단어가 2회 반복되도록 구성했습니다. 따라서 60일, 즉 두 달 동안만 저를 매일 만나시면 됩니다. 혼자서는 약속을 지키는 것이 어려울 수 있기 때문에 제가 함께합니다.

매일 강의마다 음성 강의를 제공하는데요, 저의 목소리를 듣는 것만으로도 60일 동안 공부를 계속해나갈 수 있는 힘을 얻게 될 겁니다. 이 책을 제대로 익히기 위해서 특별한 노력을 기울일 필요가 없어요. 이 책이 제공하는 음성 강의를 들으면서 딱 두 달만 저랑 만나면 됩니다.

Q 서점에 가보면 수많은 단어 책이 있고, 인터넷에는 셀 수 없이 많은 인터넷 강의들이 있습니다. 『60일 만에 마스터하는 중학 필수 영단어 1200』이 가지는 차별점은 무엇인가요?

A 시중에 좋은 단어장들이 참 많지요. 좋은 강의들도 많고요. 사실 제가 중학 영어 인터넷 강의를 오랫동안 해왔기 때문에 그런 단어장들로 인기 있는 단어 강의를 많이 진행했습니다. 그런 좋은 책이 있음에도 제가 굳이 단어장을 만든 것은 무언가 특별한 것이 있어서겠죠?

시중의 단어장은 컴퓨터를 이용해서 만든 경우가 많아요. 방대한 데이터를 집어 넣으면 컴퓨터가 자료를 분석해서 단어장을 만드는 식이지요. 그런데 그런 단어장들로 강의를 하다 보면 군데군데 어색한 부분이 느껴졌습니다. 학교에서는 잘 쓰이지 않는 뜻이라든가 학생들에게 와닿지 않는 예문을 사용했다든가 하는 식이였지요. 저는 모든 단어를 제가 선별했고, 예문도 10년간의 교사, 강사 생활을 통해 얻은 경험을 바탕으로 만들었습니다. 그래서 이 책은 인간미가 넘칩니다. 그리고 학생들이 단어장을 끝까지 외우는 것이 얼마나 어려운지를 잘 알기 때문에 끝까지 힘을 낼 수 있도록 많은 장치를 했어요.

먼저 예문은 최대한 간단하면서도 와닿게 구성했고, 배운 단어는 문장으로 다시 반복할 수 있으며, 힘이 되는 명언을 수록해 매 강의마다 힘을 줍니다. 마지막으로 단어 퀴즈도 재미있게 구성해서 이런 요소들이 이 단어장이 시중의 단어장들과 다른 점이라고 할 수 있어요.

Q 영어를 잘하기 위해서 거쳐야 할 단계가 있다고 하셨는데요. 어떤 단계인지 설명 부탁드립니다.

A 영어 공부에는 기본적인 단계가 분명히 있습니다. 알고 보면 당연한 단계인데 이를 무시하고 영어 공부를 하는 친구들이 많습니다. 영어 공부의 기본 단계는 '단어/문법-구문-독해'의 단계입니다. 단어와 문법은 기본 중의 기본이에요. 여기서부터 시작해야 합니다. 그런 다음에 구문이라고 해서 문장을 해석하는 방법을 배웁니다. 이제 비로소 하나의 문장을 정확하게 해석할 수 있는 것이지요. 그 다음에 독해를 익힙니다. 독해라는 것은 문장의 해석은 당연하고, 해석을 바탕으로 글의 중심 내용을 파악하고 다양한 유형의 문제를 푸는 겁니다. 해석이 받쳐주지 않으면 제대로 독해를 할 수 없지요.

이 당연한 단계를 무시한 채 많은 학생들이 무턱대고 독해부터 시작하는 경우가 많습니다. 때로는 문법을 학원에서 배우고 바로 독해를 공부하기도 하지요. 하지만 단계에 따라 공부하지 않으면 기초가 약해서 영어 공부를 계속해나갈 수 없습니다. 금방 좌절하게 되고 결국 소위 영포자가 됩니다. 반대로 방법만 알면 누구나 영어를 잘할 수 있습니다.

Q 영어 단어는 혼자 공부해야 하는데요. 어떻게 하면 쉽게 외울 수 있나요?

A 쉽게 단어를 외울 수 있다는 생각부터 버려야 합니다. 단어 암기는 다이어트와 비슷합니다. 쉽게 살을 빼려고 편법을 쓰면 다이어트는 분명 실패합니다. 밥은 적게 먹고 운동은 더 많이 하는 식으로 오랜 기간 생활을 해야 요요 현상 없이 살을 제대로 뺄 수 있습니다. 그런데 많은 사람들은 기본적인 노력을 하지 않고, 빠르고 쉽게 살을 빼려고 이런저런 방법을 쓰지만 결국 실패하고 말지요. 단어 암기도 똑같아요.

많은 학생들이 적어도 두 달 이상을 매일 단어를 외워보지 않고 온라인상에서 단어를 쉽고 빠르게 외우는 방법을 물어봅니다. 그런 길은 애시당초 없는데 말이지요. 물론 그렇게 단어를 외울 수 있다고 광고하는 곳들은 많아서 그 유혹에 학생들은 쉽게 빠집니다. 하지만 결국 본인의 근본적인 꾸준한 노력이 없으면 단어 암기는 실패로 끝납니다. 단어 암기가 쉽지 않다는 생각으로 시작해야 하고, 그만큼 각오도 제대로 해야 합니다.

Q 영어 단어 암기 공부를 할 때 유의해야 할 것이 있다면 무엇이 있을까요?

A 한두 번 외우다가 잘 안 외워진다고 포기하면 안 됩니다. 과학으로 검증된 바에 따르면 하나의 단어를 최소한 7번을 외웠다가 까먹는 과정을 반복해야 제대로 외울 수 있다고 합니다. 우리 머릿속에 있는 영단어들은 그런 식으로 우리가 오랜 기간 동안에 외운 거예요.

그런데 지금 새롭게 익히는 단어들은 기껏해야 1~2번 정도 외우게 됩니다. 5번을 더 외워야 하는데 그 과정을 하지 않으니 까먹는 것이 당연하지요. 자신이 머리가 나빠서가 아닙니다. 5번을 더 외우지 않아서 그런 거예요. 그런데 5번은 언제 더 외우냐고요? 걱정 안 해도 됩니다. 외운 단어를 독해하다가 만나면 반갑지요? 이렇게 반가운 감정은 기억을 촉진합니다. 따라서 단어를 외우면서 비슷한 수준의 독해를 함께 하면 굳이 7번을 외우지 않아도 단어를 제대로 외울 수 있습니다.

Q 영어 단어 암기 할 때 정말 오래 지속하기가 쉽지 않습니다. 이를 극복하는 방법이 있다면 소개해주세요.

A 단어 암기는 학생 개인의 노력과 의지가 제일 중요해요. 그게 단어 암기의 비결입니다. 수많은 학생들이 각종 게시판에 단어를 쉽게 외우는 방법을 물어봅니다. 그런데 정작 본인은 일주일도 제대로 단어를 외워보지 않은 경우가 많아요. 그러니 무조건 강한 의지로 암기를 해봐야 합니다. 다만 무조건 의지에 기대기보다는 적절한 동기부여도 필요합니다.

저는 학창 시절 할리우드 배우 톰 크루즈를 좋아했고, 지금은 영화 〈아이언맨〉에 나오는 토니 스타크를 좋아합니다. 그들이 영어로 말하는 방식이 너무 멋진 거예요. 그런 모습을 동경하면서 영어를 좋아하게 되었고, 지금도 영어를 사랑합니다. 영어 공부를 불타는 의지를 가지고 힘들어도 꾹 참고 가야 하는 고행의 길로 만들면 안 됩니다. 강한 의지는 가슴에 품되 공부하는 과정은 즐거워야 해요. 그러기 위해서는 여러분도 영화나 팝송 등을 통해서 영어를 공부하고 싶은 이유를 만들어볼 것을 추천합니다.

Q 영어 단어 공부를 잘하고 싶어하는 학생들에게 한 마디 해주신다면 어떤 말씀을 해주고 싶으신가요?

A 영어는 보이지 않는 돈을 버는 것과 비슷합니다. 이 돈으로 여러분은 미래의 직장이나 성공을 살 수 있습니다. 지금 보이지 않는다고 해서 돈을 벌지 않으면 나중에 필요할 때, 무언가를 사고 싶을 때 살 수가 없습니다. 공부도 사실 비슷한데요, 지금 당장 공부를 하지 않아도 내일 여러분의 인생에는 아무 일도 일어나지 않아요. 똑같은 하루가 반복되겠지요. 하지만 이런 일상이 쌓이면 미래는 절대 보장되지 않습니다. 보이지 않는 돈을 번다는 마음으로, 훗날을 위해서 반드시 영어를 열심히 공부해야 합니다. 그 영어 공부의 시작이 단어 공부입니다.

그런데 단어 공부가 제일 재미없고 힘든 것도 사실이에요. 대한민국 최고의 영어 강사도 여러분의 머리에 단어를 집어넣을 수가 없습니다. 결국 여러분이 해내야 합니다. 제가 강의에서 자주 쓰는 말인데요, 선생님이 함께할 테니 꼭 여러분이 의지를 가지고 동참해주면 좋겠네요.

Q 선생님께서 알려주는 영어 단어 암기법은 중학생뿐만 아니라 고등학생, 대학생, 일반인들까지도 통용되는 방법인가요?

A 학습자별로 약간의 성향 차이는 있겠지만 단어 암기의 원리는 같습니다. 자극과 반복 둘 중 어느 하나는 있어야 합니다. 뇌에 굉장히 자극을 주면서 외우거나 꾸준히 반복을 해야 하지요. 물론 자극과 반복이 모두 있으면 금상첨화입니다. 단어 암기에 실패한 분들에게 물어보면 자극적으로 외우지도 않았고, 반복도 하지 않은 경우가 대

부분입니다. 그저 막연하게 외워야 되니까 형식적으로 흉내만 내다가 끝난 거지요. 성인들도 영어 공부에 관심이 많습니다. 직장에서도 가정에서도 영어가 필요한 경우가 많으니까요. 그런데 성인을 위한 특별한 공부법이 있지는 않아요. 결국 영어가 어려운 성인이 있다면 학창 시절에 제대로 된 영어 공부를 못한 것이거든요. 그러니 지금이라도 제대로 영어 공부를 하면 되는 겁니다. 단어 암기를 지금 시작한다면, 열정과 의지를 가지고 매일 반복하기를 최소한 두 달 이상은 하시기를 추천드리고 싶습니다.

스마트폰에서 이 QR코드를 읽으시면
저자 인터뷰 동영상을 보실 수 있습니다.

세상에서 가장 재미있는 중학교 과학 이야기

중학생이라면 꼭 알아야 할 교과서 과학

전형구 지음 | 값 15,000원

어렵다고 느꼈던 과학을 풍부한 비유와 예시로 쉽고 재미있게 배울 수 있는 중학교 과학 학습서다. 이 책에서는 중학교 1학년부터 3학년까지의 교육과정에 나오는 내용들을 물리, 화학, 생물, 지구과학의 영역으로 나누어 꼭 알아야 할 주요 개념을 설명한다. 또한 각 글의 마지막에 '1분 과학 포인트'를 넣어 과학사에 중요한 업적을 남긴 과학자들과 과학 관련 상식을 알려주어 주요 개념뿐만 아니라 과학 상식도 함께 키울 수 있다.

세상에서 가장 재미있는 중학교 사회 이야기

중학생이라면 꼭 알아야 할 교과서 사회

유소진 지음 | 값 15,000원

어렵다고 느꼈던 과학을 풍부한 비유와 예시로 쉽고 재미있게 배울 수 있는 중학교 과학 학습서다. 이 책에서는 중학교 1학년부터 3학년까지의 교육과정에 나오는 내용들을 물리, 화학, 생물, 지구과학의 영역으로 나누어 꼭 알아야 할 주요 개념을 설명한다. 또한 각 글의 마지막에 '1분 과학 포인트'를 넣어 과학사에 중요한 업적을 남긴 과학자들과 과학 관련 상식을 알려주어 주요 개념뿐만 아니라 과학 상식도 함께 키울 수 있다.

세상에서 가장 재미있는 중학교 국어 이야기

중학생이라면 꼭 알아야 할 교과서 국어

송은영 지음 | 값 14,000원

모든 과목의 기초 체력인 국어 과목을 탄탄하게 다져줄 영역별 필수 개념을 엄선해 정리한 중학교 국어 학습서다. 이 책에는 최근에 개정된 교육 과정을 반영해 중학생이라면 꼭 알아야 할 국어 개념을 모두 담았다. 친숙한 예시와 재미있는 맥락 속에서 즐겁게 필수 국어 개념을 익히고 나면 국어 교과서에서 만나게 되는 구체적인 제재들을 더욱 빠르게 자신의 것으로 만들 수 있을 것이다. 이 책과 함께 국어의 기초 체력을 쑥쑥 키워보자.

세상에서 가장 재미있는 중학교 수학 이야기

중학생이라면 꼭 알아야 할 교과서 수학

조규범 지음 | 값 14,000원

이 책은 중학교 1학년부터 3학년까지 꼭 알아야 할 수학의 기초 개념을 담은 학습서다. 수학은 개념 이해부터 문제 풀이까지 차근차근 공부해나가야 그 내용을 완전히 이해할 수 있다. 이 책에서 제시한 대로 꼭 알아두어야 할 용어를 정리한 후 기본 개념을 이해하고 문제 풀이과정을 보면서 공부하다 보면 개념을 확실하게 터득할 수 있다. 풍부한 도해와 다양한 예시를 바탕으로 친절하게 설명한 이 책으로 수학을 공부해보자.

세상에서 가장 재미있는 중학교 한문 이야기
중학생이라면 꼭 알아야 할 교과서 한문
김아미 지음 | 값 14,000원

한자 학습에 어려움을 겪는 중학생들이 재미있게 공부할 수 있는 책이다. 이 책은 학교마다 각기 다른 한문 교과서를 쓰고 있다는 점을 고려해 각 교과서에 나오는 공통된 내용을 담아 함께 공부할 수 있도록 했다. 한자·한자어·한문·한시 등으로 영역을 나누어 각 영역에서 집중해야 할 부분들을 정리했으며, 예문들 역시 쉽고 익숙한 교과서 중심의 문장들을 활용해 내신과도 연결될 수 있도록 했다.

세상에서 가장 재미있는 중학교 국어 어휘 이야기
중학생이라면 꼭 알아야 할 필수 국어 어휘 500
송호순 지음 | 값 15,000원

부족한 어휘력으로 고생하고 있는 중학생들이 어휘를 재미있게 공부할 수 있는 책이다. 이 책은 중학교 1·2·3학년 국어 교과서에 나오는 한자어 중에 이해하기 힘든 핵심 개념어들을 엄선해 담았다. 어렵게만 느껴지는 한자어이지만 상위권이 되려면 결코 포기해서는 안 된다. 재미있게 공부하고 싶다면 한자가 가지고 있는 본뜻을 바탕으로 쉽게 개념어를 설명하고 어휘력을 키울 수 있는 이 책과 함께하자.

청소년이라면 꼭 알아야 할 인문·경제·사회 이야기
10대, 꿈을 이루고 싶다면 생각의 근육을 키워라
권재원 지음 | 값 14,000원

다양한 용어들을 이정표 삼아 학습에 도움이 되는 지식을 습득할 수 있는 청소년 교양서다. 급속도로 발전하는 세상에 발맞춰 시야를 넓히려는 청소년에게 권하고 싶은 책이다. '나'라는 존재와 타인인 상대방을 이해하고, 지식과 정보를 활용해 내 인생을 주도적으로 살아가는 방법을 배워보자. 합리적이고 효율적으로 살아가기 위해 필요한 개념들을 활용해 사고의 범위를 넓히고 마음의 힘인 역량을 키우는 것을 목표로 삼도록 하자.

그 비밀을 배우는 데 60분이면 충분하다
성적이 오르는 학생들의 1% 공부 비밀
이병훈 지음 | 값 14,000원

이 책은 성적을 올리고 싶은 학생들을 위한 공부 지침서다. 학습법 및 자기주도학습 전문가인 이병훈 저자는 '마인드' '태도' '기술'이라는 3가지 측면에서 공부 잘하는 아이들이 공통적으로 가지고 있는 특성을 33가지로 정리해 이 책에 담았다. 또한 올바른 공부습관을 형성할 수 있는 구체적인 방법도 함께 다루었다. 이 책을 통해 공부 잘하는 아이들의 공부습관, 태도, 공부법을 배워보자. 공부에 임하는 마음가짐이 달라질 것이다.

독자 여러분의
소중한 원고를 기다립니다

★

　　　원앤원에듀는 독자 여러분의 소중한 원고를 기다리고 있습니다. 집필을 끝냈거나 혹은 집필중인 원고가 있으신 분은 khg0109@hanmail.net으로 원고의 간단한 기획 의도와 개요, 연락처 등과 함께 보내주시면 최대한 빨리 검토한 후에 연락드리겠습니다. 머뭇거리지 마시고 언제라도 원앤원에듀의 문을 두드리시면 반갑게 맞이하겠습니다.